集刊

集人文社科之思 刊专业学术之声

集 刊 名：中国经济特区研究
主办单位：深圳大学中国经济特区研究中心

STUDIES ON CHINA'S SPECIAL ECONOMIC ZONES
2023 NUMBER 1　VOLUME 16

总第16辑

集刊序列号：PIJ-2008-014
中国集刊网：www.jikan.com.cn/中国经济特区研究
集刊投约稿平台：www.iedol.cn

社会科学文献出版社“第二届优秀学术集刊奖”
中英文双语出版集刊
AMI（集刊）入库集刊
中国学术期刊网络出版总库（CNKI）收录
集刊全文数据库（www.jikan.com.cn）收录

中国经济特区研究

STUDIES ON CHINA'S SPECIAL ECONOMIC ZONES

2023年第1辑　总第16辑
2023 Number 1　Volume 16

陶一桃／主　编
EDITOR-IN-CHIEF／TAO YITAO
章　平／执行主编
EXECUTIVE EDITOR-IN-CHIEF／ZHANG PING

社会科学文献出版社
SOCIAL SCIENCES ACADEMIC PRESS (CHINA)

《中国经济特区研究》英文版成为

斯普林格出版社（SPRINGER）国际高下载量经济学学术出版物

编辑委员会

目 录

论 文

中国特色社会主义先行示范区研究

Contents

Articles

Study on the Pilot Demonstration Zone of Socialism with Chinese Characteristics

开放的中国，需要更加开放的新疆

陶一桃*

（深圳大学中国经济特区研究中心　广东　深圳　518000）

摘　要：在“一带一路”倡议提出十周年之际，2023 年 11 月 1 日，党中央、国务院正式批准设立中国（新疆）自由贸易试验区，它的设立不仅意味着中国从沿海开放到沿边开放战略的正式大幅度推进，还意味着新疆在中国未来高水平开放进程中将会发挥来自地缘优势的举足轻重的作用。新疆凭借自身独特的地缘地位及其“与生俱来”的资源禀赋优势，不仅已经成为中国连接中亚、南亚、俄罗斯乃至欧洲的桥梁，实现国内国际“双循环”的便捷通道，还将迅速形成中国下一个经济“爆发点”与“增长极”，成为带动中国经济可持续高速发展的“新高地”与实施区域性战略的“新引擎”。本文认为，新疆自由贸易试验区要完成国家所赋予的使命，首先要做好自我革命与制度创新。自由贸易试验区的设立，更是为新疆后发优势的彰显创造了更加有利的内外条件、提供了更加广阔的制度空间。

关键词：自由贸易试验区　“双循环”　新疆

---

* 陶一桃，深圳大学文科资深教授、中国经济特区研究中心主任，一带一路国际合作发展（深圳）研究院院长，主要研究方向为中西方经济思想与理论、经济思想史、经济史、制度经济学、经济文化、中国改革开放史、中国经济特区发展史、自贸区及粤港澳大湾区经济制度。

经历40多年来改革开放的发展与积累，随着区域之间由经济发展阶段演进所带来的要素禀赋比较优势的变化，随着由中国社会整体产业梯度转移所推动的国内统一大市场的逐渐形成，随着由国际政治经济局势变幻所导致的中国地缘政治经济结构与布局的变化，中国社会已经开始了由东南沿海开放向西部内陆开放的战略性推进，并逐渐形成东南沿海开放与西部内陆开放并存、优势互补的促进国内统一大市场加速形成的发展格局。

同时，新疆凭借自身独特的地缘地位及其“与生俱来”的资源禀赋优势，不仅已经成为中国连接中亚、南亚、俄罗斯乃至欧洲的桥梁，实现国内国际“双循环”的便捷通道，还将迅速形成中国下一个经济“爆发点”与“增长极”，成为带动中国经济可持续高速发展的“新高地”与实施区域性战略的“新引擎”。从这个意义上说，新疆自由贸易试验区的建立，不仅是中国从沿海开放到沿边开放战略转移的必然选择，也是新疆成为中国经济新的“爆发点”的必要前提，更是中国实现更高水平开放的又一伟大战略布局。

一 新疆在开放过程中面临的机遇

俄乌冲突和新一轮世界能源危机两大国际局势变化，以及上述两个因素的叠加效应，使新疆在中国由沿海开放到沿边开放的进程中，将有可能迅速成为中国经济的一个新的“爆发点”与强劲的“增长极”。

（一）俄乌冲突加速了中吉乌铁路的修建

中吉乌铁路建成，不仅会使新疆的地缘地位更加凸显，还将使中国经济的内外循环获得更加广阔的迂回空间。

第一，中吉乌铁路修建将改变世界的交通格局，新疆也将成为世界级交通枢纽。

目前，新疆对外铁路通道基本是从阿拉山口口岸和霍尔果斯口岸出境，但中吉乌铁路开通后，货物就可以从喀什向西出境，这将是中国通往中东、欧洲的最短货运路线，货运路程将缩短900公里，时间将节省7~8天。

中吉乌铁路建成后，会连接到伊朗首都德黑兰，然后进入土耳其，再经过土耳其最大的城市伊斯坦布尔进入欧洲各国。到那时，从喀什到土耳其的距离比到上海的距离还要近，这对于新疆来说就等于是多了一条十分便捷高效的对外运输通道。

中吉乌铁路开通后，中欧班列将不会过分依赖于哈萨克斯坦，其运力会由于便捷度的提升而拥有更大的提高与拓展空间。由于中吉乌铁路的修建，新疆将成为实现国内国际“双循环”的世界级交通枢纽，中国未来最有潜质的经济“爆发点”，将由于新疆内陆型开放性枢纽地位的确立而意料之外又必然之中地迅速集结形成。

第二，随着新疆外向型经济增长极地位的日益彰显，中国将形成东南沿海开放与西部内陆开放相呼应的发展格局。

一方面，中国对外贸易的通道将会具有“东边不亮西边亮，黑了南方有北方”的灵活度与迂回空间；另一方面，沿海开放与内陆开放并存的格局也将降低国际局势变幻给中国经济带来的各类风险与不确定性，从而增强自身的韧性。

从这一点上说，新疆成为未来中国经济新的“爆发点”与强劲的“增长极”既是中国社会实现区域协同发展之经济规律使然，又无疑具有长远的战略意义，而自由贸易试验区的建立将会从制度层面上推动新疆更加迅速地成为未来中国经济新的“爆发点”与强劲的“增长极”。

从外贸上看，根据乌鲁木齐海关数据，2023 年前三季度，新疆外贸进出口总值为 2528.40 亿元，同比增长 47.3%。这是新疆外贸进出口总值首次突破 2500 亿元，已超 2022 年全年外贸水平，外贸规模创历史新高。分国别（地区）来看，前三季度，新疆对哈萨克斯坦的外贸进出口总值最高，达到 1011.86 亿元，同比增长 71.2%，占新疆外贸进出口总值的 40.0%；对吉尔吉斯斯坦的外贸进出口总值紧随其后，为 805.31 亿元，同比增长 32.5%，占比为 31.9%。①

有专家推断，中吉乌铁路开通后，不仅吉尔吉斯斯坦与新疆的贸易总量将会大幅度地持续增长，而且由于途经国家的增多及线路的增加与延长，其在为外贸的多样性和可能性增加创造更多机会的同时，将形成贯穿中亚、横跨欧亚、

① 《2023 年前三季度新疆外贸规模实现新突破》，新疆发展改革委网站，2023 年 10 月 24 日，https://xjdrc.xinjiang.gov.cn/xjfgw/c112381/202310/ad8a926c6ab54b6b90a7a805c5db629b.shtml。

打通海陆的国际跨区域贸易运输网络。

第三，由于物流成本优势，新疆将成为极具竞争力的物流枢纽与转口贸易首选地。中吉乌铁路大幅缩短了运输时间，从而物流成本也势必得到相应的降低，物流成本的降低无疑会带来出口产品竞争力的增强。如经中吉乌铁路到西亚地区，相比海运而言，无论是在运输时间上还是在货运价格上均会具有显著的竞争优势，如是，经过中吉乌铁路这一新欧亚大陆桥的货运量也必定会因物流成本优势而得以大幅度增长。

第四，中吉乌铁路的开工建设，最受益的地区之一就是喀什。因为喀什有着得天独厚的地理位置，它不仅是我国向西开放的重要窗口和交通枢纽，更是重要、便捷的资源置换平台。

2010年中央批准建立的喀什经济开发区，其本身就已经成为新疆的政策性增长极。如同改革开放初期深圳等经济特区成为中国社会完成由传统计划经济向社会主义市场经济转型的先行示范区一样，喀什经济开发区实质上是中国西北内陆的改革开放试验区。今天，喀什又被列为中国（新疆）自由贸易试验区三大片区之一，新功能与新使命的赋予，使具有特区之品格的喀什，不仅仅是新疆的一个极具虹吸效应与扩散效应的高品质经济增长极，还肩负着祖国内陆以高水平开放促进深化改革、构建中国政治经济新版图的特殊国家使命。

2021年以来，喀什经济开发区的固定资本投入每年增长40.8%左右，招商引资到位资金增长率每年保持在75.2%左右，① 预计中吉乌铁路开通后，喀什综合保税区将会成为新疆引进外资、承接产业转移的富有极强吸引力的政策高地。

从资源配置效率角度来看，伴随着中国社会由东南沿海开放向西部内陆开放的战略性推进，要素价格尤其是劳动力价格也相应地呈现东南高于西北的大趋势。当先发展、发达地区劳动力红利逐渐消失时，后发展、欠发达地区劳动力红利将处于释放或待发之势。所以，在市场规律作用下，不仅将会

① 《2021年新疆维吾尔自治区政府工作报告》，新疆维吾尔自治区人民政府网站，2022年2月7日，https://www.xinjiang.gov.cn/xinjiang/xjzfgzbg/202202/454f514c7f88470c9fb9e0683194fa7b.shtml?eqid=b5b105af00025abb000000036436b27f。

有更多的企业到喀什投资，还将会有更多的加工转化区和飞地产业园落地喀什，喀什的资源加工产业将会有一个大的发展。同时原材料深加工后直接出口，不仅可以延长产业链条，更重要的是还可以大大提高出口产品的附加值。

（二）世界能源危机也使新疆地缘政治经济的重要性得以凸显

国际能源署曾发出警告，世界将面临石油、天然气、电力三种能源危机，并且这三种危机将远高于20世纪70年代。未来无论是受战争的影响，还是受贸易冲突的影响，世界能源危机都可能比我们想象得要更加严重。所以，不仅此时坐拥黑金、白金、蓝金的新疆由其资源禀赋所致的重要性将进一步得以凸显，而且自贸区将会为其独有的资源价值的跨区域释放创造更有效率的制度空间与保障。

中吉乌铁路开通，本身就有利于中亚、里海石油的开发和利用。这等于在有可能持续存在的世界能源危机的局势下，中国又开辟了一个新的石油进口源，又多了一条更加便捷的石油运输通道。在能源问题上，多一个源头或多一条通道就等于多了一份安全和保障。在未来世界能源危机的不确定性增加和新一轮能源科技革命深入推进的影响下，加快发展可再生能源，推进能源革命和构建清洁低碳、安全高效的能源体系，无疑是保障国家能源安全的必然而科学的选择，而新疆则是清洁能源的天然“工厂”。

在《“十四五”可再生能源发展规划》中，陆上新能源基地数量新疆排在首位。规划明确在北疆以风电为主，建设千万千瓦级新能源基地；在南疆以光伏发电为主，建设千万千瓦级新能源基地；在东疆以风电、光伏发电与光热发电相结合，建设千万千瓦级新能源基地。此外，到2025年，可再生能源年发电量达到3.3万亿千瓦时左右，并且在“十四五”期间可再生能源发电量增量占全社会用电量增量的比重超过50%。①

新疆九大风区风能资源储量超过8亿千瓦，约占中国陆地风能资源总量的40%。其还坐拥40万平方公里阳光炽烈的沙漠戈壁，全年平均日照时数居全国

① 《“十四五”可再生能源发展规划》，https://zfxxgk.nea.gov.cn/1310611148_16540833951451n.pdf。

第二位。

新疆对于中国而言，不仅能更好地打开向西开放的大门，从而在由东南沿海开放向西部内陆开放的战略性推进中以要素禀赋的比较优势构建“双循环”新发展格局，还能在世界能源危机中，以其自身的战略性资源的全方位拥有与储藏量丰厚，对国家的能源安全起到至关重要的保障作用。

所以，在世界局势不断变化的背景下，在西部大开发层层推进的趋势下，今天拥有自由贸易试验区的新疆，在某种意义上已经具有改革开放之初深圳经济特区之功能，所不同的是时代所赋予的使命差异：当年的深圳是率先探索、完成由传统计划经济向社会主义市场经济的转型，寻找由普遍贫穷走向共同富裕的道路，从而撬动中国社会改革开放；今天的新疆则是要率先探索祖国内陆向西开放的道路，在促进全国统一大市场逐渐形成的过程中，为“双循环”拓展更广阔的迂回空间，从而具有战略意义地撬动中国西部的深化改革，实现真正的高水平开放与高水平共建“一带一路”的国家使命。

二　新疆自由贸易试验区为完成国家所赋予的使命应采取的措施

国务院印发的《中国（新疆）自由贸易试验区总体方案》对新疆自由贸易试验区提出了如下发展目标和做出了如下基本战略定位：“以制度创新为核心，以可复制可推广为基本要求，……努力打造促进中西部地区高质量发展的示范样板，构建新疆融入国内国际双循环的重要枢纽，服务‘一带一路’核心区建设，助力创建亚欧黄金通道和我国向西开放的桥头堡，为共建中国—中亚命运共同体作出积极贡献。”同时强调：“赋予自贸试验区更大改革自主权，充分发挥新疆‘五口通八国、一路连欧亚’的区位优势，深入开展差别化探索，培育壮大新疆特色优势产业。经过三至五年改革探索，努力建成营商环境优良、投资贸易便利、优势产业集聚、要素资源共享、管理协同高效、辐射带动作用突出的高标准高质量自由贸易园区。”

笔者认为，新疆自由贸易试验区要完成国家所赋予的使命，首先要做好自我革命与制度创新。

第一，更新观念，解放思想，培育市场经济文化，为自贸区的先行先试提供不可或缺的制度—文化空间。

从总体方案对自由贸易试验区的定位可以看出，“以制度创新为核心，以可复制可推广为基本要求”的定位，如同经济特区先行先试的定位。所以，新疆自由贸易试验区是被历史性地赋予了经济特区先行示范功能的。正如中国的改革开放说到底是从观念更新开始一样，今天的深化改革与高水平开放也必将从更深刻的观念改革与观念更新开始。如同深圳奇迹的创造不是基于简单的或单纯的资源的力量一样，丰富的自然资源禀赋也未必带来新疆的持续发展繁荣。先拥有改革观念的人，才会有改革的行动，从而才会有社会的革故鼎新。因为观念不能直接改变社会，但观念能改变人，而人则能改变社会。

40 多年前中国的改革开放就是从解放思想开始的。如果说改革开放是中国制度变迁的路径，那么解放思想则是实现这一路径的前提与保障。没有解放思想就不可能有改革开放的实践，而改革开放又把解放思想从理念变成了现实。这是 40 多年来中国改革开放所遵循的内在逻辑，也是具有后发机遇与优势的新疆完成自身改革开放的内在逻辑。

深化改革的过程就是社会主义市场经济完善的过程。从某种意义上说新疆自由贸易试验区是一个具有独特地缘政治意义的完善社会主义市场经济的试验田。它所要探索的是中国实现更高水平开放的路径，以及中国融入经济全球化进程中的规则衔接、机制对接的方式、方法等更加具有挑战性的现实问题的解决方案。因此，对市场经济的认知与学习，以及市场经济文化的形成与确立，对新疆自由贸易试验区很好地完成国家所赋予的使命至关重要。

任何时候我们都不能简单地把市场经济理解为技术、科学、工具、手段，因为从根本上说市场经济是制度、是机制、是文化与文明，它需要一个用相当长时间去学习与培育的过程。

第二，以制度创新优化政府职能，为自由贸易试验区乃至新疆打造良好的营商环境。

营商环境是指市场主体在准入、生产经营、退出等过程中涉及的政务环境、市场环境、法治环境、人文环境等有关外部因素和条件的总和。在 2022 年科尔尼发布的《全球城市指数报告》中，纽约、伦敦、巴黎、东京、北京等城市稳居世界最具影响力城市第一梯队，以上城市的共同特征就是拥有商业活力、创新潜力、居民幸福感和行政治理等各方面的综合优势，这些能够帮助企业和人才实现成功发展，所以以上城市备受全球最优秀企业和人才的青睐。

营商环境其根本是一个社会的制度环境，通常人们会遵循“制度—行为—绩效”的路径来评价制度环境对社会经济的影响。制度环境通过作用于要素配置效率，影响区域经济，同时反映区域政府与市场关系。

营商环境状况是制度环境优劣以及“制度资本”属性有无、强弱的最直接体现。所以，优化营商环境会成为建设高水平社会主义市场经济的重要方向；打造良好的营商环境会成为实现高质量发展与高水平开放的首要任务；不断优化营商环境会成为各级地方政府的重要职责。

有什么样的制度环境或制度安排，就有什么样的来自理性经济人的选择行为，从而就会有什么程度的社会文明。在现实中，所有方便要素自由流动的制度安排，所有能够降低交易费用的制度设定，所有能使人力资本这一重要生产要素获得交换价值以外价值（如尊重感）的制度系统，在技术条件不变的情景下，仅仅由于营商环境的改善（更高品质的制度环境的形成与供给），都有极大可能推动实现经济增长并为社会带来制度文明的繁荣。如深圳，其小政府大社会的城市特质决定了政府在市场经济中的职能，从而推动打造良好的营商环境，让资本自己做出选择。在精简审批程序方面，深圳市政府大力推行“最多跑一次”改革举措，减少审批环节和材料，简化办事流程，提高办事效率；在优化登记制度方面，深圳市深入推进“全市纳税人、缴费人一号通用”登记制度，实现“一照多用”，减少企业办事成本；在完善法治环境方面，深圳市加强知识产权保护，设立知识产权法院，加大对侵权行为的查处力度，提高对企业创新的保护度；在强化金融服务方面，深圳市持续推进金融创新，鼓励金融机构设立总部或分支机构，提供更加便捷、灵活的金融服务；在建设优质基础设施方面，深圳进一步加大优质基础设施建设力度，提升便捷度，为企业提供更加优质、人性化的发展环境；在税收优惠政策方面，深圳市实行较低的企业所得税率和增值税率，而对高新技术企业、创业投资企业等则给予更加优惠的税收政策；等等。

由于制度，尤其是正式制度具有公共物品的性质，所以政府（包括中央政府和地方政府）是制度的供给者。有什么样的政府就会有什么样的制度安排，政府的文明是制度文明的前提与保障。先有改革开放的政府，才有改革开放的制度，进而才会有改革开放的社会。

中国社会进行的是自上而下的强制性制度变迁，这种制度变迁的特点就是需要一个强有力的政府。政府的认知能力、观念、行为对转型社会来说，不仅关系百姓的福祉，也影响社会发展的政策制定与选择，更影响改革的进程和最终目标的实现。而地方政府的认知能力则决定一座城市或区域发展的速度与高度。

政府良好的认知能力与远见卓识，在相当程度上通过减少改革政策与措施执行中的交易成本和摩擦成本的方式，决定了改革较低的边际成本与较高的边际收益。所以，提高政府官员的认知能力和执政能力，既是政府行政体制机制和治理能力现代化的内在逻辑要求，又是中国改革开放的大业得以继续下去的体制机制保障。从某种意义上说，对于一个民族的经济增长而言，比经济资源更重要的是政府的制度供给。由于政府提供的是经济社会赖以建立的社会秩序的架构，所以从理论上说，没有政府提供的社会秩序的稳定性，人类的理性行为不可能发生，尤其对于处在社会转型时期的国家而言。

可以说，改革开放的历史功绩不仅在于使中国人民普遍富裕起来了，更在于伴随改革开放的深入，一系列社会制度在先行先试的探索中不断确立起来并日臻完善。深刻的制度变迁比财富增长本身对中国社会的影响更加深远。提升政府的认知能力，首先需要政府拥有自我革命的勇气。中国社会由政府主导的自上而下的强制性制度变迁的成功实践证明，一个不断自我革命的政府，是社会制度变迁得以持续下去并不断深化的保障。

政府是制度的供给者，也是营商环境的供给者。先有崇尚规制的政府，才会有富有制度绩效的社会；先有明智的政府，才会有制度昌明的社会；先有改革的政府，才会有改革创新的社会。

从某种意义上说，新疆自由贸易试验区首先要做的应该是以制度创新的力量优化政府职能，从而成为拥有良好营商环境的制度创新试验区。因为没有制度创新就谈不上可复制、可推广的经验产生，没有良好的营商环境更无法建成投资贸易便利、优势产业集聚、要素资源共享、管理协同高效、辐射带动作用突出的高标准高质量自由贸易试验区。如果说制度创新是新疆自由贸易试验区的首要任务，提供可复制、可推广的经验是新疆自由贸易试验区的重要功能，那么打造良好的营商环境则既是上述首要任务与重要功能的结果，又是促进它们深化的制度环境。

第三，以优惠政策的有效实施，使自由贸易试验区迅速成为新疆乃至中国西北地区具有强大虹吸效应与扩散效应的高品质经济增长极。

自由贸易试验区与经济特区一样，都是政策性增长极。建立政策性增长极，以非均衡发展方式实现均衡发展是中国改革开放所选择的渐进式改革的基本路径与实践模式。改革开放之初的深圳等五大经济特区就是政策性增长极，2010年批准建立的喀什经济开发区也是政策性增长极，粤港澳大湾区是更大区域的政策性增长极。可以说，产生由特殊政策所形成的对优质资源的虹吸效应、释放源于自身发展的对周边地区的扩散效应，这正是建立政策性增长极的初衷，也是政策性增长极的功能与使命。

新疆自由贸易试验区三大片区是三个既具有不同业态定位，又具有相同功能与使命的政策性增长极。首先它们都要完成制度创新，为新疆乃至中国实现高质量发展与高水平开放、构建国内国外"双循环"新发展格局、拓展对外开放新路径提供可复制、可推广的经验。但从发展的具体定位来看，乌鲁木齐片区依托陆港空港联动发展的区位优势，加强陆港型国家物流枢纽建设，打造与中亚等周边国家交流合作的重要平台；喀什片区依托国际贸易物流通道优势，做大做强外向型经济，打造联通中亚、南亚等市场的商品加工集散基地；霍尔果斯片区依托跨境合作及陆上边境口岸型国家物流枢纽等优势，打造跨境经贸投资合作新样板。

三大片区就是三个互联互通、相互支撑、相互成就的政策性增长极。它们对内辐射南北疆，对外一路连接欧亚。充分利用好中央所赋予的率先改革的"特权"，以制度创新增强自由贸易试验区对资本、技术、人才等生产要素的虹吸效应，从而带动自贸区自身的快速发展，以及以自身产业业态的发展与扩张，逐渐释放扩散效应，从而在产业的梯度转移中带动更广泛区域的共同发展繁荣，则是新疆自由贸易试验区当下的功能与未来的责任。

三 反思与总结

尽管相对于东南沿海市场经济比较发达的地区，新疆整体经济社会的发展水平较低，但新疆是中国陆地面积最大的行政区，不仅具有得天独厚的地理位置，而且拥有丰富的自然资源。自由贸易试验区的设立，更是为其后发优势的彰显创造了更加有利的内外条件、提供了更加广阔的制度空间。

美国经济学家列维（M. Levy）从现代化理论角度，具体化了亚历山大·格申克龙（Alexander Gerschenkron）的后发优势理论。他认为后发国会诱发后发优势取决于以下五方面的原因：其一，后发国对现代化的认识要比先发国在自己开始现代化时对现代化的认识丰富得多；其二，后发国可以大量采用和借鉴先发国成熟的计划、技术、设备以及与其相适应的组织结构；其三，后发国可以跳跃先发国的一些必经发展阶段，特别是在技术方面；其四，由于先发国的发展水平已达到较高程度，这可使后发国对自己的现代化前景有一定的预测；其五，先发国可以在资本和技术上为后发国提供帮助。同时，列维也指出后发国要实现先发国的现代化，必须处理好三个战略问题：一是控制结构问题；二是资本积累问题；三是两种心态问题。否则只会陷入后发劣势境地。

后发优势理论学者一般认为，一国经济发展的初始水平与其经济增长速度是呈反向关系的，即一国的经济越落后，其增长速度越快。如是，从逻辑上讲，所有落后国家最终必然赶上先进国家。然而，这又与大部分落后国家与先进国家的差距不是在缩小而是在扩大的历史现实不相符。为此，德裔美国经济学家阿伯拉莫维茨（M. Abramovitz）提出了潜在的“追赶假说”，即“追赶理论”。这一理论认为，后发优势理论中所谓的后发优势是潜在的，而不是现实的，而且是在一定的限制条件下才可能成立，这些限制条件主要有以下三个。其一，技术差距，也就是落后国家与先进国家之间存在技术水平的差距，这是诱发经济追赶的重要因素。正是因为有技术差距的存在，才会诱发为了消除差距而出现的经济追赶，也才会有落后国家的后发优势。其二，社会能力，也就是通过教育等方式所形成的不同的技术能力，以及具有不同质量的政治、市场、法律等制度，这是诱发经济追赶的内在要素。其三，历史条件和国际环境，也就是说国际环境是诱发经济追赶的重要外部条件，而一些重大的历史性事件则会对落后国家的国际环境产生重大的甚至是决定性的影响。通过对历史的统计分析，阿伯拉莫维茨得出这样的结论：在一个特殊的阶段，经济追赶依赖于一些历史因素。因为这些历史因素限制或促进了知识的传播、结构的调整、资本的积累以及需求的扩张。

新疆要想释放后发优势，首先要弥补自身发展短板、摆脱发展的自我约束。笔者认为，新疆释放后发优势主要面临三个方面的短板约束。

第一，交通、物流、通信等基础设施建设相对滞后的约束。

新疆总面积166万平方公里，是我国陆地面积最大的行政区，常住人口2587万人，也是我国人口较少、人均拥有土地资源较多的省份之一。同时，新疆地处亚欧大陆的中心，陆地边境线长达5600多公里，是我国邻国最多的省份，与俄罗斯、哈萨克斯坦、吉尔吉斯斯坦、塔吉克斯坦、巴基斯坦、蒙古国、印度、阿富汗8个国家接壤，具有不可替代的独特的地缘地位。但是由于新疆地处西北边疆地区，由历史因素所带来的交通等基础设施相对落后的现状，对今天肩负国家使命的新疆来说就是必须率先改善的。由于交通等基础设施的联通度与便捷度直接影响交易成本与资本的流向选择，所以无论基于由沿海开放到沿边开放，从而形成以国内大循环为主体、国内国际双循环相互促进的新发展格局的视角，还是基于高水平共建“一带一路”，从而构筑辐射中亚、连接欧亚之枢纽的视角，都需要新疆通过分区域、重节点、抓要塞来逐渐解决内外联通约束问题，这也是建设一个市场化、现代化、国际化之新疆的前提保障。当然，这一阻碍新疆自身发展与对外开放的硬约束，是需要假以时日才能真正摆脱的。

第二，资源禀赋水平高于市场完善程度与发达水平的约束。

新疆是一个以资源型经济为主的省份，对外贸易主要依赖天然资源出口，经济结构相对单一，市场化程度也相对较低，既缺乏多元化的产业体系，更缺乏现代工业体系支撑。资源禀赋水平高于市场完善程度与发展水平的现状，不仅会制约新疆自身可持续发展的速度与质量，还会使其对外开放面临由经济单一所带来的风险与不稳定性。比如，资源价格不仅受国内外市场供需关系的影响，还深受国际政治局势变化等因素影响。变资源型区域为资源深加工型区域，是需要资金、技术、人才等生产要素的。所以，只有完善市场经济体制，以市场规律与新型举国体制相结合的力量、以较快的速度，使新疆的丰富资源与现代工业制造、高新技术产业相结合，获得更高的附加值，才能形成可持续发展的经济结构。

第三，名义开放度高于实际开放度的约束。

从对外贸易的数据上看，新疆无疑是令人赞叹的，由进出口贸易额表现出来的名义开放度呈逐年上升趋势。但从贸易的结构来看，一方面资源型实物贸易占主要份额，另一方面具有附加值的商品贸易多为“渠道”贸易，而非本地制造。同时，尚未产生如深港之间已经形成的服务贸易。如何促进自身从政策开放走向制度开放，由外向型经济走向开放型经济，从而实现全要素的自由流动，对新疆来说是一个深化改革的问题。因为，制度开放是相对政策开放而言的，它既是由外向型经济走向开放型经济的必然选择或必然发展趋势，又是市场经济走向成熟的标志与结果。制度开放并不是简单地或单纯地追求市场的开放，而是更加注重建立健全与市场经济相适应的社会制度框架，构建一个稳定的、可预测的、公正透明的市场经济的制度环境。因此从根本上说，制度开放是一个深化改革开放的历史进程，甚至本身就是深化改革。

第三届“一带一路”国际合作高峰论坛提出了“高质量共建‘一带一路’，携手实现共同发展繁荣”的倡议与理念，在当下国际背景下，这样的倡议与理念的提出具有倡导多边主义、推动经济全球化、加强国际合作、坚持可持续发展、促进全球经济复苏和创造更多合作机会等国际意义。

可以说，新疆自由贸易试验区的成立，使新疆在践行“高质量共建‘一带一路’，携手实现共同发展繁荣”的进程中，不仅具有独特的地缘优势，而且拥有重要的功能与使命。

变幻的国际局势及中国所面临的政治经济地缘的变化，给新疆以机会；中国社会向西内陆开放及“双循环”发展战略，给新疆以机会；中国（新疆）自由贸易试验区的批准设立，给新疆以机会。新疆则要以高质量的发展实践、高水平的对外开放以及良好营商环境的打造和观念更新的力量，来迎接历史赋予的机遇与即将到来的经济腾飞。开放的中国，需要更加开放的新疆。

参考文献

[1]《国际能源署警告：当前的能源危机比1970年代更严重》，中国贸促会网站，2022年6月2日，https://www.ccpit.org/a/20220602/20220602vn8d.html。

[2]《新疆新增新能源装机容量达到701.7万千瓦》，中国能源新闻网，2023年7月4日，https://www.cpnn.com.cn/qiye/dianwangPD2023/202307/t20230704_1614910.html。

[3] Kearney, "Readiness for the Storm: The 2022 Global Cities Report," https://www.kearney.com/service/global-business-policy-council/gcr/2022-full-report.

[4] M. Levy, *Modernization and the Structure of Societies: A Setting for International Relations*, Princeton University Press, 1996.

[5] M. Abramovitz, *Thinking About Growth: And Other Essays on Economic Growth and Welfare*, Cambridge University Press, 1989.

（文字编辑：李桐）

An Open China Needs a More Open Xinjiang

Tao Yitao

(China Center for Special Economic Zone Research,

Shenzhen University, Guangdong, Shenzhen, 518000)

Abstract: On the 10th anniversary of the Belt and Road initiative, on November 1, 2023, the Party Central Committee and the State Council formally approved the establishment of China (Xinjiang) Pilot Free Trade Zone, which not only means that China's strategy of opening up from the coast to the border is formally and substantially advanced, but also means that Xinjiang will play a pivotal role in China's future high-level opening up process from the political geopolitical advantages and will become a new explosion point and growth pole of China's economy. By virtue of its unique geopolitical position and its inherent resource endowment advantages, Xinjiang has not only become a bridge connecting China to Central Asia, South Asia, Russia and even Europe, thus forming a convenient channel for realizing the domestic and international "dual cycle", but also will rapidly form China's next economic "explosion point" and "growth pole", and thus become a new highland and new engine of regional strategy to drive China's sustainable and high-speed economic development. In this paper, we believe that, to fulfill the missions assigned by the state, Xinjiang Pilot Free Trade Zone should firstly do a good job of self-revolution and institutional innovation. The establishment of the Pilot Free Trade Zone has created more favorable internal and external conditions and provided a broader institutional space for the manifestation of its latecomer advantages.

Keywords: Pilot Free Trade Zone; "Dual Cycle"; Xinjiang

本地要素和创新生态的开放性与后发地区人工智能产业发展*

——以成渝都市圈为例

刘　刚　余　山　刘　捷**

（南开大学经济研究所　南开大学中国新一代人工智能发展战略研究院　天津　300000）

摘　要： 数据、算法、算力、应用场景和人才是人工智能产业发展的基本要素。人工智能产业属于战略性新兴产业，大都起源于创新资源丰富的发达国家和地区。对于后发国家和地区而言，拥有创新资源的区域科技创新中心具备发展人工智能产业的基本条件。在初始阶段，基于本地要素的创新创业活动是人工智能产业发展的基本动力。同时，培育和发展有利于促进本地与发达国家和地区创新要素相互结合的开放创新生态，是加速区域人工智能产业发展的重要因素。积极推动应用场景开放、加快优势产业智能化进程、引进外部创新资源和

---

* 本文获得2023年中国工程院战略研究与咨询项目“场景驱动的人工智能技术升级和产业发展”（2023－HY－11）的资助。

** 刘刚，南开大学经济研究所所长、教授、博士生导师，主要研究方向为创新经济和创新政策；余山，南开大学经济研究所硕士研究生，主要研究方向为创新经济；刘捷，南开大学中国新一代人工智能发展战略研究院讲师，主要研究方向为智能经济。

推动本地企业积极参与外部人工智能开放创新平台企业主导的创新生态，形成具有全球竞争力的人工智能产业集群，是后发国家和地区人工智能产业发展的战略选择。

关键词： 人工智能产业　本地要素　创新生态　后发地区　区域科技创新中心

作为第四次工业革命的核心引擎，人工智能是影响国家和区域发展格局的重要变量。创新资源丰富的发达国家和地区往往是人工智能产业的策源地。对于后发国家和地区而言，充分依托拥有创新资源的科技创新中心城市发展人工智能产业，是较为现实的战略选择。成渝都市圈是我国西部地区的科技创新中心，通过基于本地要素的创新创业活动发展人工智能产业，进而带动西部地区经济转型升级和高质量发展，为后发地区发展战略性新兴产业提供了借鉴。

一　引言

随着国家创新驱动发展战略的实施，科技创新成为影响区域经济发展格局的关键因素。成长为综合性国家科学中心和区域科技创新中心，是新阶段城市发展的战略目标和方向。作为第四次工业革命的核心引擎，人工智能属于通用目的技术，具有广泛的应用前景，能够引领区域经济的转型升级和高质量发展，是国家和区域科技创新中心发展的重要驱动力量。

到目前为止，我国人工智能企业主要集中在京津冀、长江三角洲和珠江三角洲地区。在人工智能产业发展的推动下，北京、上海、广州、深圳、杭州、南京和苏州等人工智能前沿城市正在建设成为国家和区域科技创新中心。在人工智能产业发展上，中西部地区相对滞后。在区域竞争力评价中，成渝都市圈排名在京津冀、长江三角洲和珠江三角洲城市群之后，位列第四，是西部地区人工智能产业发展的前沿地带。①

① 中国新一代人工智能发展战略研究院：《中国新一代人工智能科技产业区域竞争力评价指数（2023）》，2023 年 5 月 19 日。

作为西部地区的代表，成渝地区人工智能产业发展不是来自东部地区的扩散，而是源于本地创新创业活动。作为西部地区科技创新中心，成渝地区创新资源丰富，不仅拥有研究型大学和科研院所，而且拥有国家级人工智能创新应用先导区、创新发展试验区和一体化算力网络枢纽节点。此外，成渝地区优势产业应用场景的开放对人工智能产业发展具有重要战略价值。电子信息和汽车制造等优势产业的智能化转型需求，为区域人工智能产业落地提供了广阔的空间。高度开放的创新生态带动了本地和外地创新要素的重组，进一步加速了区域人工智能产业的发展和市场扩张。

本文以成渝都市圈为例，研究后发地区人工智能科技创新和产业发展的关键影响因素和动力机制。基于价值网络分析，本文的研究表明，成渝都市圈人工智能产业的发展是以本地创新创业活动为主导的，高度开放的创新生态同样发挥着积极作用。作为西部地区的重要科技创新中心，推动基于本地要素的创新创业活动和培育开放的创新生态系统，是发展人工智能产业集群的基本路径。

二　研究设计和方法

在成渝地区人工智能产业发展过程中，包括当地企业在内的创新主体之间及其和外部创新主体之间的互动是人工智能科技创新和产业发展的基本动力。本文把成渝地区人工智能产业的发展看作复杂价值网络的形成和演变过程。① 异质创新主体通过结网、互动和互补性创新推动产业的发展。② 通过价值网络分析，我们能够清晰地看到多元创新主体相互作用实现人工智能产业发展的基本动力和机制。③

基于中国新一代人工智能发展战略研究院创建的中国智能样本企业数据库，

① 刘刚、杜爽：《我国人工智能科技产业发展动力机制的区域比较研究——基于北京市、杭州市和深圳市智能企业样本的价值网络分析》，《社会科学辑刊》2021 年第 1 期；D. Doloreux, E. Turkina, "New Path Creation in the Artificial Intelligence Industry: Regional Preconditions, New Actors and Their Collective Actions, and Policies," *Regional Studies* 55（2021）。

② 陈其荣：《技术创新的哲学视野》，《复旦学报》（社会科学版）2000 年第 1 期；喻科：《产学研合作创新网络特性及动态创新能力培养研究》，《科研管理》2011 年第 2 期。

③ 刘刚、刘捷：《网络空间产业生态发展和乡村振兴》，《马克思主义与现实》2021 年第 6 期。

本文筛选出210家成渝地区人工智能样本企业。210家人工智能样本企业主要创建于2014年之后，占全部样本企业数量的62.9%。创建时间最早的四川长虹电器股份有限公司，长期从事家用电器制造及销售，2014年之后转型升级为人工智能企业。在210家样本企业中，64.76%的成渝地区人工智能企业是非初始人工智能企业，初始人工智能企业的占比为35.24%。[①] 其中，初始人工智能企业均属于人工智能产业化部门，而非初始人工智能企业大都属于产业智能化部门。

从技术层次分布看，应用层企业数量为129家，占比61.43%，排名第一；技术层企业数量为57家，占比27.14%，排名第二；基础层企业数量为24家，占比11.43%，排名第三。其中，基础层企业主要从事基础软硬件研发，技术层企业主要从事包括计算机视觉、自然语言处理、语音识别和知识图谱在内的人工智能关键和核心技术研发，而应用层企业则关注人工智能在具体领域的应用。

在确定样本基础上，通过实际调查和网络公开数据搜索与样本节点存在技术、人力资本和投融资合作关系的关系节点，同时采集三个维度的关系数据。当样本节点和关系节点存在三个维度关系时，统计为“1”，否则为“0”。在关系和属性数据采集[②]的基础上，形成成渝地区人工智能产业数据集。通过关系和属性数据分析，刻画成渝地区人工智能产业的动态演变过程和发展的动力机制。

三　成渝地区人工智能产业价值网络的基本结构

将采集的210家成渝地区人工智能样本企业的技术合作关系数据输入Gephi 0.10.0社会网络分析软件，得到由2124个节点等组成的成渝地区人工智能产业价值网络拓扑结构（见图1）。[③]

表1列出了价值网络的结构性统计指标。价值网络的平均度为1.659，网络直径为14，图密度为0.001，平均聚类系数为0.002，平均路径长度为5.517。

① 初始人工智能企业是指在成立之初即从事人工智能技术研发和产业生产的企业。而非初始人工智能企业是指在早期发展过程中属于传统产业企业，经过转型升级为人工智能企业。

② 数据采集的截止时间为2023年3月1日。

③ 为了更直观地观察成渝地区人工智能产业价值网络结构中的关键节点与整体分布，结构图中仅保留度数中心度排名靠前的节点。

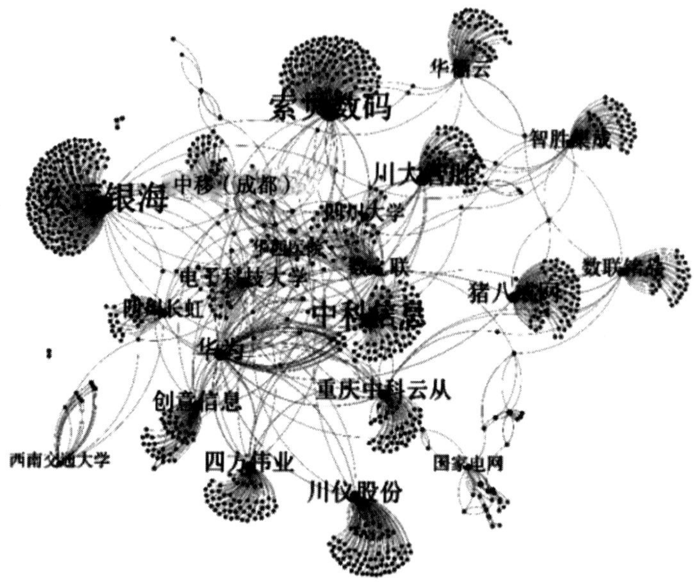

图 1 成渝地区人工智能产业价值网络拓扑结构

说明：为表述方便，本文中部分节点采用简称。

资料来源：笔者自制。

从价值网络的结构性统计指标来看，成渝地区人工智能产业价值网络的结构表现出明显的“极核状”特征。

表 1 价值网络的结构性统计指标

	样本节点	关系节点	关系数	平均度	网络直径	图密度	平均聚类系数	平均路径长度
数值	210	1914	3523	1.659	14	0.001	0.002	5.517

注：本表指标统一不加单位。

资料来源：笔者自制。

从成渝地区人工智能产业价值网络节点的度数中心度分布来看（见图 2），核心节点在价值网络中占据较高的度数中心度，成为人工智能产业发展的引领者。同时，网络节点的度数中心度呈现“幂律”分布特性。

表 2 列出了价值网络度数中心度排名前十五的样本节点。其中，包括久远银海（医疗保障信息平台）、索贝数码（融媒体中心信息平台）、中科信息（烟草工艺大数据监测平台）和川大智胜（机场管控平台）在内的本地企业是成渝

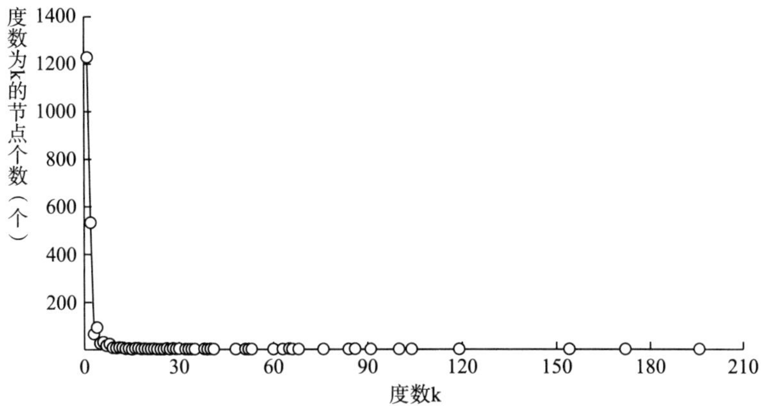

图 2　价值网络节点的度数中心度分布

资料来源：笔者自制。

地区人工智能产业发展的主导者。

表 2　价值网络度数中心度排名前十五的样本节点

节点名称	入度	出度	度数中心度
四川久远银海软件股份有限公司	15	181	196
成都索贝数码科技股份有限公司	29	143	172
中国科学院成都信息技术股份有限公司	35	119	154
四川川大智胜软件股份有限公司	24	95	119
重庆川仪自动化股份有限公司	12	88	100
猪八戒股份有限公司	24	67	91
成都四方伟业软件股份有限公司	15	71	86
创意信息技术股份有限公司	31	55	86
重庆中科云从科技有限公司	17	67	84
成都数之联科技股份有限公司	18	50	68
四川川大智胜系统集成有限公司	15	51	66
成都数联铭品科技有限公司	17	48	65
中移（成都）信息通信科技有限公司	22	43	65
四川长虹电器股份有限公司	37	28	65
成都华栖云科技有限公司	7	56	63

注：节点的入度是指关系节点为样本节点提供技术、人力资本和资金支持，而出度则是指样本节点为关系节点提供技术、人力资本和资金支持。

资料来源：笔者自制。

表3列出了价值网络排名前十的内部和外部关系节点。排名前十的内部关系节点主要包括两类：一是以电子科技大学和四川大学为代表的研究型大学和科研机构；二是以四川大学华西医院和国网四川省电力公司为代表的产业智能化企业和机构。排名前十的外部关系节点同样主要包括两类：一是以华为技术有限公司为代表的人工智能开放创新平台企业；二是以北京航空航天大学为代表的研究型大学。

表3 成渝地区人工智能产业价值网络排名前十的关系节点

外部关系节点	度数	内部关系节点	度数
华为技术有限公司	104	电子科技大学	76
国家电网有限公司	34	四川大学	60
中国移动通信集团有限公司	17	四川大学华西医院	40
上海集成电路研发中心有限公司	16	西南交通大学	28
曙光信息产业股份有限公司	14	国网四川省电力公司	12
北京航空航天大学	11	中国电信股份有限公司四川分公司	12
阿里云计算有限公司	8	国网重庆市电力公司电力科学研究院	12
杭州海康威视数字技术股份有限公司	8	成都轨道交通产业技术研究院有限公司	10
浪潮集团有限公司	8	国能大渡河流域水电开发有限公司	10
北京旷视科技有限公司	8	成都市大数据集团股份有限公司	9

资料来源：笔者自制。

在成渝地区人工智能产业发展过程中，以华为技术有限公司为代表的人工智能开放创新平台企业的作用表现在两个方面：一是为本地人工智能企业开发当地应用场景提供基础软硬件和关键核心技术支持；二是把本地人工智能企业纳入平台企业主导的开放创新生态，共同开发外部应用场景。

四 基于本地要素的创新创业活动和创新生态系统的开放性

在初始阶段，成渝地区人工智能产业发展是由基于本地要素的创新创业活动主导的。随着产业的发展，受网络效应支配，成渝地区人工智能企业通过融入以华为、阿里和海康威视为代表的人工智能开放创新平台企业主导的创新生态，在深化本地应用场景开发的同时，积极开拓外部市场。本部分进一步通过成渝地区人工智能企业技术合作关系节点与技术合作关系的内部和外部分布及动态演变等，分析成渝地区创新生态的开放性及其对本地人工智能产业发展的影响。

（一）关系节点类型

图 3 和图 4 分别列出了成渝地区人工智能产业内部和外部关系节点的类型。从内部关系节点类型分布看，排名第一的是企业，占比为 45.11%；排名第二的是政府，占比为 24.66%；排名第三的是高校，占比为 11.60%。从外部关系节点类型分布看，排名第一的同样是企业，占比为 60.16%；排名第二的是政府，占比为 15.77%；排名第三的是其他事业单位，占比为 12.53%。企业类外部关系节点与本地人工智能企业的技术合作不仅包括技术输入而且包括技术赋能。其中，以华为和海康威视为代表的人工智能开放创新平台企业是本地人工智能企业的主要外部技术支持方。

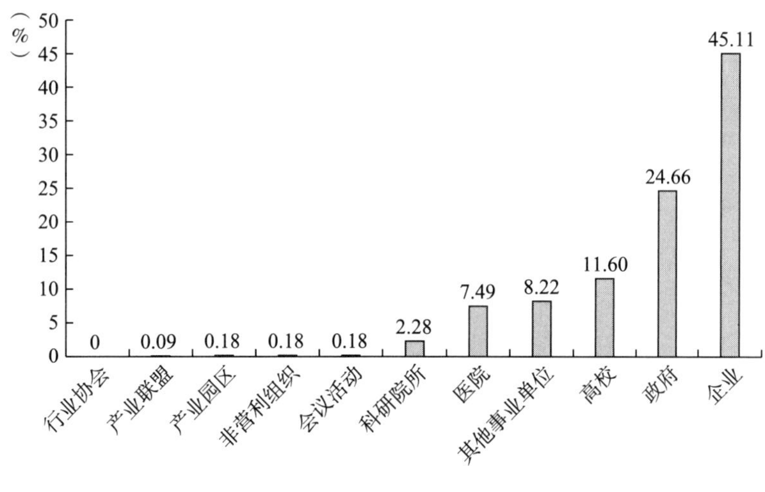

图 3 成渝地区人工智能产业内部关系节点类型分布

资料来源：笔者自制。

内部和外部数据的对比表明，产业智能化和政府推动的应用场景的开放是成渝地区人工智能产业发展的关键因素。与外部高校相比，本地研究型大学在

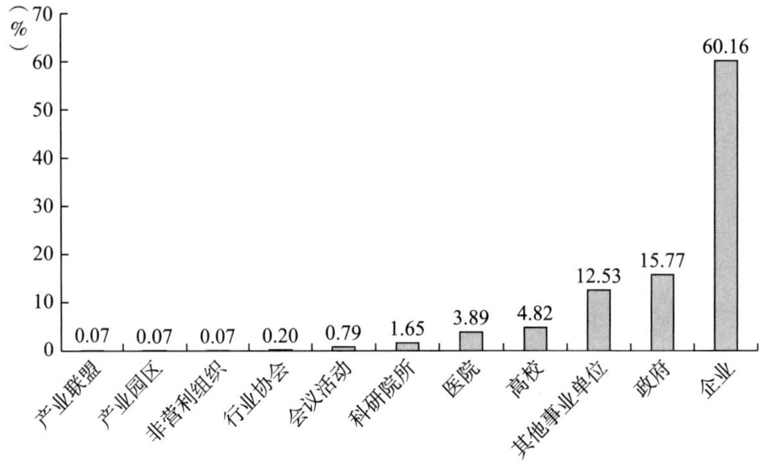

图 4　成渝地区人工智能产业外部关系节点类型分布

资料来源：笔者自制。

创新创业活动中发挥的作用突出。

（二）技术类别

图 5 和图 6 列出了成渝地区人工智能产业的内部和外部技术合作的技术类别分布。从内部技术合作的技术类别看，排名第一的是大数据与云计算，占比为 45.66%；排名第二的是计算机视觉，占比为 14.98%；排名第三的是智能机器人，占

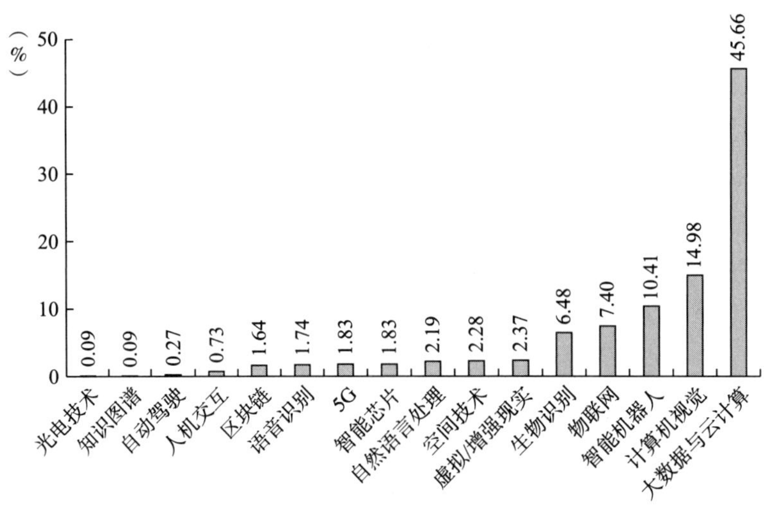

图 5　成渝地区人工智能产业内部技术合作的技术类别分布

资料来源：笔者自制。

比为10.41%；排名第四和第五的分别是物联网和生物识别，占比分别为7.40%和6.48%。从外部技术合作的技术类别看，排名第一的是大数据与云计算，占比为53.30%；排名第二的是计算机视觉，占比为10.70%；排名第三的是物联网，占比为9.05%；排名第四和第五（并列）的分别是智能机器人和虚拟/增强现实、生物识别，占比分别为6.01%和4.10%、4.10%。

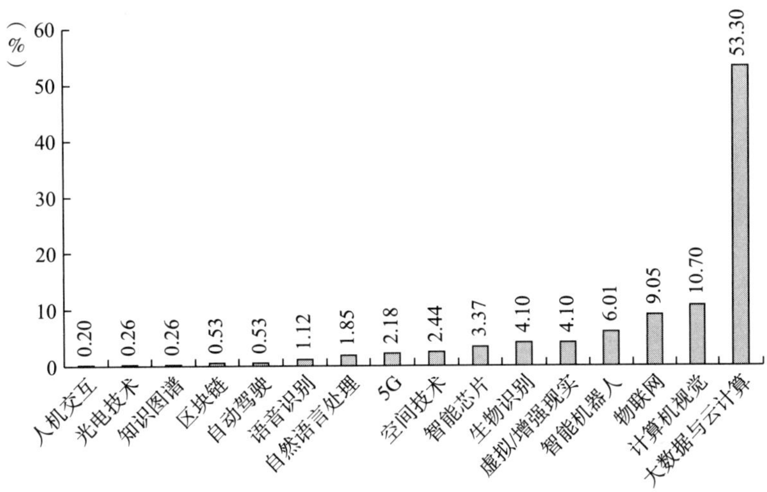

图6 成渝地区人工智能产业外部技术合作的技术类别分布

资料来源：笔者自制。

（三）应用领域

图7和图8分别列出了成渝地区人工智能产业内部和外部技术合作的应用领域分布。从内部技术合作的应用领域看，排名第一的是智慧城市，占比为11.11%；排名第二的是智能政务，占比为10.81%；排名第三的是智能医疗，占比为9.48%；排名第四和第五的分别是智能教育和智能制造，占比分别为8.66%和8.36%。从外部技术合作的应用领域看，排名第一的是新媒体和数字内容，占比为13.30%；排名第二的是智能制造，占比为9.52%；排名第三、第四和第五的分别是智能政务、智慧城市和智能教育，占比分别为9.38%、7.49%和7.19%。

人工智能属于通用目的技术，具有广泛的应用场景。创新生态的开放性集中表现在本地人工智能企业广泛参与外部地区的产业智能化进程。

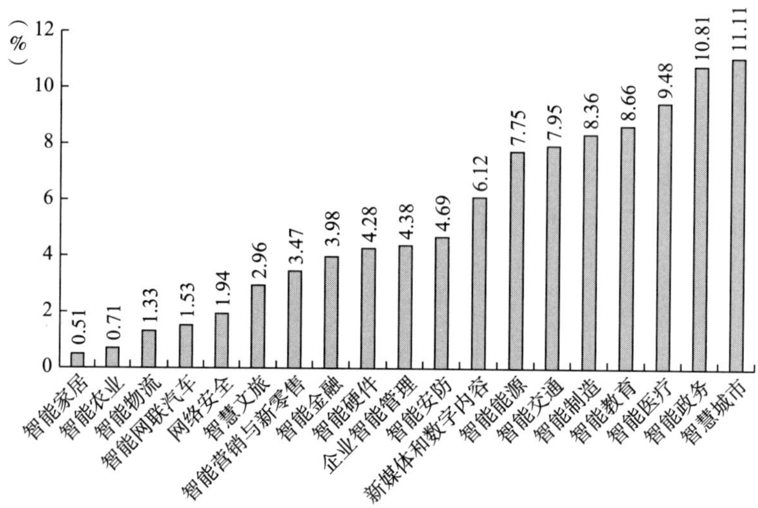

图7　成渝地区人工智能产业内部技术合作的应用领域分布

资料来源：笔者自制。

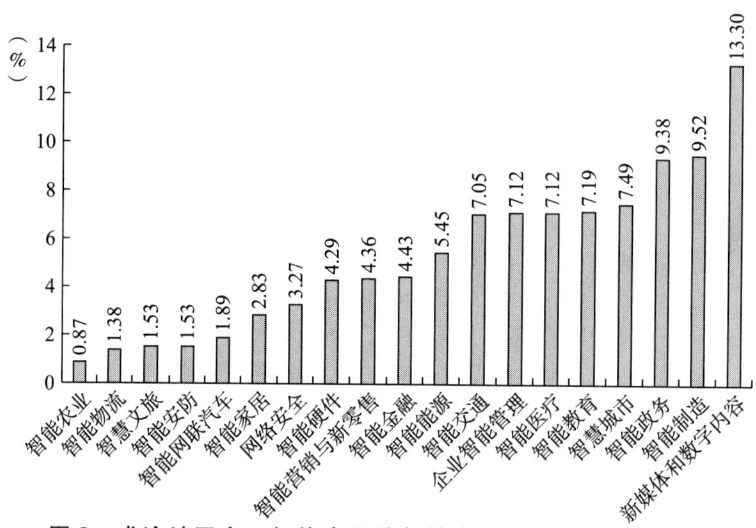

图8　成渝地区人工智能产业外部技术合作的应用领域分布

资料来源：笔者自制。

（四）内外部技术合作的动态演变

图9列出了2006～2022年成渝地区人工智能产业内外部技术合作关系变化情况。2006～2009年，以应用需求为牵引，内部技术合作关系占比为100%。2009年之后，成渝地区人工智能产业外部技术合作关系占比整体呈增长趋势，

2015 年达到顶峰，占比高达 75.00%。

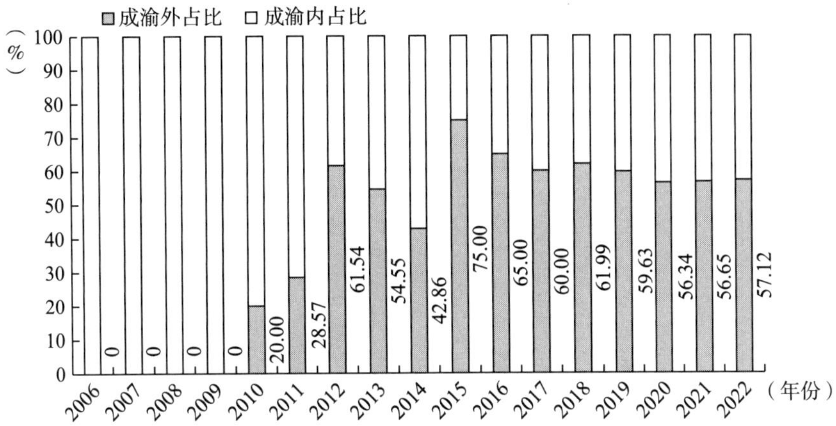

图 9　2006 ~ 2022 年成渝地区人工智能产业内外部技术合作关系变化情况

资料来源：笔者自制。

图 10 列出了 2006 ~ 2022 年成渝地区人工智能产业技术输入与技术赋能关系变化情况。2015 年以后，技术合作关系整体呈现爆发式增长态势。其中，技术赋能不仅在数量上而且在增速上远超技术输入。从技术输入和技术赋能的数据对比看，成渝地区在人工智能科技创新和产业发展上属于具有辐射带动作用的区域科技创新中心。

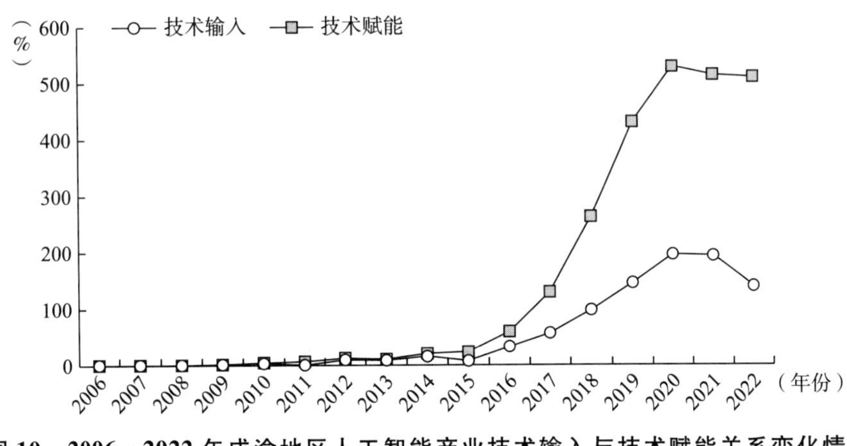

图 10　2006 ~ 2022 年成渝地区人工智能产业技术输入与技术赋能关系变化情况

资料来源：笔者自制。

图 11 列出了成渝地区人工智能产业和三次产业部门技术互动关系分布。从数据的比较可以看出，在三次产业技术赋能中，成渝地区人工智能产业的主要赋能对象是第二产业和第三产业。其中，第二产业内部技术赋能占比为

25.76%，外部技术赋能占比为 32.93%，内部低于外部。而在第三产业中，内部技术赋能占比为 74.24%，外部技术赋能占比为 66.83%，内部高于外部。

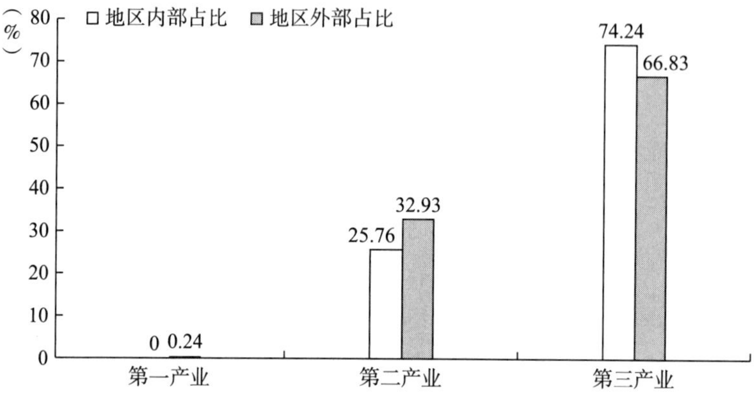

图 11 成渝地区人工智能产业和三次产业部门技术互动关系分布

资料来源：笔者自制。

图 12 列出了成渝地区人工智能产业和制造业各部门技术互动关系分布。在

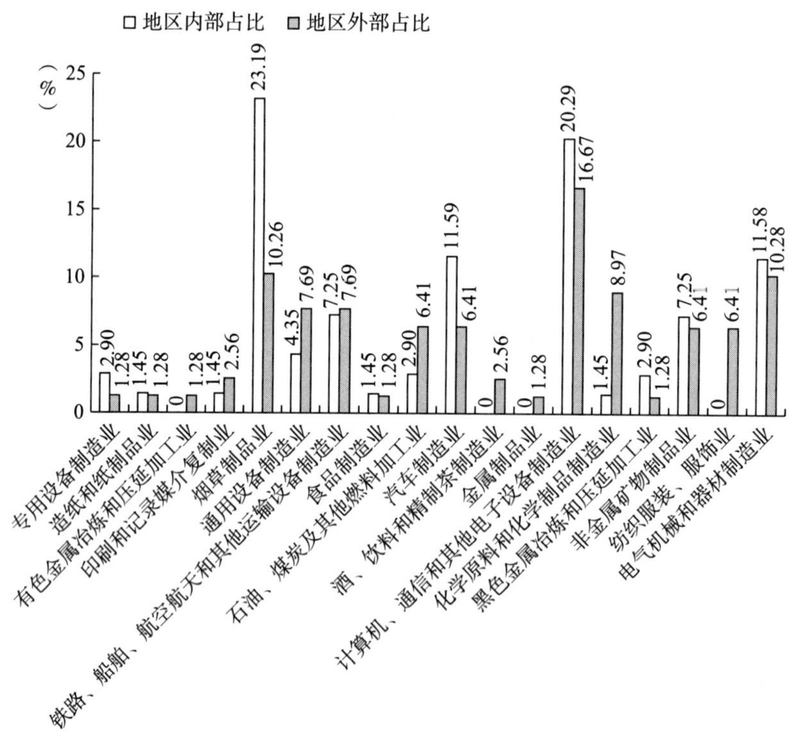

图 12 成渝地区人工智能产业和制造业各部门技术互动关系分布

资料来源：笔者自制。

内部制造业技术赋能中，专用设备制造业，造纸和纸制品业，烟草制品业，食品制造业，汽车制造业，计算机、通信和其他电子设备制造业，黑色金属冶炼和压延加工业，非金属矿物制品业，电气机械和器材制造业等优势产业的占比高于外部。而这些产业大都属于成渝地区的传统优势产业。

（五）本地创新创业活动的技术来源

图 13 列出了 2006～2022 年成渝地区人工智能产业内外部技术输入变化情况。2010 年之后，成渝地区人工智能产业技术来自内部和外部结合。其中，2015 年是人工智能创业最为活跃的年份，内部技术输入占比明显高于外部，说明成渝地区的人工智能产业的主要技术来源于内部。

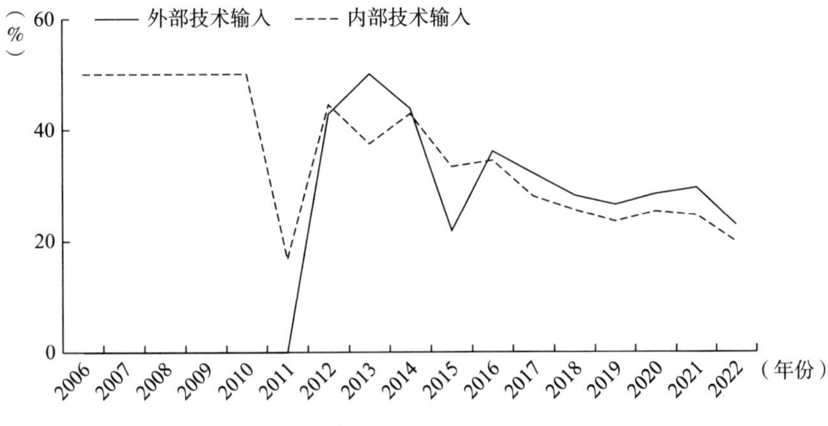

图 13　2006～2022 年成渝地区人工智能产业内外部技术输入变化情况

资料来源：笔者自制。

在进一步把样本企业划分为初始—非初始人工智能企业的基础上，结合对样本节点技术输入的关系节点所在地区的分布情况，我们用图 14 刻画 2006～2022 年成渝地区两类人工智能产业内外部技术输入变化情况。在人工智能产业的萌芽期，成渝地区初始人工智能企业与非初始人工智能企业的技术输入均来自内部。在人工智能产业的成长期，外部领先的人工智能企业通过对成渝地区人工智能企业技术赋能，带动本地人工智能产业发展。

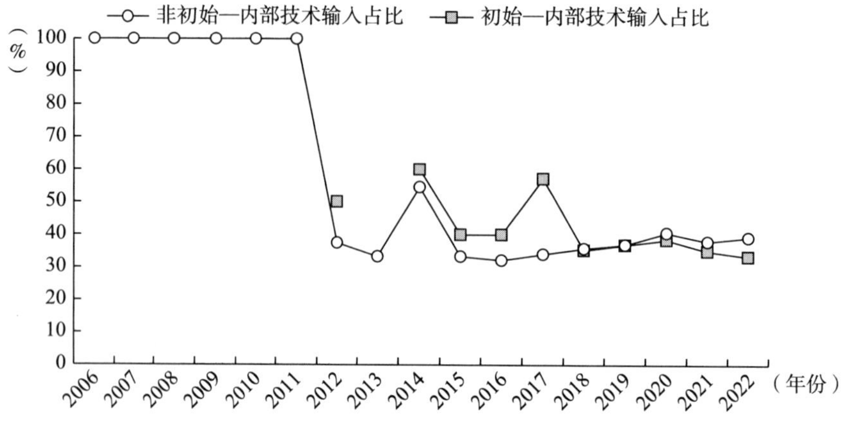

图 14　2006～2022 年成渝地区两类人工智能产业内外部技术输入变化情况

资料来源：笔者自制。

五　理论模型和讨论

在价值网络分析的基础上，本文构建了一个简单的后发地区依托区域科技创新中心发展人工智能产业的理论模型。进而，讨论后发地区人工智能产业发展的关键影响因素和动力机制，并提出对策建议。

本地要素是区域创新生态系统的重要组成部分，与以往研究将创新要素划分为创新主体要素、创新环境要素和创新资源要素不同，① 本文定义的本地要素是指与孵化新兴产业相关的内生于区域创新主体的创新资源和政府政策。② 例如，本地的研究型大学、科研院所、创新企业和创新政策。本地创新创业是后发地区人工智能产业发展的第一推动力。创新创业是指新知识的创造及其商

① P. Cooke, “Regional Innovation Systems: Competitive Regulation in the New Europe,” *Geoforum* 23 (1992)；刘新艳、陈圻、张新婷：《创新要素对新兴产业的牵引分析》，《科技进步与对策》2011 年第 24 期；卢涛、周寄中：《我国物联网产业的创新系统多要素联动研究》，《中国软科学》2011 年第 3 期。

② 凌峰、戚湧、朱婷婷：《战略性新兴产业创新要素供给体系与协同机制》，《科技进步与对策》2016 年第 22 期；M. Mukim, “Does Agglomeration Boost Innovation? An Econometric Evaluation,” *Spatial Economic Analysis* 7 (2012)；许继琴：《产业集群与区域创新系统》，经济科学出版社，2006。

业化活动。① 其中，创新更多地指熊彼特（Joseph Alois Schumpeter）所说的大企业的新技术开发和商业化过程，② 而创业则是指新企业的创立过程。③

一般而言，创新资源的区域分布是不均衡的。尤其是对后发地区而言，缺乏足够的科技创新资源是率先发展人工智能产业的关键制约因素。在这种情况下，激活区域科技创新中心的创新创业活力是后发地区发展人工智能产业的战略选择。围绕创新创业活动，包括研究型大学、科研院所和企业在内的创新主体共同构建创新生态。在网络效应支配下，创新生态系统的高度开放有利于后发地区通过内外部创新要素的相互结合，共同推动后发地区人工智能产业的发展。

在上述假设条件下，本文构建了一个简单的解释后发地区依托区域科技创新中心发展人工智能产业的理论模型，模型中左右两个虚线框分别表示内部和外部创新要素（见图 15）。

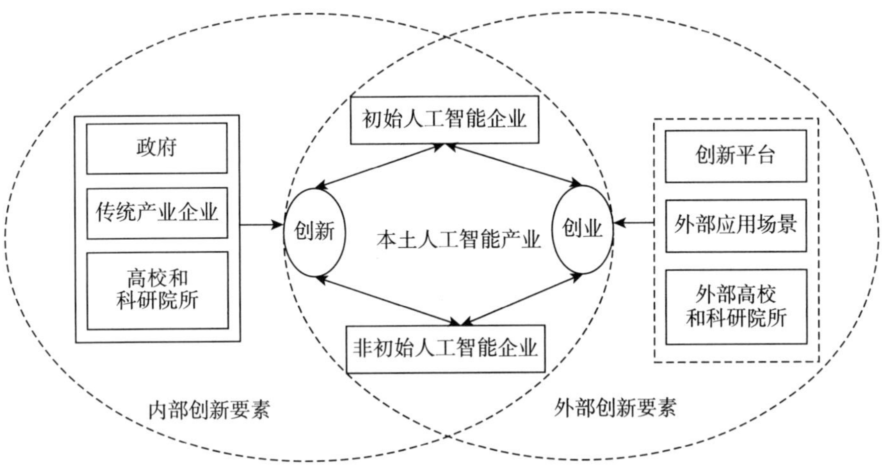

图 15　后发地区依托区域科技创新中心发展人工智能产业的逻辑

资料来源：笔者自制。

① A. Pérez-Luño, J. Wiklund, R. V. Cabrera, "The Dual Nature of Innovative Activity: How Entrepreneurial Orientation Influences Innovation Generation and Adoption," *Journal of Business Venturing* 26 (2011); H. Aldrich, *Organizations Evolving*, Sage, 1999.

② 詹·法格博格、戴维·莫利、理查德·纳尔逊主编《牛津创新手册》，柳卸林等译，知识产权出版社，2009。

③ P. Arenius, M. Minniti, "Perceptual Variables and Nascent Entrepreneurship," *Small Business Economics* 24 (2005).

区域科技创新中心初始人工智能企业和非初始人工智能企业的创新创业活动是人工智能产业发展的核心动力。在初始阶段，区域科技创新中心基于本地要素的创新创业活动是人工智能产业发展的第一推动力。初始人工智能企业和非初始人工智能企业是创新创业活动的主体。人工智能企业、研究型大学、科研院所、政府和产业智能化企业等共同构成了区域科技创新中心的创新生态。

第一，本地研究型大学和科研院所为人工智能领域创新创业活动提供了技术和人才支撑。随着新创企业的发展和传统产业企业的智能化转型，本地平台企业开始兴起和发展。例如，价值网络度数中心度排名前列的久远银海、索贝数码、中科信息和川大智胜。本地平台企业的发展为人工智能产业积累了包括数据、算力、算法和专业人才在内的人工智能领域的关键创新要素。

第二，本地优势产业智能化过程中应用场景的开放，为人工智能产业发展创造了市场需求。成渝地区是我国西部地区的产业重镇，尤其是重庆的制造业转型升级为人工智能技术提供了应用场景，带动了本地创新创业活动的开展。

第三，政府政策同样是促进人工智能领域创新创业活动开展和产业发展的关键本地要素。政府扶持和培育新兴产业的方式是以出台支持创新创业活动开展政策为主，涉及产业规划、专项发展方案、税收优惠、人才引进等。产业规划为区域创新资源集聚方向提供指引；专项发展方案展现政府对新兴产业的积极态度，有利于营造良好的创新氛围，提高创新创业活动开展的内生动力；税收优惠降低创新创业活动初期对于新兴技术应用研发的高额成本，形成正向的投资激励；人才引进则是政府主动承担开放区域创新生态系统构建者角色的体现，通过引进外部人才打破内部技术素材组合的地理约束。此外，政府同样是网络空间基础设施建设的主要投资者，数据中心建设以及算力网络搭建是人工智能产业发展的重要前提。

第四，在人工智能产业发展阶段，创新生态的开放性，尤其是与发达地区国家级人工智能开放创新平台企业的协同创新，推动了后发地区人工智能产业的快速发展。创新生态的开放性表现在两个方面：一是人工智能开放创新平台企业、外部研究型大学和科研院所的技术和人才引进，协助本地人工智能企业提升创新能力；二是通过参与人工智能开放创新平台企业主导的创新生态积极开拓外部市场。

第五，对于后发地区而言，人工智能产业的集群化是产业竞争力提升的基础。在产业发展到一定阶段的条件下，加速集群化发展、提高产业的辐射带动能力是人工智能产业发展的趋势。产业集群的创新能力提升则来自创新生态的活力和政产学研用协同创新。

本文的基本结论为，依托拥有科技创新资源的区域科技创新中心，激发基于本地要素的创新创业活动，是后发地区发展包括人工智能产业在内的战略性新兴产业的基本路径。本地要素不仅包括科技创新资源，而且包括政府政策和传统优势产业智能化转型应用场景开放。同时，高度开放的创新生态和通过集群化发展持续提升的产业市场竞争力，是后发地区人工智能产业发展的促进因素。

在上述理论分析的基础上，本文的对策建议包括以下几点。

第一，激发基于本地要素的创新创业活动的活力，是后发地区依托区域科技创新中心发展人工智能产业的关键。从人工智能产业形成和演变的过程看，初始阶段人工智能企业的创新创业活动是由本地应用需求牵引的。在应用需求牵引下，由研究型大学、科研院所和企业的协同形成的创新创业活动，是人工智能产业形成和发展的第一推动力。

第二，在政策体系中，积极开放应用场景对后发地区人工智能产业发展意义重大。应用场景是本地要素之一，往往来自本地优势产业的智能化转型和社会痛点问题的解决。通过开放应用场景激发创新创业活动的活力，是地方政府发展人工智能产业的重要抓手。

第三，培育高度开放的区域创新生态系统，是加速本地人工智能产业发展的重要途径。与工业经济不同，人工智能产业属于创新经济范畴。在创新经济中，资源配置的对象主要是技术、知识和人才。开放的创新生态不仅有利于技术、知识的重组和互补性创新，而且有助于本地企业核心能力积累和应用场景开拓。

第四，在产业发展的基础上，建设具有全球竞争力的人工智能产业集群，是建设区域科技创新中心的战略方向。人工智能属于通用目的技术，能够引领科技创新中心的发展和升级。同时，在强大的规模效应和网络效应支配下，集群化和生态化是持续提升人工智能产业国际竞争力的基本途径。

参考文献

[1] 许继琴:《产业集群与区域创新系统》，经济科学出版社，2006。

[2] 詹·法格博格、戴维·莫利、理查德·纳尔逊主编《牛津创新手册》，柳卸林等译，知识产权出版社，2009。

[3] 刘刚、杜爽:《我国人工智能科技产业发展动力机制的区域比较研究——基于北京市、杭州市和深圳市智能企业样本的价值网络分析》，《社会科学辑刊》2021年第1期。

[4] 陈其荣:《技术创新的哲学视野》，《复旦学报》（社会科学版）2000年第1期。

[5] 喻科:《产学研合作创新网络特性及动态创新能力培养研究》，《科研管理》2011年第2期。

[6] 刘刚、刘捷:《网络空间产业生态发展和乡村振兴》，《马克思主义与现实》2021年第6期。

[7] 孙理军、张蔓、高倩:《战略性新兴产业要素禀赋、技术创新能力与产业发展质量的关系》，《科技管理研究》2022年第9期。

[8] 王开科、吴国兵、章贵军:《数字经济发展改善了生产效率吗》，《经济学家》2020年第10期。

[9] 刘新艳、陈圻、张新婷:《创新要素对新兴产业的牵引分析》，《科技进步与对策》2011年第24期。

[10] 卢涛、周寄中:《我国物联网产业的创新系统多要素联动研究》，《中国软科学》2011年第3期。

[11] 凌峰、戚湧、朱婷婷:《战略性新兴产业创新要素供给体系与协同机制》，《科技进步与对策》2016年第22期。

[12] 中国新一代人工智能发展战略研究院:《中国新一代人工智能科技产业区域竞争力评价指数（2023）》，2023年5月19日。

[13] D. Doloreux, E. Turkina, "New Path Creation in the Artificial Intelligence Industry: Regional Preconditions, New Actors and Their Collective Actions, and Policies," *Regional Studies* 55 (2021).

[14] P. Cooke, "Regional Innovation Systems: Competitive Regulation in the New Europe,"

Geoforum 23 (1992).

[15] M. Mukim, "Does Agglomeration Boost Innovation? An Econometric Evaluation," *Spatial Economic Analysis* 7 (2012).

[16] A. Pérez-Luño, J. Wiklund, R. V. Cabrera, "The Dual Nature of Innovative Activity: How Entrepreneurial Orientation Influences Innovation Generation and Adoption," *Journal of Business Venturing* 26 (2011).

[17] H. Aldrich, *Organizations Evolving*, Sage, 1999.

[18] P. Arenius, M. Minniti, "Perceptual Variables and Nascent Entrepreneurship," *Small Business Economics* 24 (2005).

(文字编辑：乐小芳)

The Openness of Local Elements and Innovation Ecology and the Development of Artificial Intelligence Industry in Latecomer Regions

—Taking Chengdu and Chongqing as an Example

Liu Gang, Yu Shan and Liu Jie

(Institute of Economics, Nankai University, Institute of China New Generation Artificial Intelligence Development Strategy, Nankai University, Tianjin, 300000)

Abstract: Data, algorithms, computing power, application scenarios, and talents are the basic elements for the development of the artificial intelligence industry. Artificial intelligence is a strategic emerging industry, mostly originating from developed countries and regions with abundant innovation resources. For developing countries and regions, regional science and technology innovation centers with innovative resources have the basic conditions to develop the artificial intelligence industry. In the initial stage, innovation and entrepreneurship activities based on local factors are the first driving force for the development of the artificial intelligence industry. At the same time, cultivating and developing an open innovation ecosystem that is conducive to promoting the integration of innovation elements between local and developed countries and regions is an important factor in accelerating the development of regional artificial intelligence industry. Actively promoting the opening of application scenarios, accelerating the intelligent process of advantageous industries, introducing external innovation resources, and actively participating in the innovation ecosystem led by external artificial intelligence innovation platforms, forming a globally competitive artificial intelligence industry cluster, is a strategic choice for the development of artificial intelligence industry in latecomer countries and regions.

Keywords: Artificial Intelligence Industry; Local Factor; Innovation Ecology; Latecomer Regions; Regional Scientific and Technological Innovation Centers

深圳绿色低碳产业集群化的路径选择*

袁易明　张　欢**

（深圳大学中国经济特区研究中心　深圳市汉仑绿色发展研究院
广东　深圳　518000）

摘　要：产业集聚化发展表现为一大批同类型企业在同一区域的地理空间集聚，产业集群的形成强调同类型企业通过产业链、价值链的精细化分工进而形成产业生态有机结合，产业集群则是产业集聚的高级发展形态。深圳绿色低碳产业规模与技术层级的蝶变发展，要求进一步优化产业生态，构建绿色低碳产业集群。

关键词：产业集聚　集群化升级　自主演化　外生植入

绿色低碳产业已在全球范围内进入由集聚化向集群化升级发展的黄金期。美国推动构建以清洁能源、节能低碳技术服务为主的绿色低碳产业集群；德国专注于构建环保技术装备先进高端产业集群；日本在新能源、环保汽车、绿色储能等绿色低碳细分领域集群多点开花；荷兰致力于打造大气、水、固体废弃

---

* 本文为深圳市哲学社会科学规划 2023 年度重点课题“习近平生态文明思想的深圳实践研究”（SZ2023A001）的阶段性成果。

** 袁易明，经济学博士，深圳大学中国经济特区研究中心教授、博士生导师，主要研究方向为经济特区比较、产业组织与政策；张欢，深圳市汉仑绿色发展研究院助理研究员，主要研究方向为产业经济学。

物、土壤等污染控制领域的产业集群；中国以新能源为先导，推动节能改造服务和绿色低碳产业集群化发展。

产业若要实现高度集群化发展，必先经历集聚化发展过程。轴轮集聚、多核集聚、网状集聚是产业集聚的三种主要形态，一般表现为一大批同类型企业在同一区域的地理空间集聚，但在此状态中企业之间尚缺乏专业化分工下的产业链条合作关系。产业集群则是产业集聚的高级发展形态，同类型企业通过产业链、价值链的精细化分工进而形成产业生态有机结合，实现企业与企业之间、企业与产业之间互相配套、互相促进、互相引领。产业集聚向产业集群演变主要通过内生自主发展演化以及外生嫁接植入演化两种路径。

深圳作为低碳发展的"先行者"，在绿色低碳产业方面经过几十年的发展已经初具规模，产业集聚带来的行业协同驱动力与政策支撑力双向作用，形成了当前深圳绿色低碳产业的发展格局。然而，绿色低碳产业在集聚化发展后，需要进一步形成多链融通的产业发展生态，进而构建产业集群，发挥产业集群对区域经济发展的杠杆效应。

一 深圳绿色低碳产业集聚发展形态

遵循产业发展事实，组构产业集聚发展必备条件，并与绿色低碳产业集聚发展的特定条件形成内恰架构，以此构建深圳推进绿色低碳产业集聚发展参照系。从深圳绿色低碳产业细分领域看，智能网联汽车产业轴轮集聚，顶部支撑作用凸显；新能源产业多核集聚，多头引领效应显著；安全节能环保产业内生网状集聚，推动企业共同成长。

（一）轴轮集聚形态——深圳智能网联汽车产业轴轮集聚，核心龙头带动作用突出

轴轮集聚形态是指，以一个超级龙头企业为核心，周边环绕着许多相关联的中小企业，整个集群的运作以超级龙头企业的生产流程为主线。其中，超级龙头企业因需要一系列的生产配套设施，带动众多中小企业"入链"，共同参与链条环节分工合作；超级龙头企业因具备领先的产品技术优势，可以将其技

术能力扩散至其他中小企业，进而促使集群内的中小企业能够为超级龙头企业提供成本更低、质量更优的配套产品。

从营收规模来看，深圳主要依靠比亚迪股份有限公司（以下简称“比亚迪”）一家超级龙头企业，立讯精密工业股份有限公司（以下简称“立讯精密”）、中兴通讯股份有限公司（以下简称“中兴通讯”）等多家领先企业作为智能网联汽车产业支撑。但从实际业务层面，智能网联汽车产业则是紧紧围绕比亚迪，以此为龙头核心支撑，形成配套制造与服务网络，带动形成上下游产业链。以轴轮集聚为核心，支撑深圳智能网联汽车产业的体系化、集群化发展。

在《深圳市人民政府关于发展壮大战略性新兴产业集群和培育发展未来产业的意见》对智能网联汽车重点领域的发展导引下，现阶段深圳市该产业的头部企业比亚迪、立讯精密、中兴通讯发挥重要示范带动作用，集聚百亿级企业15家、十亿级企业65家、超亿元企业28家，研发投入力度7.80%，研发人员占比22.65%。在硬件端以光学遥感、雷达感知、快速充电、电池技术等为依托，在智能感知、车用无线通信、充电桩、动力电池等领域进行产品迭代与创新。同时，利用大数据、云计算等技术手段，结合硬件形成完整的车联网、云服务和电机控制系统，提供安全、精准、智能的软件服务。下一阶段将建设智能网联交通测试示范平台、深汕汽车工业园等重点项目，依托南山、坪山等区建设集聚区，引领智能网联汽车产业高质量发展。

（二）多核集聚形态——深圳新能源产业多核集聚，“三驾马车”引领效应显现

多核集聚形态是指，以3~5家业内知名企业为核心，吸引先进项目在此集聚，通过竞争激励机制，形成多家核心企业共同竞争合作的发展格局。在多核集聚形态模式下，根据多家核心龙头企业各自的优势特点，产生多个相异的产业链条体系。在相同的产业链条体系中，企业根据产业链条分工合作；在不同的产业链条体系中，企业间存在激烈的市场竞争，核心龙头企业之间在市场上争夺优质的配套产品供应商、生产服务供应商等资源，产业链条环节的相关配套企业则互相竞争进入核心龙头企业的供应链体系。

深圳市新能源产业布局较广，形成以比亚迪、中国国际海运集装箱（集

团）股份有限公司（以下简称“中集集团”）、中国广核集团有限公司（以下简称“中广核”）“三驾马车”为核心的产业集聚形态，在相应领域以3家大型企业为特色核心，围绕其业务内核形成了多个体系，表现出头部引领效应，在新能源产业领域同步发力。

在《深圳市人民政府关于发展壮大战略性新兴产业集群和培育发展未来产业的意见》对新能源重点领域的发展导引下，现阶段深圳市该产业以比亚迪、中集集团、中广核3家头部企业为牵引力，集聚百亿级企业46家、十亿级企业13家，研发投入力度6.08%，研发人员占比19.86%。聚焦电能变换与风光储能，拥有完整的大功率电力电子装置及监控系统的自主开发及测试平台，已实现高效、可靠、高品质的发电、用电和电能传输；布局光伏电池片设备整线领域，突破单晶槽式制绒酸洗“首台套”设备，首推集散式光伏逆变方案，实现电气传动国产替代；氢能领域投入加氢站设计与工程技术服务，在水电解制氢设备、氢燃料电池方面取得技术突破。下一阶段将依托龙华、龙岗等区推进数字能源融合发展示范区、国际低碳城和求雨岭氢能产业园等建设，构建清洁低碳、安全高效、智慧创新的现代能源体系。

（三）网状集聚形态——中小企业支撑深圳安全节能环保产业发展

网状集聚形态是指，大量互相独立的中小企业因生产某种同类产品或提供某种同质服务，自发集聚于特定区域的产业集群形态。此类产业集群的形成主要得益于传统工商业与独特的地区性产业资源，或者家族式中小企业掌握的丰富生产经验。正是因为此类模式下企业家所具有隐性的生产和交易技能，从而才能在获得相对于其他地区的体制机制落差优势的情况下产生产业集聚。在网状集聚形态模式下，集群内中小企业占主导地位，由于所生产、提供的产品或服务技术门槛较低，企业间可互相独立完成，无须过多生产经营联系，并形成带有地方特色的同质化产品集聚特点。

深圳安全节能环保产业起步较早，LED产业最早于20世纪90年代初便已开始发展。但是，经过长久的竞争，市场尚未形成绝对的优势企业，安全节能环保产业呈现多点分散式的网状集聚发展特点。

在《深圳市人民政府关于发展壮大战略性新兴产业集群和培育发展未来产

业的意见》对安全节能环保重点领域的发展导引下，现阶段深圳市该产业集聚百亿级企业 10 家、十亿级企业 30 家、超亿元企业 14 家，研发投入力度 4.45%，研发人员占比 15.09%。其中，安全节能环保制造业以 LED 节能技术、高效变频技术和低碳材料技术为引领，主攻 LED 照明、高效变频器、绿色建材等方向。安全节能环保服务业以绿色动力环保集团股份有限公司、格林美股份有限公司为业务导向，遵循"资源有限、循环无限"的绿色低碳发展理念，以低碳、多元、国际化的综合城市能源和环保服务商为战略定位，业务链条拓展至清运一体化、固废处理、污泥处置、农林生物质发电、厨余垃圾处理、建筑垃圾资源化等领域，纵向深耕环卫一体化发展，形成回收—处理—再利用闭环。下一阶段将重点支持罗湖、宝安、龙岗、龙华、光明等区建设集聚区，为建设韧性城市提供坚实保障。

二 深圳绿色低碳产业由集聚化向集群化演变路径选择

绿色低碳产业由集聚化向集群化演变有两种路径：一是内生自主发展演化，即在某一特定区域的产业基础和政府政策共同作用下自发形成产业集聚；二是外生嫁接植入演化，通常由异地企业从外部迁入本地区后吸引同类企业共同集聚。

（一）内生自主发展演化路径

现阶段，深圳绿色低碳产业的智能网联汽车、新能源细分领域已步入内生自主发展演化阶段，从集聚化发展向集群化发展升级。比亚迪、中集集团、中广核、立讯精密、中兴通讯等龙头企业优势逐步扩大，进一步发挥龙头凝聚力，吸引更多中小企业深度参与产业链条合作。深圳智能网联汽车、新能源两个细分领域正在以龙头企业为核心支撑，构建全链条配套制造与服务网络，逐步形成完备的产业集群。在内生自主发展演化路径下，由于当地的产业发展基础和政府产业政策导向的共同作用，产业集群具有自发形成的性质，众多中小企业开始在区域内涌现。企业数量规模扩大导致市场竞争激烈程度逐渐攀升，为进一步获取市场竞争优势，企业设立研发机构并与大学和科研机构展开合作，政府同步进行本地软硬件设施建设，提供各项优惠政策，扶持中小企业，并确保集群内的有序竞争。当集群进入成熟稳定阶段后，本地企业数量增长平稳，并出现具有较强全球竞争力的大企业，龙头企业与中小企业之间分工进一步细化，专业化程度提高，形成长期合作关系，打造良好的竞争合作氛围。

内生自主发展演化路径的产业集群学习样板为美国波士顿低碳节能服务产业集群。该集群的形成和发展，直接得益于该地区的哈佛大学、麻省理工学院、波士顿大学等一大批一流大学和国际顶尖实验室。大量高校科研团队对节能低碳技术、可再生能源和能效领域进行研究与开发，为众多投资者特别是风险投资者提供具有市场潜力的低碳科技成果，大量产学研合作造就了波士顿低碳节能服务产业强大的集聚力。从波士顿低碳节能服务产业集群的规模发展成效看，埃克森美孚集团、3M 集团、杜克能源公司等世界 500 强级别的节能低碳技术龙头企业均在波士顿设立技术研发总部，不断深耕安全节能环保产品及相关服务，致力为工业企业提升节能降耗水平。现阶段，在技术创新对波士顿低碳节能服务产业集群的强力带动下，波士顿地区为全球节能服务业产值创造近 2/3 的份额。

（二）外生嫁接植入演化路径

深圳安全节能环保产业亟须沿用外生嫁接植入演化路径以实现产业集群化发展。依托自身便利的区位条件，发挥生产要素优势，通过投资政策吸引全球领先企业将先进技术及管理理念带入深圳，以引进龙头企业投资为主，强化产业规划发展时效性，在较短的时间内集聚大量资本、配套性企业，使得深圳安全节能环保产业发展规模迅速扩大，核心细分领域迅速成长。在外生嫁接植入演化路径下，政府在招引行业龙头企业入驻本地方面集中发力，中小企业在龙头带动作用下随之而来，为这类从外部引进的大企业提供相应的配套产品和服务。当外部迁入企业数量规模扩张至一定程度时，众多跨区域企业将开始在本地增资扩产，其他中小企业则发挥“后发优势”，共同推动区域内各规模类型企业在产业链条环节形成深度合作关系。

外生嫁接植入演化路径的产业集群学习样板为特斯拉上海超级工厂。2018 年 7 月，特斯拉与上海市政府、上海临港管委会共同签署了纯电动车项目投资协议，特斯拉正式进驻上海。随着2019年以来特斯拉上海超级工厂进入试点生产，特斯拉逐渐发挥龙头带动作用，引领上海临港新片区构建起涵盖汽车芯片、自动驾驶系统、汽车内饰、车身、新材料、精密加工等新能源汽车的全产业链生态，形成临港新片区首个千亿级产业。预计到2025年，新片区智能新能源汽车产业规模将突破3000亿元，将其成为具有全球影响力的智能新能源汽车产业集聚地。

三 波特“钻石模型”对深圳绿色低碳产业集群建设的启示意义

1990年，波特（Michael E. Porter）在《国家竞争优势》中将产业集群作为研究对象，从竞争优势的角度研究产业集聚发展问题。提出产业集群的优势在于：得益于众多企业在产业链条环节形成分工合作，产业集群的整体收益高于集群内企业各自的收益总值；产业集群所形成的企业空间维度集聚，对于技术扩散具有显著推动作用，集群内企业在较短的空间距离下较便利地开展技术交流与合作；产业集群推动产业配套体系加速形成，降低了产业进入门槛，为新兴企业提供良好的成长环境，从而推动产业集群进一步发展壮大。

对于产业集聚发展需要整合的要素条件，本文遵循波特“钻石模型”。在一个国家的众多产业内，只有在产业要素、市场需求、产业生态、竞争优势中形成集成整合与有效配置的产业，才最有希望在全球竞争中获得成功；此时“产业机遇”和“政府导向”两个重要变量才能给产业竞争优势带来重大影响。这些因素相互作用，形成一个整体，被称为影响产业集群竞争优势的“钻石体系”。

（一）以产业集群建设降低产业要素搜寻成本

在波特“钻石模型”中，生产要素被划分为基本与高级两种类别。其中，基本生产要素包括劳动力资源、物产资源等；高级生产要素包括基础设施、资本资源、人才资源等。比较优势理论提出，各个地区的要素资源禀赋差别、产品的生产成本将受到直接影响，进而影响该地区市场竞争能力的强弱。生产要素能否便利共享、便利搜寻是决定一个区域能否形成产业集群的关键前提，产业核心要素具备比较优势是产业集聚发展的基础条件。

（二）有效助力国内外市场需求加速放大

需求条件在波特“钻石模型”中包括国内市场份额占有率及国际市场的渗透率，通过需求结构、需求规模、需求成长、需求不足等变量衡量产业是否还有动力在市场机制作用下自发集聚化发展。其中，需求结构表现为市场需求呈现多样化细分，通常比需求规模更重要。按照市场细分，一个小企业可以专攻整个需求市场的某个环节，最大限度地创造并发挥自身较强的竞争优势。按需求产生的区域划分，可分为东道国市场需求与国内市场需求；按需求存在形态划分，可分为市场潜在需求与市场小饱和需求。因此，市场需求放大是实现集聚发展的动力条件。

（三）产业生态是实现集聚发展的根本条件

产业集聚业态的形成，需要原材料与中间产品的供应者、产品生产者和经营者相互之间在零部件供应、最终产品投用和技术人员之间可简便快捷地交流。在产业链、价值链、创新链、供应链等的“多链融通”下形成的产业生态，是波特“钻石模型”中产业集聚发展的根本性条件因素。在如此“多链融通”的产业生态下，集聚区内众多企业的空间集聚可以提供一个足够大的市场，使得种类繁多的专业化供应商得以生存，有利于相关配套产业或辅助行业的成长和发展。这些行业分工精细、专业性强，可以为许多临近厂商提供服务，企业可以快速低成本地获得自身发展所需要的专业化中间投入产品，从而有利于主导产业和辅助行业的发展，此时知识和技术也可以有效溢出。由于信息在当地流动比远距离流动更容易，产业在特定地区的集聚为技术工人之间正式或非正式的接触和交流提供了更多机会，有利于隐性知识的传播和共享，这些都对企业的区位选择产生重要影响。

（四）区域非物质竞争优势是产业集聚发展的持续推进力

随着社会信息化的普遍和科技的不断进步，物质性的区位显著因素作用越来越小，波特“钻石模型”中的竞争优势强调区域非物质竞争优势，认为其包括社会风尚、政府清廉、精英群体的社会意识、社会文明程度、人际关系、旅游文化、时尚、消费方式、生活质量和习惯、历史文化和风土人情等，非物质性的“新人文区位”价值在产业集聚的发展过程中作用越来越大。

（五）产业机遇与政府导向是产业集聚发展的催化剂

政策法律法规出台、重大技术改造创新、世界金融市场巨大变化、自然灾害、战争爆发等都有可能打破现存的产业竞争环境和秩序，发生“竞争断层”，使产业竞争者优势弱化或丧失。但机会总是双向的，在原产业竞争者优势弱化或丧失的同时，新的竞争者获取优势具备了新机遇与新的发展空间。

政府导向强调，在加快产业集聚发展上，政府创造产业发展环境，提供产业发展需要的资源，对产业发展方向进行引导和强化，制定规范有序的竞争规则，保证市场繁荣稳定。“硬的”政府为产业发展创造条件，如拓宽投融资渠道、完善基础设施等，为开始进入新产业领域提供可靠的投资环境。

四 深圳绿色低碳产业集群化发展策略建议

推动绿色低碳产业集群建设，需要选择符合深圳现有产业形态的发展模式，沿着前瞻性、开放性和创新性的发展思路，引导其从集聚化向集群化升级。

（一）内生培育“二元结构”，放大智能网联汽车、新能源龙头集聚力

发挥比亚迪整车制造企业龙头带动作用，进一步开放配套市场，深化与立讯精密、中兴通讯等零部件配套企业的融合集聚。深化“整车—零部件”协同关系，推动智能网联汽车全产业链高度衔接。促进智能网联汽车产业链条的配套零部件企业以“链主”企业需求为导向，与龙头企业形成紧密的研发生产合作关系，形成更高技术水平与质量的配套产品，从而提升整车产品性能。

推动比亚迪、中集集团、中广核等龙头企业牵头搭建新能源装备云制造平台和云服务平台，主动对接麦格米特电气、科信通信、捷佳伟创等中小企业，

活用“上云用云”渠道，深化新能源产业链上中下游紧密合作。鼓励众多中小企业加快设备“上云”和系统的云端迁移，加快新能源产业链、供应链通过“上云”形成高效对接合作，提升中小企业对龙头企业的专业化协作配套水平。

（二）嵌入式引进发展，稳固安全节能环保产业集群根基

一方面，汇聚全球优势产业资源。着力在节能系统、节能装备领域引进与对接爱克斯龙公司、杜克能源公司、德固特等全球领先优势企业在深圳设立研发、生产、试验基地，培育新增长极，通过政策引领、企业主导、市场化运作，全面扩大产业规模和提升效益水平，拓展上下游产业链的产业格局，做大安全节能环保产业集群；同步嵌入高效节能、减污降碳、碳捕集与利用等关键核心技术研发实验室，搭建企业应用技术开发平台，加速节能环保技术成果的产品化和产业化，鼓励安全节能环保前沿技术转化在深圳的落地，对成果转化成功的企业按照产值规模进行奖励。

另一方面，推进已有优势企业做大做强。鼓励引导绿色动力环保集团股份有限公司、格林美股份有限公司、深圳市洲明科技股份有限公司等高成长性企业参与绿色“一带一路”国际合作，广泛开展节能环保技术交流，提升节能环保服务产品的经济性和适用性，依托“一带一路”环境技术交流与转移中心（深圳）的研发孵化基地和环境服务业产业园区，融入国际节能环保市场。

（三）培育专精特新“小巨人”企业，精准锁定六大细分环节深挖细耕

聚焦安全节能环保领域的资源循环利用技术服务环节，建立资源循环利用技术项目数据库。引导企业向高效节能技术、先进环保技术、固体废弃物综合利用技术等重点领域进行研发攻关，利用平台孵化技术，解决市场化应用难题。

针对新能源领域的可再生能源发电装备、燃料电池环节，制定专项产业支持政策。从公司治理、技术创新、产品应用、人才引进等维度出发，建立专精特新“小巨人”企业潜在白名单，明确不同阶段支持措施和实现目标，以政府购买倾斜鼓励企业取得细分领域技术创新突破。

锁定智能网联汽车领域的控制系统算法、云服务平台终端、整车制造方案

环节，搭建产业公共服务平台。引导企业活用公共服务平台整合资源、创新服务模式，提高智能网联汽车整车制造与零配件市场供需双方对接效率。发挥平台网络优势，为企业开展专业化、特色化服务，提高服务的及时性和有效性。

（四）深化区域联动，构建绿色低碳产业深港协同体

进一步破除人流、物流、资金流、信息流等创新要素跨境跨区域流动存在的障碍，实现“深圳研发 + 香港定义能力”“深圳智造 + 香港技术推广”“深圳场景 + 香港渠道”，构建绿色低碳产业深港协同体。优化科技人才签注管理，根据科研周期适当延长人才异地居留时间，促进人才跨境流动便利；扩大深港绿色低碳产业领域人才职业资格互认范围；促进科研设备和耗材通关便利，降低通关成本；探索与香港合作出资设立绿色低碳产业发展基金，专门资助两地科研机构合作开展科研项目；利用好香港“超级联系人”的特殊定位，规划建设深港绿色低碳创新要素汇集中心，瞄准深圳绿色低碳产业的技术瓶颈寻找建立项目库。

鼓励绿色低碳企业利用好香港的国际平台大胆“走出去”。在新能源领域，突出深圳绿色低碳企业在光伏、储能、机电产品上的技术优势与规模优势，引领中国新能源行业标准、技术、产品、工程、资本、运维“走出去”；在节能环保领域，持续推动 LED 产品“走出去”，拓宽国际销售渠道，利用香港平台在资质申请、通关等方面提供便利；在智能网联汽车领域，推动以比亚迪为代表的企业“走出去”，扎根深圳产业基地，瞄准国际市场。同时利用好香港的合规服务和金融服务，降低深圳绿色低碳企业的非系统性风险。

（五）完善产业配套，加快出台专项支持政策

加快绿色低碳技术的应用，推动重点用能行业技术装备创新和应用推广，电力行业加快复制推广超低煤耗发电技术；引导企业建立能源循环系统，推进工业互联网与节能环保的软硬件结合；突破新能源汽车驱动电机和电池用钢、高能效变压器核心软磁材料等技术。推进碳捕集、利用与封存（CCUS）技术的发展，尽早将其应用于全市化工、钢铁等企业。

推动新能源产业集聚发展，对于智能网联汽车的核心零部件，要加快核心

零部件和电池关键技术的研发突破，实现电池制造、维修、回收流程的技术、工艺、装备制造产业的集聚发展。对于氢能产业要围绕氢能加注设备、燃料电池、光伏制氢、风电制氢等环节进行技术攻关，推动氢能安全、稳定、灵活的场景应用。

拓展绿色金融赋能，深化碳交易试点，引入更多市场主体，激发市场潜力。探索和丰富绿色金融工具，提供绿色债券、绿色保险、绿色基金等多种金融产品形式，发展绿色低碳设备租赁市场。

打造绿色低碳产业园区，保障绿色低碳产业用地指标。由市级产业主管部门统筹，对每年的产业用地和产业用房指标予以量化，对经认定的特色园区，为园区项目落地提供“一条龙”服务，就近配套基础设施并予以优先推进。

构建人才保障体系，实施更加积极、开放、有效的人才政策，坚持人才引进与培育并举，引进一批高水平专业人才，政产学研联动培养各层次专业人才，强化人才队伍支撑，打造绿色低碳人才集聚高地。支持企业引进绿色低碳领域高水平管理、研发、服务等紧缺人才，在住房、子女就学、医疗保健等方面提供保障服务。

参考文献

[1] 车秀珍、邢诒、陈晓丹主编《深圳生态文明建设之路》，中国社会科学出版社，2018。

[2] 陈建明：《习近平生态文明思想的历史逻辑与时代价值》，《河南社会科学》2020 年第 2 期。

[3] 关成华、韩晶：《中国城市绿色竞争力指数报告 2020》，经济日报出版社，2020。

[4] 洪大用：《经济增长、环境保护与生态现代化——以环境社会学为视角》，《中国社会科学》2012 年第 9 期。

[5] 孙林、康晓梅：《生态文明建设与经济发展 ：冲突、协调与融合》，《生态经济》2014 年第 10 期。

[6] 唐杰等：《中国城市可持续发展模式研究：深圳绿色低碳实践》，东北财经大学出版社，2019。

[7] 熊思琴、高红：《绿色金融发展研究——以深圳市为例》，北京大学出版社，2019。

（文字编辑：李桐）

Path Selection for Shenzhen's Green and Low-Carbon Industrial Clusterization

Yuan Yiming, *Zhang Huan*

(China Center for Special Economic Zone Research, Shenzhen University,
Shenzhen Hanlun Green Development Research Institute,
Guangdong, Shenzhen, 518000)

Abstract: The development of industrial agglomeration is manifested in the geographical spatial agglomeration of a large number of enterprises of the same type gathering in the same area. The formation of industrial clusters emphasizes that enterprises of the same type form the organic integration of industrial ecology through the fine division of labor in the industrial chain and value chain. Industrial cluster is an advanced development form of industrial agglomeration. The rapid development of Shenzhen's green and low-carbon industry in terms of scale and technological level requires further optimizing the industrial ecology and building green and low-carbon industrial clusters.

Keywords: Industrial Agglomeration; Cluster Upgrade; Independent Evolution; Exogenous Implantation

家族涉入对企业业绩的影响研究*

——基于粤港澳大湾区上市家族企业的比较分析

陈建林　夏泽维**

(广东财经大学智能财会管理学院　广东财经大学会计学院　广东　广州　510000)

摘　要：家族企业在粤港澳大湾区经济发展中具有重要地位和作用。已有研究对有关家族涉入对企业业绩影响持有不同观点，为厘清分歧，本文采用粤港澳大湾区上市家族企业的面板数据，对该地区家族涉入对企业业绩的影响进行实证研究，并比较港澳与广东两地的差异。实证研究得出：粤港澳大湾区家族成员担任董事长或总经理有利于上市家族企业业绩的提升，家族成员担任高管人数比例也与企业业绩呈正相关；相较于内地，港澳家族成员担任董事长或总经理更有利于上市家族企业业绩的提升，家族成员高管比例提高对企业业绩的正向促进作用更强。研究表明，由于两地的市场化程度、家族企业发展阶段等因素差异，大湾区内的上市家族企业家族涉入对企业业绩的影响程度并不完全一致，这为粤港澳大湾区上市家族企业的比较研究提供了实证证据。

关键词：粤港澳大湾区　家族企业　家族涉入　企业业绩

---

* 基金项目：广东省普通高校创新团队项目“粤港澳大湾区资本市场财务与会计创新研究团队”（2020WCXTD009）；广东省教育厅科研项目【重点领域专项】“数字金融对农业家族企业创新的影响机制与治理效应研究”（2022ZDZX4009）。

** 陈建林，管理学博士，广东财经大学智能财会管理学院教授、博士生导师，主要研究方向为公司治理；夏泽维，广东财经大学会计学院硕士研究生，主要研究方向为公司治理。

一 引言

家族企业是一种在全球范围内广泛存在的重要经济组织形式，[①] 对全球经济具有重大且实质性的影响。[②] 随着社会主义市场经济的不断发展，我国家族企业在政府出台的一系列鼓励支持民营经济发展的政策措施下得到了迅速发展。根据《福布斯2012年中国现代家族企业调查报告》，中国民营企业在A股上市公司中占比为58%，而在民营企业中占比高达49%的家族企业已成为其主体部分，由此可见以家族企业为代表的民营企业已经成为中国经济增长的重要引擎。[③] 这意味着，中国家族企业在创造就业机会、贡献GDP和社会影响方面占据着举足轻重的市场地位。

粤港澳大湾区包括九市两区，香港、澳门两个特别行政区是我国与世界交流的重要平台，与广东省内的广州、深圳共同作为四大核心引擎城市，与佛山、东莞、珠海、惠州、江门、中山、肇庆七大重要节点城市协同发展。大湾区的各城市定位将创新创造成果转换与产业应用融为一体，是我国参与全球竞争的重要空间载体。湾区内民营经济发展领先全国，也是家族企业发展迅速且良好的区域。《福布斯2012年中国现代家族企业调查报告》显示，从上市家族企业数量上看，粤浙领跑全国，广东省以142家上市企业在我国十大省份统计中名列第一；2015年地区GDP报告显示，香港排名前15的家族企业掌控的资产相当于GDP的84%。鉴于家族企业在粤港澳大湾区的重要地位，研究大湾区的家族涉入与治理绩效等问题迫在眉睫。

学术界对于家族涉入管理对企业业绩影响有不同观点，第一类观点认为家族涉入管理可以提升企业业绩，第二类观点持相反意见。本文旨在研究粤港澳

① S. Claessens, S. Djankov, L. H. P. Lang, "The Separation of Ownership and Control in East Asian Corporations," *Journal of Financial Economics* 58 (2000).

② R. Morck, B . Y. Yeung, *Special Issues Relating to Corporate Governance and Family Control*, Social Science Electronic Publishing 9, 2004.

③ 魏志华等：《家族企业研究：一个文献计量分析》，《经济学》（季刊）2014年第1期。

大湾区家族涉入对企业业绩的影响，比较分析香港、澳门与广东九市在这种影响上的异同，分析其差异产生的原因。通过实证研究与定性分析探讨两地差异问题，为粤港澳大湾区上市家族企业完善公司治理提供建议，并为湾区内的家族企业比较研究提供相关实证证据。

二　理论分析与假设提出

家族企业的独特之处就在于家族涉入，它是与其他企业区别的重要特征。家族涉入反映了家族对企业的影响程度。① 在过往文献中，家族涉入可分为家族所有权涉入和家族管理权涉入，学者对两种涉入与企业业绩的关系都进行了大量实证研究。由于中国的家文化浓厚，家族与企业的二元性使家族企业更重视如何将家族中的亲情、家族性、家族主义、信任、利他主义、泛家族化与企业结合起来。② 所以本文重点研究的是家族涉入管理权对家族企业业绩的影响。借鉴 Miller 等③的做法，将控制性家族成员担任董事长或者 CEO 作为家族涉入管理权的基本维度；借鉴王明琳等④对于家族涉入的研究，将家族成员担任董监高人数的比例作为家族涉入管理权的衍生维度。

（一）文献回顾

目前学术界对于家族涉入管理对企业业绩影响的结论并不一致。

第一种观点认为家族涉入管理可以提升企业业绩。从代理理论的角度出发，Habbershon 等⑤学者指出，家族成员进入管理层会发挥其独特作用，因为每个家

---

① 陈建林：《家族企业绩效研究分歧及其整合》，《外国经济与管理》2008 年第 9 期；杨学儒、陈文婷、李新春：《家族性、创业导向与家族创业绩效》，《经济管理》2009 年第 1 期。

② 胡国栋：《中国本土组织的家庭隐喻及网络治理机制——基于泛家族主义的视角》，《中国工业经济》2014 年第 10 期。

③ D. Miller, A. Minichilli, G. Corbetta, "Is Family Leadership always Beneficial?" *Strategic Management Journal* 5 (2013).

④ 王明琳、周生春：《控制性家族类型、双重三层委托代理问题与企业价值》，《管理世界》2006 年第 8 期。

⑤ T. G. Habbershon, M. L. Williams, K. Kaye, "A Resource-Based Framework for Assessing the Strategic Advantages of Family Firms," *Family Business Review* 1 (2010).

族成员都有其资源和能力，家族成员是互信的、目标一致的，因此可以降低企业内部代理成本，共享其资源进而对企业价值产生积极影响。Jensen 和 William[①] 也指出，家族管理模式会简化代理关系，减少代理成本。但以上都是从第一类代理问题的角度出发，认为家族涉入管理层会降低代理成本。从管家理论出发，家族高管受社会情感财富影响，会自觉抑制那些短期、纯经济的偏好，因为除了财富之外，家族声誉以及后代传承、家族精神的延续都与企业息息相关。家族高管会为了家族文化、价值观及财产的传承，建立和维持正面的家族形象和声誉，累积社会资本等目标，自觉担任家族企业管家的角色，不贪图短期利益，从而提升家族治理效率和企业业绩。

第二种观点认为家族涉入管理将会降低企业业绩。随着家族企业的不断发展，控制性家族与中小股东之间的第二类代理问题凸显。当控制性家族的目的是牟取私利时，家族企业就沦为了家族牟取私利的工具，控制性家族为了转移上市公司利益到家族手中，会通过关联交易或者占用上市公司资金等方式，造成控制性家族对上市公司的“隧道效应”，不利于企业业绩的发展。[②] 有学者指出，家族企业的纯粹利他主义倾向会导致家族成员做出逆向选择等有损企业业绩及企业发展的行为[③]，且利他行为会导致严重的家族企业裙带关系的问题，譬如让资质能力不够的家族成员担任高管，岗位和职责的不符导致家族企业业绩的下降[④]。陈建林[⑤]指出在家族企业发展的不同阶段，利他主义对企业的代理成本影响有所差异：在家族企业发展的初期，利他主义与家族管

---

① M. C. Jensen, H. M. William, “Theory of the Firm: Managerial Behavior Agency Costs and Ownership Structure,” *Journal of Financial Economics* 4 (1976).

② 唐建荣、朱婷娇：《家族企业终极控制者的隧道效应研究——以上市家族企业平衡面板数据分析为视角》，《企业经济》2018 年第 6 期。

③ W. S. Schulze, M . H. Lubatkin, R. N. Dino, “Exploring the Agency Consequences of Ownership Dispersion among the Directors of Private Family Firms,” *The Academy of Management Journal* 2 (2003); M. H. Lubatkin, W. S. Schulze, “An Organizational Justice-Based View of Self-Control and Agency Costs in Family Firms,” *Journal of Management Studies* 6 (2007).

④ J. H. Chua, J. J. Chrisman, E. B . Bergiel, “An Agency Theoretic Analysis of the Professionalized Family Firm,” *Entrepreneurship Theory & Practice* 2 (2010); 王明琳、徐萌娜：《利他行为的治理机制及效率研究》，《经济学家》2011 年第 12 期。

⑤ 陈建林：《利他主义、代理成本与家族企业成长》，《管理评论》2011 年第 9 期。

理产生的代理成本呈显著负相关；而在家族企业发展的后期，利他主义却与家族管理代理成本呈显著正相关。后续实证研究发现，家族涉入管理会增加企业代理成本，不利于家族企业获得债务融资。

鉴于家族涉入管理对企业业绩影响的双重效应，本文将运用实证研究法分析粤港澳大湾区家族涉入管理对家族企业业绩的影响，并比较港澳地区和广东珠三角地区的差异。

（二）假设提出

基于第一类代理问题视角，依据代理理论，家族高管与家族企业实际控制人的利益一致，且家族成员之间信息沟通顺畅。因此，家族成员担任高管可以降低企业代理成本，这有利于提升粤港澳大湾区家族企业的业绩。

依据管家理论，粤港澳大湾区家族文化和家族信念强烈，具有长期的经商传统，因此家族高管可以提升家族企业治理效率。粤港澳大湾区家族企业的相似之处在于其拥有的资源相似、家族早期发展的历程相似、接受的文化相似。从区位上看，粤港澳大湾区地处海上丝绸之路要津，是世界上海洋航运繁忙的地区之一，因此从地理位置上来讲，粤港澳三地发展对外商贸有着得天独厚的优势，所以粤港澳三地的商人最早都是从事远洋贸易。由于远洋贸易风险远大于小成本的家庭经营，所以需要商人之间的相互信任，也需要足够的财力支撑，这就是家族以及多个家族共同参与经营的契机。从文化上看，该地区的岭南文化是中国传统文化的代表之一，重视“家”的概念，从事商业以“家”为基本单位。这种家族主义从小家扩展到大家，除亲缘外也讲究地缘、业缘、学缘等关系，这种泛家族主义从近代以来就明显体现于各地建立的广府会馆、番禺会馆、客家会馆、潮州会馆上。总而言之，粤港澳大湾区家族企业利用优越的地理条件，在充分吸纳海内外资源和力量的基础上不断革新，勤俭诚信，由小家至大家，形成自身的特殊的家族企业经营方式和运作模式，基于共同的家族精神和企业目标，家族的有效治理推动家族企业的成长与壮大，促进企业价值的不断提升。

依据第二类代理问题理论，由于港澳地区很早实施市场经济制度，而广东珠三角地区是改革开放的排头兵，依据王小鲁等①编制的市场化指数，广东市场化指数长期在全国处于领先地位。因此，粤港澳大湾区具备完善的制度条件，可以有效限制家族大股东侵害中小股东利益的行为，从而避免了家族高管的负面影响。

综上所述，在粤港澳大湾区内，家族涉入管理对于上市家族企业业绩总体上起着促进的作用。据此，本文提出假设1和假设2。

假设1：实际控制人家族成员担任董事长或者总经理有利于粤港澳大湾区上市家族企业业绩的提升。

假设2：家族成员担任高管人数比例与粤港澳家族企业业绩正相关。

家族企业并非处于真空环境中，因此适用情境理论。② 粤港澳大湾区家族企业发展既有相似之处，又有不同的特点。

首先，从宏观层面来说，港澳地区的市场经济制度相对完善，可以更好地抑制家族大股东侵害中小股东利益的行为。香港的资本市场经历了100余年的发展，证券交易早于19世纪香港开埠初期就已出现，20世纪70年代至90年代，香港交易所推动了香港走向国际资本市场。这一系列发展历程使香港成为资本市场优越、制度健全的经济地区，成为中国走向世界的跳板。内地资本市场起步较晚，发展时间较短，相关制度建设在完善的进程之中。因此，相比于内地而言，香港市场对上市公司管制也更为严格，可以更好地保护中小股东利益，规避了家族高管的负面作用。

其次，从微观层面来说，港澳地区家族企业的发展历史更长，可以更好地开展家族企业代际传承，延续家族精神和家族文化。港澳老牌家族企业发展都有50年甚至近100年的历史，经历了多次经济周期的起伏，家族传承也都进入了二代甚至三代，职业经理人与家族成员在管理层并重的现象也并不罕见。而内地家族企业发展是自改革开放后开始，家族企业发展阶段基本都处于一代创始人控制时期，目前刚刚进入家族企业代际传承的高峰期。相比于广东省，港

① 王小鲁、樊纲、余静文：《中国分省份市场化指数报告（2016）》，社会科学文献出版社，2017。

② 范黎波、刘云芬、杨金海：《家族化管理与企业绩效：规模与家族成员所有权结构的调节效应》，《管理评论》2016年第9期。

澳地区家族信托发展历史悠久，家族后代培养方式完善，所以家族会有意识地培养继承人，让继承人尽早接触公司业务，进入家族企业，其他家族成员可以依个人兴趣及特长选择职业发展方向，但同时享受家族信托所带来的财富，或者进入企业帮助继承人发展家族事业，以此来避免代际传承失败的现象。因此，相比于内地而言，港澳地区家族企业代际传承的经验更丰富，可以有效地传递家族专有资产，发挥家族高管对企业的优势。

综上所述，由于宏观制度环境和微观家族企业发展阶段等因素的不同，港澳和广东两地的上市家族企业家族涉入管理对于企业业绩的促进程度存在差异。因此，本文提出假设3。

假设3：相较于内地，港澳上市家族企业实际控制人家族成员担任董事长或总经理更有利于企业业绩的提升，家族成员担任高管人数比例对企业业绩的正向促进作用也更强。

三 研究设计与样本

（一）样本及数据来源

本文以2011～2017年粤港澳上市家族企业数据为研究样本。参考许静静和吕长江①的研究，定义的家族企业如下：上市公司最终控制人能追踪到自然人或家族；最终控制者直接或间接是上市公司第一大股东。基于研究目的，本文利用国泰安数据库、巨潮公司资讯、香港交易所搜集了家族成员关系和家族成员担任职位以及其他家族企业的信息。进一步筛选样本时，剔除了当年ST类公司样本；金融保险业公司样本；数据缺失样本。最终获得模型1中粤港澳上市家族企业总体观测值4184个，其中港澳家族企业观测值2639个，广东省九市观测值1545个；模型2中粤港澳上市家族企业总体观测值3720个，其中港澳家族企业观测值2618个，广东省九市观测值1102个。

① 许静静、吕长江：《家族企业高管性质与盈余质量——来自中国上市公司的证据》，《管理世界》2011年第1期。

（二）检验模型及变量定义

为了检验本文假设，我们建立模型：

$$\begin{aligned} Performance &= \alpha_0 + \alpha_1 iscontr + \alpha_2 size + \alpha_3 debt + \alpha_4 au + \alpha_5 dirnumber \\ &+ \alpha_6 indir + indu + year \end{aligned} \quad (1)$$

$$\begin{aligned} Performance &= \alpha_0 + \alpha_1 famratio + \alpha_2 size + \alpha_3 debt + \alpha_4 au \\ &+ \alpha_5 dirnumber + \alpha_6 indir + indu + year \end{aligned} \quad (2)$$

被解释变量：Performance 表示企业业绩，代理变量为总资产收益率（roa）。在稳健性检验中本文用 roe 进行衡量。

解释变量：控制性家族成员是否担任董事长或总经理（iscontr），是取 1，否取 0；控制性家族成员董（监）高占比（famratio）。

本文控制变量包括：公司规模（size）、资产负债率（debt）、业主权威（au）、董事会规模（dirnumber）、独立董事比例（indir）以及行业（indu）和年份（year）。表 1 为变量具体定义。

表 1 变量具体定义

	名称	符号	定义
被解释变量	企业业绩	roa	净利润/期初和期末平均总资产
		roe	净利润/期初和期末平均净资产
解释变量	实际控制人家族管理	iscontr	实际控制人家族成员担任董事长或总经理时取值为 1，否则为 0
控制变量	家族涉入程度	famratio	家族成员担任董监高人数/董监高总人数
	公司规模	size	公司总资产的自然对数
	资产负债率	debt	负债合计/资产合计
	业主权威	au	董事长和总经理两职合一取值为 1，否则为 0
	董事会规模	dirnumber	董事会总人数
	独立董事比例	indir	独立董事人数/董事会人数
	行业	indu	行业虚拟变量
	年份	year	年度虚拟变量

四 实证结果

（一）描述性统计

1. 描述性统计分析

粤港澳大湾区相关变量的平均值（mean）、标准差（sd）、中位数（median）、最大值（max）和最小值（min）见表2和表3。由表2看出，总体上实际控制人家族成员担任企业董事长或者总经理是大湾区内上市家族企业的普遍现象，家族成员高管比例分布不均，最大占比为50%，最小占比为14.29%。

表2 粤港澳大湾区相关变量描述性统计分析

变量	mean	median	min	max	sd
roa	0.637	0.099	-60.428	24.792	8.982
roe	1.382	0.160	-161.917	78.616	21.443
iscontr	0.846	1.000	0.000	1.000	0.361
famratio	0.153	0.143	0.000	0.500	0.105
au	0.364	0.000	0.000	1.000	0.481
dirnumber	8.202	8.000	5.000	15.000	1.957
indir	0.407	0.400	0.250	0.625	0.076
size	21.864	21.722	18.106	26.051	1.415
debt	27.397	22.600	0.056	121.722	27.242

由表3可比较广东省和港澳地区的相关变量。从企业业绩来看，港澳地区的上市家族企业平均业绩明显高于广东省，但是港澳地区的两极分化更严重。相比于港澳地区，广东省上市家族企业实际控制人及其家族成员担任董事长或总经理的现象更为普遍，但是家族成员进入高管的比例却略低。从两职合一来看，广东省家族企业更倾向于董事长和总经理由同一人担任。从公司规模和资产负债比来看，港澳地区上市家族企业的公司规模较广东省上市家族企业公司规模更大，但资产负债比率也更高。董事会规模与独董比例也是港澳家族企业

较大于内地上市家族企业。

表 3 粤港澳大湾区相关变量描述性统计对比分析

变量	地区	mean	median	min	max	sd
roa	(1)	0.055	0.052	-0.326	0.432	0.059
	(2)	0.980	2.909	-60.429	24.792	11.310
roe	(1)	0.087	0.081	-0.977	0.720	0.101
	(2)	2.145	6.269	-161.917	78.616	27.004
iscontr	(1)	0.897	1.000	0.000	1.000	0.304
	(2)	0.816	1.000	0.000	1.000	0.387
famratio	(1)	0.142	0.143	0.000	0.429	0.069
	(2)	0.157	0.143	0.000	0.500	0.116
au	(1)	0.496	0.000	0.000	1.000	0.500
	(2)	0.291	0.000	0.000	1.000	0.454
dirnumber	(1)	8.017	8.000	5.000	15.000	1.496
	(2)	8.309	8.000	5.000	15.000	2.172
indir	(1)	0.387	0.375	0.250	0.625	0.059
	(2)	0.419	0.429	0.250	0.625	0.081
size	(1)	21.512	21.425	18.113	25.906	1.012
	(2)	22.067	22.001	18.106	26.051	1.566
debt	(1)	0.371	0.360	0.056	1.240	0.189
	(2)	42.682	41.412	0.213	121.722	22.695

注：(1) 代表广东省，(2) 代表港澳地区。

2. 相关性分析

从表4中可知，粤港澳大湾区上市家族企业实际控制人及其家族成员担任董事长或总经理与企业业绩在1%的显著性水平上呈正相关，家族成员高管比例也与企业业绩在1%的显著性水平上呈正相关。这初步验证了假设1和假设2。另外，董事会规模与企业业绩呈显著正相关，资产负债率和独董比例与企业业绩呈显著负相关。从两张表中可以看出实际控制人家族成员担任董事长或总经理与家族成员董监高占比存在共线性，这也是本文进行回归时采用两个模型的原因。

表4 粤港澳大湾区变量 Pearson 相关性分析

变量	(1)	(2)	(3)	(4)	(5)	(6)	(7)	(8)	(9)
(1) roa	1.000								
(2) roe	0.826***	1.000							
(3) iscontr	0.162***	0.161***	1.000						
(4) famratio	0.150***	0.141***	0.486***	1.000					
(5) au	0.015	0.027*	0.143***	0.067***	1.000				
(6) dirnumber	0.161***	0.144***	0.039***	0.036**	-0.106***	1.000			
(7) indir	-0.092***	-0.096***	-0.069***	-0.035**	0.010	-0.594***	1.000		
(8) size	0.287***	0.262***	0.038**	0.023	-0.051***	0.311***	-0.122***	1.000	
(9) debt	-0.061***	-0.039***	-0.097***	-0.052***	-0.143***	0.096***	0.108***	0.286***	1.000

注：***、**、*分别代表通过显著性水平为1%、5%、10%的双尾检验。

（二）回归分析结果

本部分对提出的假设进行了验证。首先是对粤港澳大湾区上市家族企业家族涉入与企业业绩的关系进行总体分析，其次是通过邹检验证明将粤港澳大湾区分为港澳和广东省两地的必要性，最后是对两地家族涉入与企业业绩关系进行比较分析。

1. 粤港澳大湾区总体回归结果分析

表5报告了粤港澳大湾区内上市家族企业总体回归结果。模型1包括了第一个解释变量“控制性家族成员担任董事长或者总经理”和控制变量，结果显示粤港澳大湾区上市家族企业实际控制人及其家族成员担任董事长或者总经理对企业业绩（roa）会产生1%水平上的显著正向影响，验证了假设1；模型2包括了第二个解释变量“家族成员担任高管比例”和控制变量，从结果来看，家族成员高管占比与粤港澳大湾区上市家族企业也在1%的显著性水平上呈正相关关系，验证了假设2。除此之外，企业规模与企业业绩呈显著正相关，而企业负债率越高越不利于企业业绩的提高，这符合以往文献对于影响企业价值因素的研究。两个模型的检验结果均具有较显著的解释力。说明在粤港澳大湾区，普遍的家族共同治理现象对家族企业的业绩提升起到了良好的促进作用。

表 5 粤港澳大湾区总体回归结果

变量	模型 1	模型 2
	roa	roa
iscontr	3.487***	
	(9.63)	
famratio		12.333***
		(9.04)
dirnumber	0.246***	0.253***
	(2.80)	(2.61)
indir	1.630	1.779
	(0.75)	(0.75)
au	0.135	0.186
	(0.51)	(0.62)
size	1.960***	2.184***
	(18.31)	(18.50)
debt	-0.052***	-0.059***
	(-9.99)	(-10.21)
Adj R-Square	0.163	0.172

注：*** 代表通过显著性水平为1%的双尾检验。

2. 分组回归的比较分析

在理论分析中，本文认为粤港澳大湾区上市家族企业既有相似性又有差别，所以采取引入交叉项进行邹检验，检验在相同模型下，港澳家族企业和广东省家族企业的自变量系数是否存在显著性差异（见表6）。

表 6 粤港澳大湾区分组回归结果

变量	模型 1		模型 2	
	roa		roa	
	港澳	广东省	港澳	广东省
iscontr	4.073***	0.015***		
	(7.92)	(3.08)		

续表

变量	模型1		模型2	
	roa		roa	
	港澳	广东省	港澳	广东省
famratio			9.724***	0.068***
			(5.62)	(2.96)
dirnumber	0.084	0.004***	0.071	0.004***
	(0.67)	(3.16)	(0.57)	(2.96)
indir	-1.997	0.003	-1.943	-0.002
	(-0.64)	(0.10)	(-0.61)	(-0.01)
au	0.639	-0.001	0.864**	-0.003
	(1.48)	(-0.33)	(-1.99)	(-1.01)
size	2.767***	0.011***	2.874***	0.006***
	(17.91)	(6.33)	(18.54)	(3.22)
debt	-0.133***	-0.124***	-0.130***	-0.108***
	(-14.45)	(-14.15)	(-13.75)	(-10.67)
Adj R-Square	0.237	0.181	0.228	0.172
系数差异检验	4.058***		9.656***	

注：***、** 分别代表通过显著性水平为1%、5%的双尾检验。

对模型1经过邹检验后，发现存在显著差异，这说明港澳地区上市家族企业和广东省上市家族企业在实际控制人及其家族成员担任董事长或总经理对企业业绩产生正向影响的基础上，两地存在结构性差异。从表6的分组回归比较可知，根据系数比较，相比于内地，港澳家族企业实际控制人家族成员担任董事长或者总经理对企业业绩的正向作用更为显著（4.073>0.015）。

同理，模型2经过邹检验后，同样发现存在显著差异，说明港澳地区上市家族企业和广东省上市家族企业在家族成员高管比例担任董事长或总经理对企业业绩产生正向影响的基础上，两地同样存在结构性差异。从表6的分组回归比较可知，港澳家族企业家族成员占比越高对企业业绩的正向效应越强（9.724>0.068）。

由此可知，邹检验后两组系数进行比较得出的结果验证了假设3，说明粤港澳大湾区内两地上市家族企业在家族涉入对企业业绩产生的正向影响程度上存在差异，相比于内地，港澳地区上市家族企业实际控制人及其家族成员担任董事长或总经理以及家族成员占比对企业业绩产生的促进作用更好。

五　稳健性检验

本文的稳健性检验采取更换因变量的方法，将原表示企业业绩的总资产收益率（roa）更换为净资产收益率（roe），将假设1至假设3重新进行验证。由此得到的回归结果如表7和表8所示。

表7是粤港澳大湾区上市家族企业总体回归的结果。结果同样支持了假设1和假设2，即实际控制人家族成员担任董事长或者总经理有利于粤港澳大湾区上市家族企业业绩的提升和家族成员担任高管人数比例与粤港澳家族企业业绩呈正相关的结论。

表7　粤港澳大湾区总体回归结果

变量	模型1	模型2
	roe	roe
iscontr	8.885***	
	(9.92)	
famratio		28.008***
		(8.35)
dirnumber	0.567***	0.586**
	(2.62)	(2.45)
indir	0.807	0.712
	(0.15)	(0.12)
au	0.829	1.091
	(1.26)	(1.48)
size	4.320***	4.843***
	(16.26)	(16.45)

续表

变量	模型1	模型2
	roe	roe
debt	-0.114***	-0.128***
	(-8.55)	(-8.72)
Adj R-Square	0.152	0.156

注：***、** 分别代表通过显著性水平为1%、5%的双尾检验。

表8是经过邹检验证明港澳家族企业和广东省家族企业的系数存在显著差异后的分组回归结果。结果同样验证了假设3，相比于内地，港澳上市家族企业实际控制人家族成员担任董事长或总经理更有利于企业业绩的提升，家族成员担任高管人数比例对企业业绩的正向促进作用也更强。

表8 粤港澳大湾区分组回归结果

变量	模型1		模型2	
	roe		roe	
	港澳	广东省	港澳	广东省
iscontr	10.482***	0.026***		
	(8.19)	(2.95)		
famratio			21.548***	0.139***
			(5.04)	(3.53)
dirnumber	0.170	0.007***	0.153	0.007***
	(0.55)	(3.05)	(0.49)	(3.17)
indir	-8.160	0.015	-8.470	-0.007
	(-1.05)	(0.28)	(-1.08)	(-0.14)
au	1.986*	-0.003	2.760**	-0.004
	(-1.87)	(-0.60)	(2.57)	(-0.80)
size	6.289***	0.020***	6.539***	0.014***
	(-16.23)	(6.62)	(16.75)	(4.05)
debt	-0.297***	-0.075***	-0.289***	-0.047***
	(-12.48)	(-4.66)	(-11.82)	(-2.68)

续表

变量	模型 1		模型 2	
	roe		roe	
	港澳	广东省	港澳	广东省
Adj R-Square	0.221	0.089	0.208	0.082
系数差异检验	10.456***		21.418***	

注：***、**、*分别代表通过显著性水平为1%、5%、10%的双尾检验。

综上，稳健性检验用净资产收益率替代总资产收益率得到的结果仍支持本文假设，本文结论具有稳健性。

六 结论

家族企业最为本质的特征是家族涉入，因此有必围绕家族涉入展开对粤港澳大湾区的上市家族企业的研究。家族参与管理与企业绩效的关系至今没有一致性结论，主要原因是家族企业具有异质性（heterogeneity）。[①] 本文针对现有文献的理论争论，分析了粤港澳大湾区家族涉入管理对企业业绩的影响，比较了港澳地区和广东省家族企业的差异。本文得出以下结论：总体上，粤港澳大湾区上市家族企业实际控制人家族成员担任董事长或总经理有利于企业业绩的提升，家族成员担任高管人数比例也与企业业绩呈正相关；相比于内地，港澳上市家族企业实际控制人家族成员担任董事长或总经理更有利于企业业绩的提升，家族成员担任高管人数比例对企业业绩的正向促进作用更强。

依据本文的研究结论，可以得出两点启示。首先，受到家族文化和宗族观念影响，粤港澳大湾区家族涉入管理依然对企业业绩影响存在显著的促进作用，因此需要进一步发挥家族管理对民营企业的作用，完善家族治理模式。其次，粤港澳大湾区的合作是大势所趋，因此推动两地家族企业优势互补、协同发展至关重要。本文研究结果证实了港澳家族企业的家族涉入有更强的正向促进作

① M. Nordqvist, P. Sharma, F. Chirico, "Family Firm Heterogeneity and Governance: A Conguration Approach," *Journal of Small Business Management* 2 (2014).

用，内地家族企业应与港澳优秀家族企业进行深层次的交流，学习借鉴家族治理经验，完善家族人才培养和接班模式，追求家族精神延续和家族基业长青的目标，将家族与企业融合，实现家族企业的进一步发展。

参考文献

[1] 王小鲁、樊纲、余静文：《中国分省份市场化指数报告（2016）》，社会科学文献出版社，2017。

[2] 陈建林：《家族企业绩效研究分歧及其整合》，《外国经济与管理》2008年第9期。

[3] 陈建林：《利他主义、代理成本与家族企业成长》，《管理评论》2011年第9期。

[4] 范黎波、刘云芬、杨金海：《家族化管理与企业绩效：规模与家族成员所有权结构的调节效应》，《管理评论》2016年第9期。

[5] 胡国栋：《中国本土组织的家庭隐喻及网络治理机制——基于泛家族主义的视角》，《中国工业经济》2014年第10期。

[6] 唐建荣、朱婷娇：《家族企业终极控制者的隧道效应研究——以上市家族企业平衡面板数据分析为视角》，《企业经济》2018年第6期。

[7] 王明琳、徐萌娜：《利他行为的治理机制及效率研究》，《经济学家》2011年第12期。

[8] 王明琳、周生春：《控制性家族类型、双重三层委托代理问题与企业价值》，《管理世界》2006年第8期。

[9] 魏志华等：《家族企业研究：一个文献计量分析》，《经济学》（季刊）2014年第1期。

[10] 许静静、吕长江：《家族企业高管性质与盈余质量——来自中国上市公司的证据》，《管理世界》2011年第1期。

[11] 杨学儒、陈文婷、李新春：《家族性、创业导向与家族创业绩效》，《经济管理》2009年第1期。

[12] J. H. Chua, J. J. Chrisman, E. B. Bergiel, "An Agency Theoretic Analysis of the Professionalized Family Firm," *Entrepreneurship Theory & Practice* 2 (2010).

[13] S. Claessens, S. Djankov, L. H. P. Lang, "The Separation of Ownership and Control in East Asian Corporations," *Journal of Financial Economics* 58 (2000).

[14] T. G. Habbershon, M. L. Williams, K. Kaye, "A Resource-Based Framework for Assessing the Strategic Advantages of Family Firms," *Family Business Review* 1 (2010).

[15] M. C. Jensen, H. M. William, "Theory of the Firm: Managerial Behavior Agency Costs and Ownership Structure, " *Journal of Financial Economics* 4 (1976).

[16] M. H. Lubatkin, W. S . Schulze, "An Organizational Justice-Based View of Self-Control and Agency Costs in Family Firms, " *Journal of Management Studies* 6 (2007).

[17] R. Morck, B . Y. Yeung, *Special Issues Relating to Corporate Governance and Family Control*, Social Science Electronic Publishing, 2004.

[18] D. Miller, A. Minichilli, G. Corbetta, "Is Family Leadership always Beneficial?" *Strategic Management Journal* 5 (2013) .

[19] M. Nordqvist, P. Sharma, F. Chirico, "Family Firm Heterogeneity and Governance: A Conguration Approach," *Journal of Small Business Management* 2 (2014).

[20] W. S. Schulze, M. H. Lubatkin, R. N. Dino, "Exploring the Agency Consequences of Ownership Dispersion among the Directors of Private Family Firms, " *The Academy of Management Journal* 2 (2003).

（文字编辑：乐小芳）

Research on the Impacts of Family Involvement on Corporate Performance

—Comparative Analysis Based on Listed Family Enterprises in the Guangdong-Hong Kong-Macao Greater Bay Area

Chen Jianlin, *Xia Zewei*

(School of Intelligent Accounting and Management, Guangdong University of Finance and Economics, School of Accounting, Guangdong University of Finance and Economics, Guangdong, Guangzhou, 510000)

Abstract: Family enterprises play an important role in the economic development of the Guangdong-Hong Kong-Macao Greater Bay Area. Existing studies hold different views on the impacts of family involvement on corporate performance. In order to clarify the differences, this article, through using panel data of listed family enterprises in the Guangdong-Hong Kong-Macao Greater Bay Area, conducts an empirical study on the impacts of family involvement on corporate performance in the region, and compares the differences between Hong Kong, Macao and Guangdong. Empirical research has concluded that family members serving as chairman or general manager in the Guangdong-Hong Kong-Macao Greater Bay Area are conducive to improving the performance of listed family enterprises, and the proportion of family members in senior executives is also positively correlated to corporate performance. Compared with the mainland, family members in Hong Kong and Macao serving as chairman or general manager is more conducive to improving the performance of listed family enterprises, and the increase in the proportion of family members in senior executives has a stronger positive promotion effect on corporate performance. This research shows that due to differences in factors such as the degree of marketization and the development stage of family enterprises in these two places, the impacts of family involvement on the performance of listed family enterprises in the Greater Bay Area are not completelyconsistent, which provides empirical evidences for the comparative studies of the listed family enterprises in the Greater Bay Area.

Keywords: Guangdong-Hong Kong-Macao Greater Bay Area; Family Enterprise; Family Involvement; Corporate Performance

面向高质量发展的深圳市新增长分析框架与TFP测度研究*

李　猛　秦亚岚**

（深圳大学经济学院　广东　深圳　518000）

摘　要：当经济系统发展到一定阶段，其增长动力逐步由要素驱动的数量型向以技术进步、制度变革为主的创新驱动的质量型转变。本文拟搭建深圳市高质量发展的增长分析框架，打开全要素生产率（TFP）“黑箱”，系统重估深圳2006～2020年的生产函数变革，分析各时期的增长源泉并厘清其驱动机制。研究发现：2010年以前资本替

* 本文得到国家社科基金项目“中美贸易新形势下我国先进制造业升级路径研究”（19BJY098）、深圳市哲学社会科学规划重点项目“深圳率先实现社会主义现代化的内涵和指标体系研究”（SZ2022A004）、深圳市科创委“软科学”项目“双循环背景下深圳‘20+8’重点产业前沿技术发展的对策建议”（RKX20220808092202005）以及深圳市科创委高等院校稳定支持计划项目“数据驱动的统计建模、仿真模拟与动态智能分析系统——基于‘20+8’产业集群产业链数据”（20220804202415001）、深圳建设社会主义先行示范区研究中心项目“深圳经济发展实现质的稳步提升和量的合理增长研究”的资助。

** 李猛，深圳大学经济学院副院长、教授、博士生导师，深圳大学统计学和应用统计学学科带头人，深圳大学数量经济与数据科学研究中心主任，深圳大学学术委员会委员，中国数量经济学会常务理事、数字经济研究会会长，深圳市体制改革研究会副会长，深圳市统计学会副会长，中国社科院数量经济与技术经济研究所博士后，主要研究方向为数量经济学与统计学；秦亚岚，深圳大学经济学院统计学硕士研究生，主要研究方向为数量经济学、数据挖掘和机器学习。

代弹性与劳动替代弹性均呈现平稳上升趋势，但2010年后资本替代劳动现象逐渐凸显，规模经济效应也逐步上升；通过拆分TFP结构发现，嵌入型TFP和要素无关型TFP对深圳的经济增长与TFP构成的改善都有一定的借鉴意义；在对深圳市各要素在不同时段的差异探索中发现，科创和基础设施建设在经济增长过程中，起着非常关键的作用。

关键词：全要素生产率　新增长核算　高质量发展

一　引言

党的十九大报告指出，我国经济已由高速增长阶段转向高质量发展阶段，必须推动经济发展质量变革、效率变革、动力变革，提高全要素生产率。这是首次在党的全国代表大会报告中提出对于提高全要素生产率（Total Factor Productivity，TFP）的要求，表明国家希望通过发挥TFP的积极作用推动高质量发展的实现。技术进步率、生产能力和技术效率没有被充分发掘是我国改革开放初全要素生产率较低的主要原因。① 同时，对于传统的核算方式而言，并不能清晰地呈现全要素生产率的内部结构和作用机制，因此获取到有充分价值的信息较为困难。改革开放以来，我国经济取得举世瞩目的成就，经济高质量发展的重要指导思想使我们更加关注满足人民群众美好生活需要的供给层面改革，体现出发展内容的多维性和丰富性。明确经济发展新动力机制，供给侧是创新引领，需求侧则是人民向往。

深圳作为我国“双区”建设的先行示范区，在国家经济大格局中拥有重要地位，推动深圳市TFP的提高，是落实国家高质量发展相关战略、有效体现并实现新时代国家发展战略和意志的战略举措。同时可以为国家重点城市发展战略提供示范引领作用，为建设国家高水平资本市场先行探路，为构建新发展格局率先发挥引领和带动作用，提升国际竞争力。因此，探究深圳市TFP的发展情况对于我国经济高质量发展具有重要实践意义。通过深圳市全要素生产率估

① 郭庆旺、贾俊雪：《中国全要素生产率的估算：1979—2004》，《经济研究》2005年第6期。

计重新审视传统经济总量生产函数，分析其时代局限性，可以丰富 TFP 的相关学术研究成果。

随着经济社会发展，国内的总量生产函数不断更新，同时影响着我国的社会估计量。而传统的增长核算模型人为地将要素投入和生产率对经济增长的影响割裂开来，这也就表明了，传统增长模型的初始设定便默认否决中国经济实现内生增长的可能性。一方面，忽视了国内经济发展过程中所强调的“干中学”和投资中的“嵌入式”技术发展等特征；另一方面，对于国内规模经济所呈现的内生性增长的特点也予以否认。

本文将借鉴刘晓光等①所提出的理论模型，基于内生增长理论，并结合变系数模型，站在深圳市的视角上，搭建面向高质量发展的增长分析框架，从时间和空间两个维度来探索 2006 ~2020 年深圳市的生产函数动态变化，分析不同时期的经济增长状况、全要素生产率的核心结构与运转机制。另外，在对深圳市 TFP 进行实证分析之前，有必要做以下说明：本文将 TFP 分为两个部分，其一是“与生产要素有关”的部分（简称嵌入型 TFP），其二是“与生产要素无关”的部分（简称无关型 TFP），进而尝试探索生产率贡献的黑箱内部结构，从而弥补传统的增长核算模型的不足。

如图 1 所示，相较于传统的增长核算模型，本文所采用的新增长核算模型

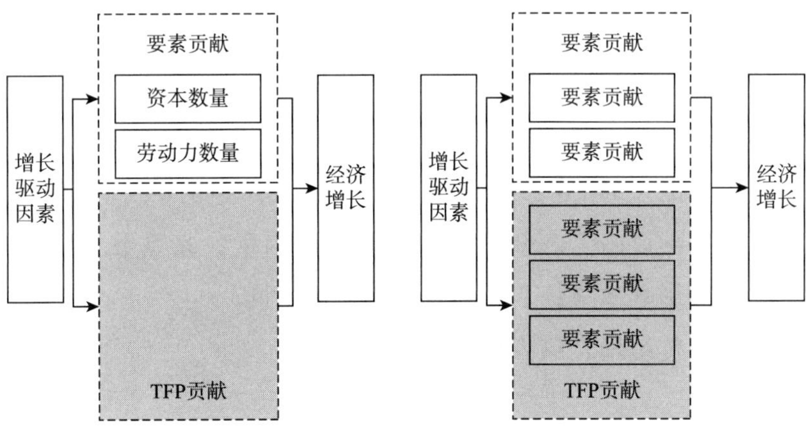

图 1　传统增长核算与新增长核算框架对比

① 刘晓光、龚斌磊：《面向高质量发展的新增长分析框架、TFP 测度与驱动因素》，《经济学》（季刊）2022 年第 2 期。

可以测算不同驱动因素对经济增长与全要素生产率的整体作用机理，还可以识别出同一个驱动因素通过不同的作用路径对经济增长和TFP的边际影响。对于决策者而言，能够更有针对性地制定、实施政策。

二　新增长核算模型和基础数据

（一）传统增长核算模型

传统的Cobb-Douglas生产函数的基本形式如下：

$$Y_{it} = \alpha_{it} + \beta_1 K_{it} + \beta_2 L_{it} + \varepsilon_{it} \tag{1}$$

（1）式中，Y_{it}表示第t时点i地区的GDP的对数；K_{it}表示第t时点i地区的资本存量的对数形式；L_{it}表示第t时点i地区的劳动力数量的对数；而β_1和β_2则代表了资本存量与劳动力的产出弹性；截距项α_{it}则代表了全要素生产率TFP的对数；最后ε_{it}表示了随机扰动项。

以往所采用的增长核算模型大多是站在新古典总量生产函数角度建立的。自1995年10月发布《国会预算办公室测算潜在产出方法的备忘录》以来，美国国会预算办公室便开始使用新古典增长模型，并沿用至今。

该增长核算方法一般是在（1）式所表示的生产函数之上，探索TFP的表达式，如（2）式所示：

$$\ln\widehat{TFP}_{it} = \gamma_{it} + \tau\,\theta_{it} + \rho\,T_t + \varepsilon_{it} \tag{2}$$

综合（1）式和（2）式，$\ln\widehat{TFP}_{it}$对标（1）式中的$\widehat{\alpha_{it}}$；θ_{it}代表了产业构成、科研成果、基础设施、对外开放等增长驱动因素，其系数τ则可以用来把握对应因素的边际影响效应；T_t代表了时间虚拟变量。

进一步，构建传统增长核算模型：

$$\Delta Y_{it} = \underbrace{\hat{\beta}_1 \Delta K_{it}}_{\text{资本数量变动贡献}} + \underbrace{\hat{\beta}_2 \Delta L_{it}}_{\text{劳动数量变动贡献}} + \underbrace{\Delta\ln\widehat{TFP}_{it}}_{\text{全要素生产率贡献}} + \underbrace{\Delta\hat{\varepsilon}_{it}}_{\text{残差项贡献}} \tag{3}$$

（3）式中，ΔY_{it}、ΔK_{it}、ΔL_{it}、$\underbrace{\Delta\ln\widehat{TFP}_{it}}$和$\Delta\varepsilon_{it}$均表示相应指标的变化量。由（3）式可以看出，经济增长的对数变化主要取决于资本数量变动、劳动数量变

动、全要素生产率变动的贡献。

由以上分析可知，传统的增长核算方法的一个不容忽视的前提假设便是变量前的系数是一成不变的，但事实却截然相反。理由有二，其一，自改革开放至今，尤其是对于深圳而言，深圳市经济的投入产出的模式发生了颠覆性的改变，不可否认，方程的系数β_1和β_2所代表的产出弹性随着时间的推移是会变化的。其二，在理论上，固定系数假设与内生增长理论相矛盾。Barro 通过推导得出，不同时期、不同地区的技术溢出效应也会有所差异①，也就是说，产出弹性不是固定的。基于以上两点，打破传统生产函数关于固定系数的假设前提的规则是非常有必要的。

（二）变系数生产函数与新增长核算模型

基于以上理论与实际情况的分析，本文将尝试构造变系数生产函数模型，如（4）式所示：

$$Y_{it}=\delta_{it}+\beta_{1it}K_{it}+\beta_{2it}L_{it}+\varepsilon_{it}=h_0(\theta_{it})+h_1(\theta_{it})K_{it}+h_2(\theta_{it})L_{it}+\varepsilon_{it} \tag{4}$$

（4）式中，β_{1it}代表了时变的资本产出弹性，而β_{2it}则表示了时变的劳动产出弹性。对方程进一步拓展，引入了h_i（θ_{it}），$i=0$，1，2，用非参数的形式对弹性系数进行预测。另外，β_{1it}和β_{2it}还能够作为衡量生产要素技术进步和质量提升的指标。可以看出，公式中的δ_{it}仅仅表示全要素生产率中与生产没有关系的影响因素，也就是没有嵌入生产要素中的一些指标，如制度红利等。

进一步，改写（4）式：

$$Y_{it}=\widehat{\beta_1 K_{it}}+\widehat{\beta_2 L_{it}}+(\beta_{1it}-\widehat{\beta_1})K_{it}+(\beta_{2it}-\widehat{\beta_2})L_{it}+\delta_{it}+\varepsilon_{it} \tag{5}$$

根据索罗余值的定义来分析，由（5）式对标（1）式，（1）式中的$\alpha_{it}=(\beta_{1it}-\widehat{\beta_1})K_{it}+(\beta_{2it}-\widehat{\beta_2})L_{it}+\delta_{it}$，而其中的$(\beta_{1it}-\widehat{\beta_1})K_{it}$表示资本嵌入型的 TFP，$(\beta_{2it}-\widehat{\beta_2})L_{it}$则代表了劳动嵌入型的 TFP，最后的$\delta_{it}$表示没有嵌入生产要素的一些影响因素。

---

① R. J. Barro, "Notes on Growth Accounting," *Journal of Economic Growth* 2（1999）.

进一步，构建生产率和投入弹性决定模型：

$$\delta_{it} = \gamma_{it}^{0} + \tau_{it}^{0}\theta_{it} + \rho^{0} T_{t} + \varepsilon_{it}^{0} \tag{6}$$

$$\beta_{jit} = \gamma_{it}^{j} + \tau^{j}\theta_{it} + \rho^{j} T_{t} + \varepsilon_{it}^{j}, \forall j = 1, 2 \tag{7}$$

通过（4）式可以得到（6）式和（7）式左边的值，通过（6）式和（7）式可以得出不同驱动因素对经济变化的各种作用机理，如影响路径、边际影响效果等。进一步可以推导出，在（2）式中的 $\tau \approx \tau^{0} + \tau^{1} k_{it} + \tau^{2} l_{it}$，这也就证明了新增长核算模型识别出了多路径影响经济增长的作用机理，即 τ^{0}、τ^{1} 和 τ^{2}。

三 数据来源与统计描述

由于深圳市分区规划的影响而存在数据缺失的情况，本文利用深圳市现有十区的数据进行分析计算，分别是：宝安区、大鹏新区、福田区、光明区、龙岗区、龙华区、罗湖区、南山区、坪山区以及盐田区。而深圳市与其他地区的比较则采用 2006～2020 年深圳市和上海市、珠三角地区各市 2004～2020 年的平衡面板数据进行模型估计，其中数据均来自各市、各区统计年鉴，其中缺失部分，使用一次指数平滑法估计得出。模型中的主要变量如下：其一是产出变量，遵循数据可比性原则，本文拟选用所涉及地区 2000 年为基期的不变价地区 GDP 来表示；其二是要素投入变量，包括劳动投入和资本投入两个方面，其中劳动投入数据来源是《深圳市统计年鉴》所公布的往年深圳市的从业人数，而资本投入，则用永续盘存法核算的资本存量来表示。此外考虑到资本存量计算误差的问题，与产出变量的选取原则相同，选取了 2000～2020 年的各个地区的资本存量。具体核算方式如下：

$$K_{it} = I_{it} / P_{it} + (1 - \delta) K_{it-1} \tag{8}$$

（8）式中，第 i 个地区 t 时期的固定资产投资、投资价格指数、折旧率分别用 I_{it}、P_{it} 和 δ 来表示。根据以往学者的研究经验，设定为 9.6%。以下三个表（表 1、表 2 及表 3）分别报告了各地区及相关变量的描述性统计结果。

表 1 深圳市各区核心变量描述性统计结果

变量	单位	观测值	均值	标准差	最小值	最大值
实际 GDP	亿元	90	2034	1586	235	6599
资本存量	亿元	90	2900	1950	662	8080
就业人数	万人	90	71	54	4	230

资料来源：深圳各区统计年鉴。

表 2 深圳市和上海市核心变量描述性统计结果

变量	单位	观测值	均值	标准差	最小值	最大值
实际 GDP	亿元	40	11802	6679	2219	26567
资本存量	亿元	40	23272	9748	8956	42190
就业人数	万人	40	967	289	475	1376

资料来源：历年《深圳统计年鉴》《上海统计年鉴》。

表 3 珠三角地区各市核心变量描述性统计结果

变量	单位	观测值	均值	标准差	最小值	最大值
实际 GDP	亿元	189	4015	4522	250	20055
资本存量	亿元	189	7474	7749	774	40156
就业人数	万人	189	405	284	79	1292

资料来源：大湾区各市统计年鉴。

（一）深圳市经济高质量发展的各维度纵向分析

基于系统性“内涵式”发展视角，本研究首先构建经济高质量指标体系，并对深圳市统计数据进行数据预处理后，根据熵权系数法对指标体系计算权重，然后对深圳市经济高质量发展各维度进行统计测度与评价。

从基期的 2005 年至报告期，深圳经济高质量发展经济基础方面的测度值从 0.0250 提高到 0.1449，增长了近 5 倍；在这一期间，除 2006 年和 2009 年稍有下降外，整体趋势呈现上升态势，经济发展水平持续稳步提升。

结合图 2 进一步发现，除产出缺口明显波动外，经济增长效率、经济增长强度、经济活力均得到明显提升，这说明在经济基础增长过程中经济增长方式在不断发生嬗变，转向了更加依赖技术进步、高质量要素投入以及高效率资源配置的内生性发展道路。

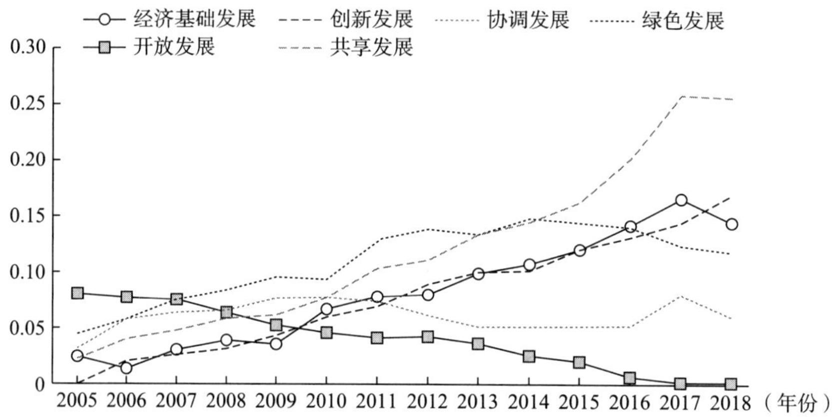

图 2 2005～2018 年深圳市经济高质量发展各维度动态趋势

（二）经济发展维度分析

如图 3 所示，2005～2018 年深圳市的产出缺口值存在较大的波动，但是总体波动的幅度基本稳定，深圳市在 2018 年的产出缺口呈现 14 年以来的最大偏离，且符号为负。从深圳市 14 年间的产出缺口走势可以看出，深圳市的产出缺口值符号波动呈现“正—负—正”和“负—正—负”正负交替的变化趋势，这反映了深圳自身具有较强的经济调控能力，能够在出现“经济过热”以及“经济过冷”之后进行反方向调整，使得深圳向经济最有效率的路径运行，特别是 2018 年产出缺口出现了阶段性的最大负偏离，这与 2018 年经济下行以及深圳市的产业转移与产业升级有关，一方面深圳市传统制造业面临着高地租、高用工成本的经营困难，正向东盟以及周边地区转移，另一方面高端智造产业仍在培育和发展中，尚不足以对冲产业转移带来的影响，使得深圳市基础产业的产能在报告期出现了较大下滑。因此，基于这样一个现实背景，为继续保持深圳较强的经济调控能力，一方面深圳应继续大力扶持战略性新兴产业在本地的扎根发展；另一方面深圳应继续保持制造业比重基本稳定，这也是深圳市向经济高质量发展的必要基础和充要条件。①

① 制造业作为一国经济发展的支柱和经济跨越的依托，一直被各国政府高度重视。2017 年美国工业联合会的一份报告中指出，制造业仍是美国经济增长最为强劲的发动机。

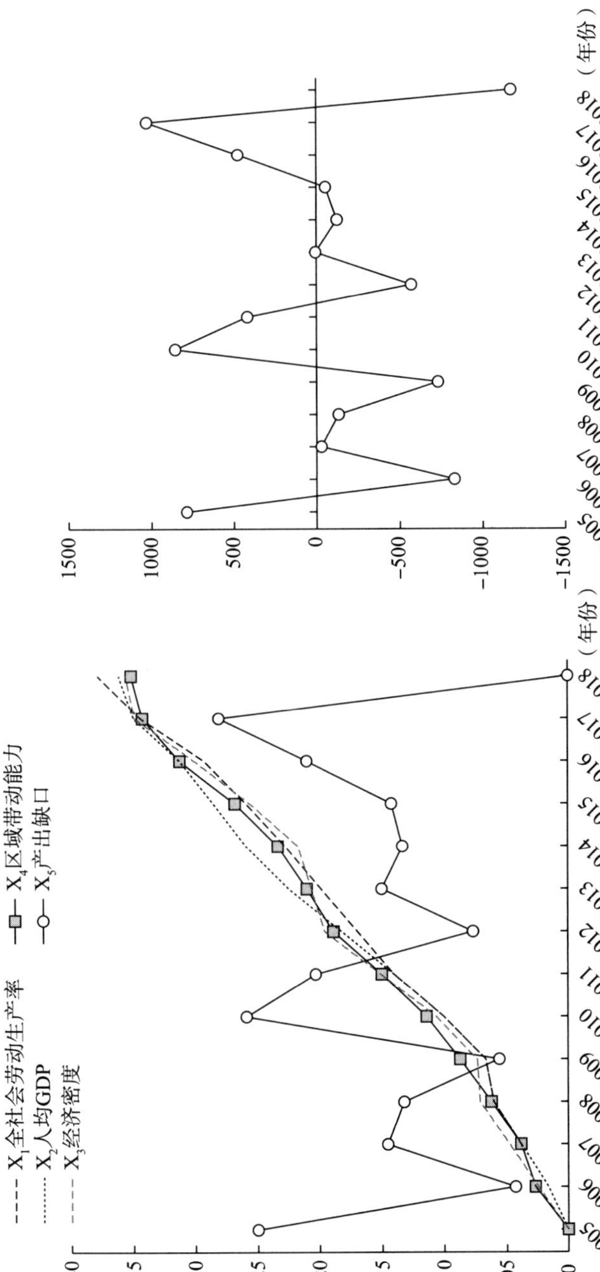

图3 2005~2018年X_1~X_5指标动态趋势（左）、2005~2018年X5指标动态趋势（右）

四　模型估计结果及分析

本文基于新增长核算框架，利用深圳各区平衡面板数据，采用最大似然估计方法，测算了劳动和资本产出弹性的变化趋势（见图 4）。

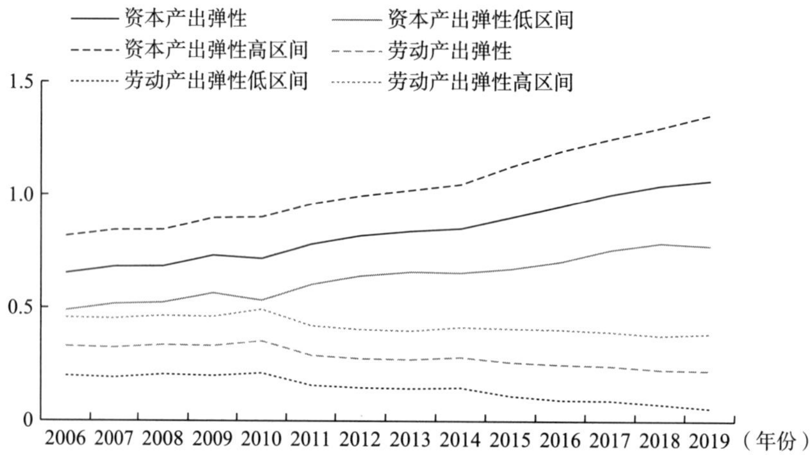

图 4　2006～2019 年深圳市劳动和资本产出弹性变化趋势

图 4 所展示的是深圳市劳动产出弹性和与资本产出弹性时变态势，并绘制了对应产出弹性区间的上下界。由图 4 可以看出，从 2006 年到 2010 年，深圳市的劳动产出弹性呈现平稳上升趋势，劳动产出弹性从 0.432 上升至 0.458，但从 2011 年开始深圳市的劳动产出弹性呈现持续下降趋势，劳动产出弹性从 0.458 下降至 0.279。从 2006 年到 2009 年，深圳市的资本产出弹性呈现上升趋势，资本产出弹性从 0.565 上升至 0.702，但 2010 年开始深圳市的资本产出弹性出现短暂轻微下降，从 2011 年又开始呈现持续上升趋势。结合不同阶段劳动弹性和资本弹性的变化趋势可见，从 2006 年到 2009 年，资本产出弹性和劳动产出弹性均有略微上升，在该阶段，可以说深圳市的经济发展处于“规模经济”的发展状态。而在 2010 年以后，表现为资本替代劳动的过程加速，伴随着劳动产出弹性下降而资本弹性的加速上升，深圳地区经济开始步入“资本—劳动力”双要素的加速迭代阶段。

接下来，深入探索关于深圳地区的“规模经济”发展情况。图 5 所表示的是深圳经济规模效应的变化趋势。其中黑色实线表示各要素产出弹性之和，而虚线则表示各要素产出弹性之和的上下界。可以看出，就所研究的时间区间而言，深圳市总体的产出弹性表现出稳健上升的态势。从 2006 年的 0.98 增加到 2019 年的 1.28。此外，在 2009 年之后，总产出弹性有明显的上升趋势，在 2018 年出现拐点，深圳市的“规模经济”上升速度开始放缓。整体而言，深圳市的“规模经济”的发展态势仍处在“规模报酬递增”的阶段，随着深圳市规模经济效应的持续增强，超大规模市场优势正在发展成为深圳市新的比较优势。

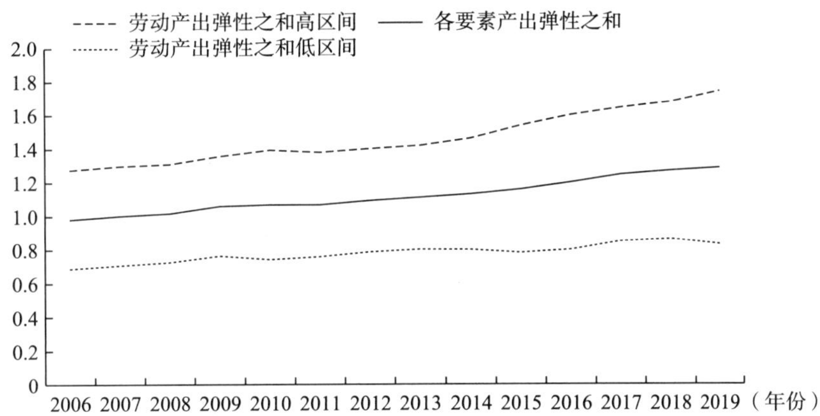

图 5　2006～2019 年深圳经济规模效应变化趋势

与此同时，与以往学者的研究不同，通过以上分析，也更为直接地证明了收入分配所涉及的劳动收入份额的变动问题，也就是说固定弹性的假设会直接影响模型对现实情况解释的可信度，甚至有可能会出现与现实经济发展不符的情况。

本文利用随时间变化的要素弹性估计模型，结果显示，深圳市劳动力的收入分配与劳动生产弹性的变化有着相同的变化步调。也就是说，深圳市的劳动要素的投入与产出之间的相互作用机理，是影响深圳市劳动收入份额近年来企稳回升的中坚力量。

图 6 所描绘的深圳资本数量和资本质量对经济增长贡献率的变化趋势，展示了资本的“质”与“量”对深圳市经济增长的贡献情况。2012 年以后，深圳市资本投入量的增加对于经济增长的带动作用有所下降，在 2015 年出现了回升，之后又出现了下降，波动明显。结合上文分析，总体来说，要素质量的增

长贡献是有提升的，这在一定程度上也说明了此前供给侧结构性改革所带来的资本投入结构的优化，也体现了高质量发展的内涵。

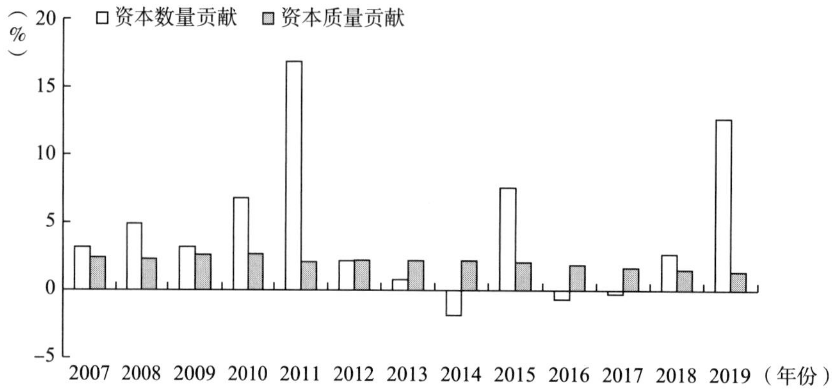

图6 2007～2019年深圳资本数量和资本质量对经济增长贡献率的变化趋势

图7所描绘的深圳劳动力数量和劳动力质量对经济增长贡献率的变化趋势，展示了劳动力的“质”与“量”对深圳市经济增长的贡献情况。结果表明，劳动要素的投入对于深圳的经济增长有明显的带动作用。随着时间的推移，深圳市劳动力的质量也在不断上升，但是近年来，劳动力的数量却呈现下降的趋势。一方面，展示了劳动力结构的不断优化，不断朝着高质量的方向发展；另一方面，也显示出了深圳市人口外迁的趋势。因此如何吸引人才、留住人才、提升人才质量是目前亟须考虑的问题之一。

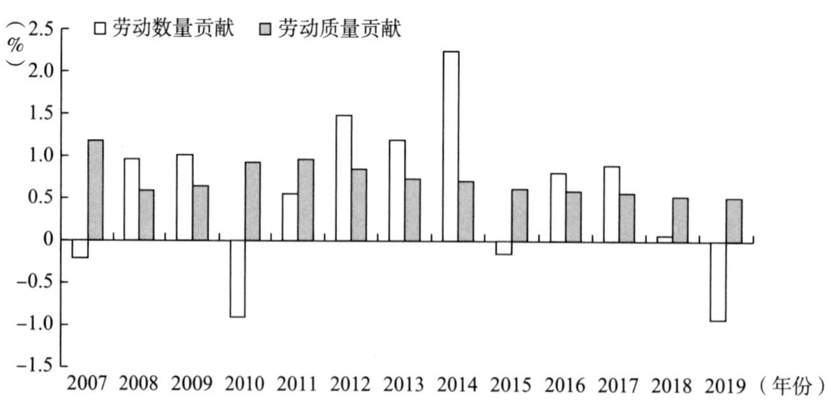

图7 2007～2019年深圳劳动数量和劳动质量对经济增长贡献率的变化趋势

图8所描绘的是影响深圳市经济增长的三大贡献率的变化趋势，分别是要

素数量、要素嵌入型 TFP 与要素无关型 TFP。首先，从图 8 中可以看出，各因素对深圳市的经济增长均起到了或大或小的带动作用。其次，从图 8 中也可以看出，不同阶段引起深圳市的 TFP 变化的因素有所差别，但是均对深圳市的经济增长起到了至关重要的作用。最后，从近几年的数据来看，要素无关型 TFP 对经济增长的贡献率基本保持稳定，同时整体的要素对经济增长的贡献率在逐渐提升。

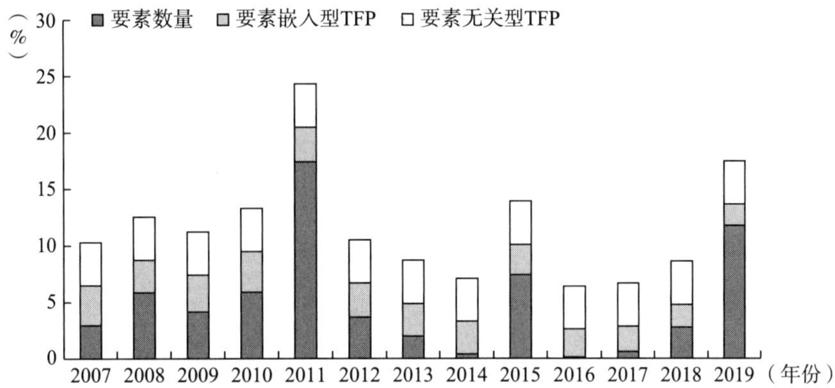

图 8　2007～2019 年深圳要素数量、要素嵌入型 TFP 和要素无关型 TFP 对经济增长贡献率的变化趋势

通过以上结果分析，得出结论，达成 21 世纪深圳市经济发展向高质量转型的目标，全面深化改革开放具有非常高的迫切性。在未来深圳市推进高质量发展的关键之处可以考虑的方案如启动新一轮具有 2009 年深度或广度的基础性改革，以促进要素无关型 TFP 增速达到中高速的水平。

五　结论与政策建议

针对深圳市经济发展“质”与“量”的动态演变过程，通过构造新增长模型的核算架构，以新的角度来深入诠释深圳市经济高质量发展。模型拟合结果显示，2006～2020 年，深圳市劳动弹性的变化态势表现为“倒 V”形，即先增加后下降；而对于资本弹性和总产出弹性而言，表现为不断上升的态势，也就印证了深圳市地区生产函数的实际动态变化的特征以及要素质量和规模经济的发展特点。当开启全要素生产率的黑盒子之后，可以更加明了地看出，深圳市的经济发展不仅仅是因为要素数量驱动，要素无关型 TFP 和要素嵌入型 TFP 这两类 TFP 在 2006～2020 年的绝大部分时期对于影响深圳市经济增长以及高质量发展也起着至关重要的作用。

具体而言，有以下几点结论。一是深圳总量生产函数伴随时间不断发生变迁，2006～2020 年，深圳市劳动弹性的变化态势表现为“倒 V”形，即先增加后下降；而对于资本弹性和总产出弹性而言，表现为稳健上升的态势，也就印证了深圳市地区生产函数的实际动态变化的特征以及要素质量和规模经济的发展特点。二是整体而言，深圳地区目前仍处于“规模报酬递增”区间，自 2018 年出现拐点以来，“规模经济”的增进效应开始放缓、持平（并出现递减趋势）。三是在 2006～2020 年，要素数量对深圳市的经济增长的平均贡献率为 43%，要素嵌入型 TFP 对深圳市的经济增长的平均贡献率为 24%，要素无关型 TFP 对深圳市的经济增长的平均贡献率为 33%。也就是说，全要素生产率整体对深圳市的经济增长的平均贡献率为 57%，就深圳市而言，要素数量与 TFP 对于经济增长的影响不相上下，说明了深圳市的经济增长不仅仅取决于要素数量的增加。另外，关于要素投入相关的贡献率为 67%，略高于要素无关型 TFP 对经济增长的贡献率，表明了深圳市的经济增长跟要素的投入紧密相关。

基于以上结论，提出如下政策建议。第一，面对全新的发展格局，深圳市应着力推动新一轮全面、基础性变革的进程，聚焦于深圳经济深层次、结构性等亟须解决的问题。基础性、全局性的变革一方面是要素无关型 TFP 增长的基础，另一方面它也是深圳市中长期要素投入以及要素嵌入型 TFP 增长的内在要求。第二，深刻认识到目前深圳科技发展的阶段性特点，并围绕“20＋8”战略性新兴产业集群和未来产业发展需求，强化研发创新和新的基建投资补短板能力，以稳定高质量投资，推动要素嵌入 TFP 的迅速发展。第三，通过把握国际关系，积极推进更高质量、更大范围的开放。其一，深圳作为大湾区乃至全国的金融中心，与香港金融市场紧密联系，需要进一步观察全球主要央行的货币政策走向，尤其是要防止美元流动性紧缩带来的冲击效应，做好相应的风险隔离，包括提前做好资产结构的调配、流动性结构安排以及宏观杠杆率的适当控制等；其二，要促进服务贸易创新发展，提升高端服务贸易发展能级，建立服务贸易公共服务平台，推动服务外包朝数字化、高端化方向加快转型升级；

其三，推动与 RCEP 成员国合作共建一批高科技产业园，吸引落地一批高质量外资企业和项目，积极开展与日韩龙头企业常态化对话，支持企业引进国外先进技术和设备。第四，对于目前要素无关型 TFP 位于历史低水平、要素嵌入型 TFP 增速与要素投入成反比的双重困境，深圳应加紧制定应对“老龄少子化”的中长期政策，加大要素嵌入型 TFP 增速和稳定要素投入力度。如成为提高法定退休年龄的先行示范城区，并允许更多农民工进城，并采取措施提升劳动力结构和质量，如在教育和医疗方面加大投入力度等。第五，客观认识深圳经济的服务化转型，稳定工业化根基。特别是在“逆全球化”、“发达国家再工业化”和“新冠疫情”等外部冲击背景下，深圳应加大新型工业化的投入力度，加快构建深圳现代制造业体系。从而避免深圳过早地“产业空心化”，不断提升深圳产业的研发（R&D）和安全能力，维持中长期深圳经济体系较强的增长韧性。

参考文献

[1] 程名望、贾晓佳、仇焕广：《中国经济增长（1978—2015）：灵感还是汗水?》，《经济研究》2019 年第 7 期。

[2] 郭庆旺、贾俊雪：《中国全要素生产率的估算：1979—2004》，《经济研究》2005 年第 6 期。

[3] 胡永泰：《中国全要素生产率：来自农业部门劳动力再配置的首要作用》，《经济研究》1998 年第 3 期。

[4] 生延超、周垚、许玲玲：《经济高质量增长的驱动要素及作用机制的空间差异——黄河流域的实证研究》，《经济地理》2022 年第 6 期。

[5] 唐杰：《“新常态”增长的路径和支撑——深圳转型升级的经验》，《开放导报》2014 年第 6 期。

[6] R. J. Barro, “Notes on Growth Accounting,” *Journal of Economic Growth* 2 (1999).

（文字编辑：乐小芳）

Research on Shenzhen's New Growth Analysis Framework and TFP Measurement Oriented to High-Quality Development

Li Meng, *Qin Yalan*

(China Center for Special Economic Zone Research, Shenzhen University, Guangdong, Shenzhen, 518000)

Abstract: When the economic system develops to a certain stage, its growth driving forces have been gradually transformed from the quantitative type driven by factors to the qualitative type driven by technological progress, institutional changes, and innovation. This article attempts to construct a new growth analysis framework for high-quality development of Shenzhen. For this, this article opens the "black box" of total factor productivity (TFP), re-evaluates the changes in Shenzhen's production functions from 2006 to 2020 in a systematical way, analyzes the sources of growth in each period and clarifies its driving mechanisms. It's found in the research that: before 2010, both the elasticity of capital substitution and the elasticity of labor substitution showed a steady upward trend, but after 2010, the phenomenon of capital substitution for labor gradually became obvious, and the economies of scale effect also gradually increased. Further decomposing the TFP analysis, it is found that factor-independent TFP and factor-embedded TFP have played a key supporting role in Shenzhen's TFP improvement and economic growth. In the segmented comparative analysis, it can be found that scientific and technological innovation and infrastructure construction continue to play a positive role, while international trade and industrial transformation have greatly different performances in different periods.

Keywords: Total Factor Productivity; New Growth Accounting; High-Quality Development

租差理论视角下的“工业上楼”*

——以深圳为例的发展历程和趋势考察

章　平　王炜倩**

（深圳大学中国经济特区研究中心　广东　深圳　518000）

摘　要：产业转型升级和空间资源约束的双重压力下，城市更新特别是老工业区更新是中国特大城市发展的重要战略。本文借鉴史密斯的租差模型，通过梳理深圳自1990年以来的工业区更新历程和典型案例分析发现：政府规制对工业区改造的潜在租差有决定性作用——政府主要通过土地用途、开发强度、开发补偿等相关规定影响市场主体所能实现的潜在租差。市场主体通过更新模式、开发方向等选择实现最优潜在租差。与此同时，政府规制在平衡着产业发展和市场活力的双向影响。本文研究在“工业上楼”新政背景下，政府通过政策扩大市场可能实现的潜在租差，推动市场主体参与“工业上楼”项目，但市场主体需要参与更新后的运营以维持最优的潜在租差。

关键词：租差　工业区更新　深圳

---

*　本文为国家社会科学基金一般项目“先行示范区背景下城中村社会网络、集体经济治理与城市化研究”（ZOBJL092）的阶段性成果。

**　章平，深圳大学中国经济特区研究中心教授、博士生导师，主要研究方向为比较制度分析、人口与土地城市化；王炜倩，深圳大学中国经济特区研究中心硕士研究生，主要研究方向为新政治经济学。

一 引言

随着工业的迅速发展，中国特大城市正普遍经历着城市更新。城市更新是城市空间的再开发，被视为重塑城市空间、拓宽城市产业用地的重要方式。工业区更新是城市更新的重要组成部分，其中“工业上楼”是目前的重点。“工业上楼”概念并非中国独创，但在中国的实践中产生了中国式特色。从城市更新的角度而言，“工业上楼”概念与“垂直城市”有着相似之处。美国在城市发展理念中提出“垂直城市”概念，其将居住空间与工业空间相结合，与“产城融合”“职住一体”相似。但在实践中，“垂直城市”模式造成了大量污染。从产业发展角度而言，“工业上楼”在日本、新加坡、中国香港等国家及地区中呈现两种发展模式：“新加坡模式”和“中国香港模式”。两种“工业上楼”模式的主要区别在于面对的企业类型不同：“新加坡模式”所面对的基本为重工业，容积率较低；“中国香港模式”以轻工业为主要服务对象，建筑面积较大，多为摩天大楼，因此也被称为“摩天工厂”。

深刻理解城市空间的再开发要从资本角度切入，以史密斯（Smith）为代表的学者们提出了租差理论（见图1)。“租差”指潜在地租与实际地租（资本化地租）的差额，潜在地租指的是在“最高且最佳”土地利用下能够被资本化的地租总量。实际地租是指现行土地使用下，实际能够获取的资本化地租的总量。潜在地租随着外部环境和基础设施的完善而不断提升，实际地租受到建筑物折旧等因素影响而不断下降。当潜在地租与实际地租的差额足以支付城市更新的成本时，资本就会被吸引加入，城市更新由此展开。士绅化的再解释是租差理论的重要贡献。租差理论首先为理解由城市更新引发的欧美内城区士绅化现象提供了独特视角。在此之前，士绅化一度被视为中产阶层的“重返城市”运动，强调是中产阶层作为消费者的主动选择导致了这一现象。而基于租差理论，士绅化的根本原因在于资本在城市空间的流动，是“资本”而非“人”的重返。Whitehead & More 等人也运用租差解释了印度孟买和韩国的城市更新及士绅化现象。

在城市更新的实践与研究中，政府行为对租差的实现与分配有着重要影响，

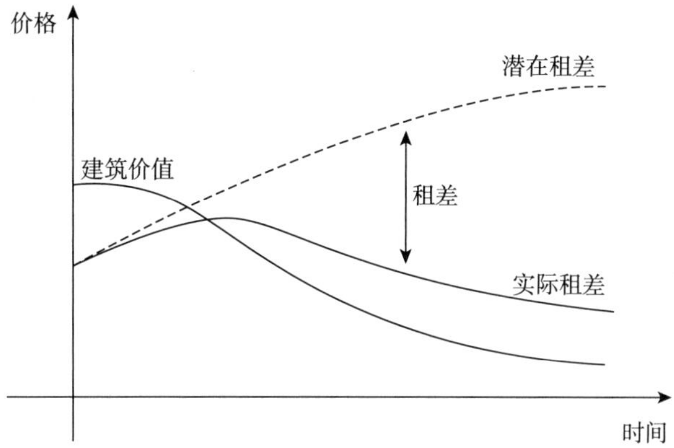

图 1　史密斯租差理论模型

特别体现在以中国城市为案例的研究中。与西方体制不同，中国城市更新主要是在政府主导下的、大规模推倒重建式更新。而租差理论所面对的欧美“重返内城”运动，则是小规模的、以业主和开发商为主导的。因此，相关研究对租差理论进行了中国化改造，其结论可总结为：在中国的城市更新中，政策规制决定性地影响了租差水平；而由于城市更新有赖于市场（房地产开发商）参与以实施和完成更新行为，因此市场和政府的双重力量影响着租差的兑现。丁寿颐和姜凯凯等人的研究强调了政府规定的土地开发规则对租差的影响。① 土地开发规则主要指的是土地用途的转变，例如工业用地转为商业用地或居住用地。洪世键的研究则指出不同主体的潜在地租存在曲线差异。② 隋馨慧等人针对深圳白石洲更新机理演进历程的研究，表明实现治理意图是政府启动更新的初衷，但政府同时也需要综合考虑开发的外部环境和开发方式，引入市场开发主体。③ 工业区更新也是在政府和市场的双重推动下进行的更新活动。但由于工业区更新还需面对真正的使用主体——工业企业，而工业企业对城市发展有着基础作用、其议价权比居民和租户更大，因此工业区更新所面对的主体情况更为复杂。城市产业的发展也是引导工业区更新的重要政策动力。从这个角度而言，工业

① 丁寿颐：《“租差”理论视角的城市更新制度——以广州为例》，《城市规划》2019 年第 12 期；姜凯凯等：《我国城市更新的三元租差解释及启示》，《城市发展研究》2021 年第 9 期。

② 洪世键：《创造性破坏与中国城市空间再开发——基于租差理论视角》，《厦门大学学报》（哲学社会科学版）2016 年第 5 期。

③ 隋馨慧等：《租差理论视角的深圳白石洲更新机理演进研究》，《南方建筑》2022 年第 7 期。

区更新具有更新与产业双重政策推动力。相较于传统的居住类更新，政府对此有更大的影响与操作空间。

本文基于租差理论，结合更新主体与政府政策影响两个方面，以案例研究的方式考察中国特大城市工业区更新及其特殊的新兴形式“工业上楼”。依据传统的租差理论，当潜在租差与实际租差的差额足够大时，市场主体就有足够的动力参与城市更新。在租差理论的中国化修正中，政府对土地开发规则有决定性作用。为保证工业发展的要素成本可控，政府需要使城市更新的租差处于可控的范围之中。与开发的资金成本和时间成本相比而言，在“工业上楼”附加的限制性政策影响下，开发可获得的租金并不可观，开发商参与“工业上楼”的资本动力不足。受制于财政能力，完全依靠政府出资参与更新的可行性与可能性均微乎其微。但中国特大城市在迅速发展和扩张中，城市空间再开发是迫在眉睫的任务。那么，政府为什么依然重点推出“工业上楼”项目，同时推行限制租金涨幅等政策？这与租差理论的解释似乎是相矛盾的。

本文选取深圳作为研究区域。基于深圳1990～2020年的城市更新案例及相关项目数据，从租差角度分析深圳工业区更新中的主体转变过程及其中租差的变化。改革开放40余年以来，深圳经历了飞速的工业发展期和转型期。与此同时，深圳也面临着发展空间不足、工业用地低效、空间规划和产业转型不适配等问题。2005年，深圳市已提出土地、资源、人口和环境四个“难以为继”的问题。以“三来一补”为代表的外延粗放式产业发展模式必须向高端制造业转型，土地利用和空间规划也亟须向集约式发展。在空间资源约束和工业转型的双重压力之下，深圳开始了以内涵提升式为主的存量用地开发时期。在城市更新方面，深圳从具体案例到相关政策，都有十分值得关注的部分。为推进城市更新的进一步发展，深圳也实行了一系列的法规和政策。

二 深圳工业区更新历程

深圳行政面积为1991.71平方公里，其中可建设用地面积仅为1004平方公里。深圳是中国改革开放的前沿，活跃的市场经济使城市的建设用地处于不断扩张之中。截至2009年，深圳市建设用地开发面积超过750平方公里，大部分可用于建设的土地已被开发。2012 年，深圳存量用地供应首次超过新增用地，进入了存量空间发展期。在空间资源约束和工业转型的双重压力之下，深圳开始了以内涵提升式为主的存量用地开发时期，城市更新尤其是工业区更新成为重要战略。2009 年，深圳市出台了《深圳市城市更新办法》，首次为城市更新提供系统性规定和指引。其中，工业区更新是城市更新的主要对象，更新的手段包括大规模的拆除重建、精细化的综合整治及功能转变三种方式。2021 年，深圳市发布了《深圳经济特区城市更新条例》，以特区法律的形式对《深圳市城市更新办法》的内容进行补充和修改（见表 1）。

表 1　2007～2018 年深圳工业区改造的相关政策

年份	政策	意义
2007	《深圳市人民政府关于工业区升级改造的若干意见》	开始推进旧厂房的更新改造：提出了“政府引导、市场运作、社会参与”的改造策略，倡导施行综合整治及重建两种改造模式，深圳的旧工业区改造由市场自发阶段进入了政府主导阶段
2009	《深圳市城市更新办法》	标志着深圳工业区的升级改造被正式纳入城市更新范畴
	《深圳市工业区升级改造总体规划纲要（2007—2020）》	成为指导试点工作完成后全市旧工业区升级改造的重要规划依据
2013	《深圳市人民政府关于优化空间资源配置促进产业转型升级的意见》及相关配套政策（下文简称“1＋6”文件）	开始探索新一轮的旧工业区升级改造政策：提出“鼓励旧工业区综合整治，支持旧工业区实施综合整治和功能改变等混合类城市更新，推进传统产业转型升级，促进高效益产业和高素质人才集聚，建设生产、生活、生态和谐发展的现代化产业园区”。提出创新产业用地分类、鼓励土地混合使用、差别化地价政策等内容，为创新型产业提供发展空间
2014	《深圳市城市规划标准与准则（2014）》（简称“深标”）	提出新型产业用地（用地类别代码为 M0，下文简称 M0）的分类，支撑“工改 M0”发展
2018	《深圳市工业区块线管理办法》	严格保护工业用地线，保障产业空间底线，防止产业空心化

资料来源：笔者搜集整理。

（一）租差视角下的工业区更新历程解释

依据主要的城市更新主体——政府、市场、业主对工业区更新参与程度，可将深圳自1990年以来的工业区更新历程，大致划分为三个阶段：起步阶段，即1990～2006年；转型阶段，即2007～2017年；发展阶段，即2018年至今。

1. 起步阶段：业主自发更新、垄断租差（1990～2006年）

深圳工业区更新的起步阶段以零星地、市场自发地旧工业区更新为主。1990年以前，深圳承接"三来一补"为其工业发展奠定基础；1990年开始，原深圳特区内停止"三来一补"企业的挂牌登记，原有劳动密集型产业向特区外转移，原特区内产业向高新技术产业转型。与此同时，深圳进行了制度层面的城市化改制运动，从政策和法律层面将原农村的集体工业企业用地和私人宅基地与农民身份转为国有土地与市民身份。原特区内的城市化转制在1992年进行，由于国有土地的市场价值高于集体土地，因此在一定程度上推动了特区内外的产业转移；原特区的城市化转制在2004年进行。但城市化转制仅实现了农村户口向城市户口的转变，集体土地使用权仍保留在村民及村集体手中。土地的所有权性质在法律层面已转为国有土地，但由于相应的补偿措施没有兑现，村民并不认可所有权性质的转变，土地的权属关系模糊，导致了后续深圳工业区更新中的"未合法用地"问题。

此阶段工业区更新为产业发展服务，工业区更新需求是在原特区内产业结构的转型契机下催生的。原特区外因承接原特区内的劳动密集型产业，增加了工业厂房需求；原特区内的工业区规划不再适应新兴产业的发展需要。为使产业配套与产业发展方向相适应，原特区内的土地所有者（业主）开始自发地、零星地对工业区进行更新，工业区更新主要发生在特区内。从租差角度而言，政府所制定的产业政策使实际租差低于潜在租差：产业政策对潜在租差的作用表现为外部环境方面，在建筑使用价值未改变的情况下使其交换价值大幅贬损，业主为获得租差而产生更新动力。但仅有零星数量的业主选择更新，则反映了业主在预期租差或更新的租差门槛方面的差异，其主要原因可能是对快速市场化转变的不适应。

起步阶段实际租差、潜在租差与预期租差的两种情况见图2、图3。

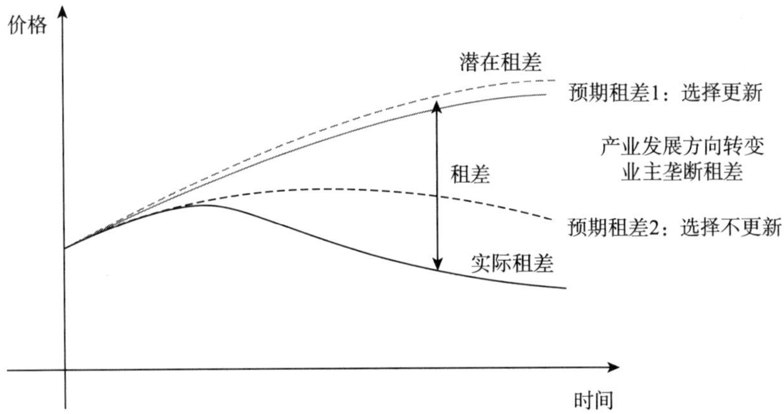

图 2 起步阶段：实际租差、潜在租差与预期租差（情况 1）

资料来源：笔者自制。

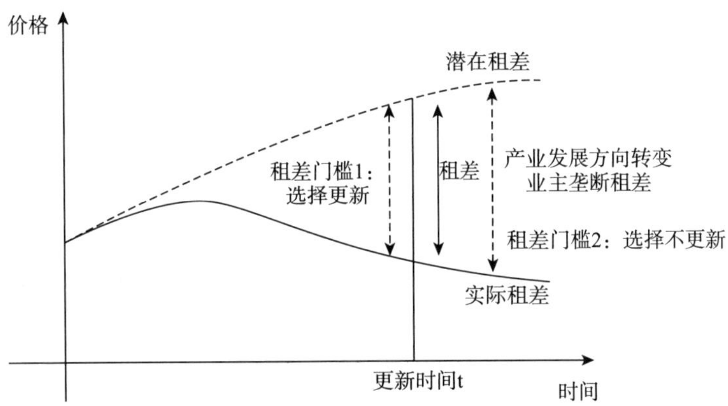

图 3 起步阶段：实际租差、潜在租差与预期租差（情况 2）

资料来源：笔者自制。

2. 转型阶段：政府和市场博弈、争夺租差（2007～2017 年）

第二阶段，政府和市场是影响租差实现和分配的重要力量。政府推动工业区更新的主要目标为推动产业发展，同时为了应对公众对利益分配的质疑，政府需要将租差控制在一定范围内——降低租差在一定程度上等于降低工业企业租金，控制要素成本。此阶段的市场主体指房地产开发商，以攫取的租差最大化为动力。在工业区更新中，政府对租差的控制主要发生在实际更新前，通过制定相关的更新政策对更新活动进行约束和引导，例如更新模式、更新方向等；市场的影响发生在具体的更新行动中，市场行为决定了租差的实现方式。当租差未达到市场参与更新门槛时，市场将选择退出更新；政府又将通过发布新政策的方式重新对租差进行分配。

2007～2009 年，深圳市政府先后发布了《深圳市人民政府关于工业区升级改造的若干意见》《深圳市城市更新办法》等政策，标志着旧工业区改造由市场自发阶段进入政府主导阶段。但受制于国家制度和政策，工业区改造行动趋于谨慎和保守，“工改工”项目启动缓慢。由于相应的规划技术问题，拆除重建类工改项目实施难度大，产权清晰的综合整治类项目仍占主导。与综合整治相比，拆除重建能最大化实现潜在租差。因此，工改政策出台虽然提升了业主的预期租差，但国家制度和更新模式并未使工改项目实现“最高且最佳”的潜在租差。开发商主要通过开发方向的选择，转换土地用途，提升潜在租差。在 2007～2013 年深圳市历年计划公告拆除重建类项目中，“工改商”“工改居”“工改综”占比超过 60%，相应年份实际租差、潜在租差与预期租差见图 4。

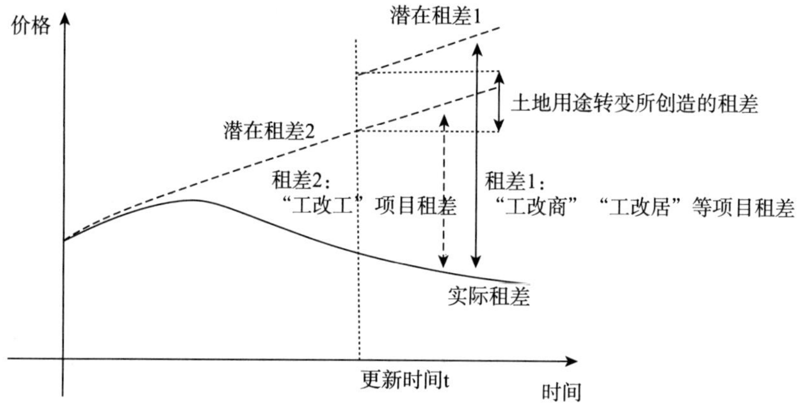

图 4　2007～2013 年：实际租差、潜在租差与预期租差

资料来源：笔者自制。

工业区改造方向说明见表 2。

表 2　工业区改造方向说明

简称	含义
工改工	工业区更新后，用地性质仍为工业用地。“工改工”包括两种细分类别，“工改 M0”——M0 表示新型工业用地；“工改 M1”——M1 表示普通工业用地。在更新活动中，二者在开发强度和开发方向方面的约束不同

续表

简称	含义
工改商	工业区更新后，用地性质从工业用地转为商业用地
工改居	工业区更新后，用地性质从工业用地转为居住用地
工改综	工业区更新后，用地性质从工业用地转为两种及以上用地性质

资料来源：笔者自制。

针对“工改工”动力不足问题，政府再次出台相关政策，土地用途、开发强度、补偿措施为主要的政策工具。政策提出 M0 新型产业用地，允许 M0 用地开发一定比例的宿舍及商业配套服务。在实践中，相关宿舍也通常依据商务公寓的标准建设。工改 M0 在规定上属于“工改工”项目，但实际是政府通过政策赋予其一部分“工改商住”等项目的功能，市场主体无须选择开发方向而直接转变土地用途。同时，深标对“工改工”的开发强度做出让步，规定普通工业用地的容积率上限为 4、M0 的容积率上限为 6。在开发成本方面，对比“工改商”和“工改居”，“工改工”项目能以较低的价格（补缴地价）获得研发办公用房、其配套设施的市场评估地价也往往低于招拍挂的地价。

此阶段政策提升了“工改工”项目占比。2013 年以来，拆除重建类的“工改工”项目迅速增长，项目数量远多于“工改住”“工改商”“工改综”。但其结构以工改 M0 为主，形成了较多的商务办公空间，使政府产生了产业空心化的担忧。巨大的租差空间使资本逐渐向“工改工”项目聚集，大量房企参与，形成一定的房地产化趋势。2013 ~ 2018 年，深圳“工改工”项目的申报主体由以实体企业为主导转为以房企为主导，2018 年房企主导的“工改工”项目比例接近 60%。同时，为了追逐租差最大化，房企通过户型设计、“以租代售”等方式将研发用房改为公寓出售，甚至现场代办企业。

2013 ~ 2018 年实际租差、潜在租差与预期租差见图 5。

3. 发展阶段：政府限制租差（2018 年至今）

2018 年，工业区更新进入新阶段，政府提出严保工业用地的发展目标。2011 ~ 2017 年，深圳历年计划公告拆除重建类工改项目中，“工改商”和“工改居”占比过半。在上阶段更新中，政府通过 M0 政策活跃了“工改工”市场，但产业用地在市场大量建造商住公寓和办公楼宇的情况下也无法得到保障。出

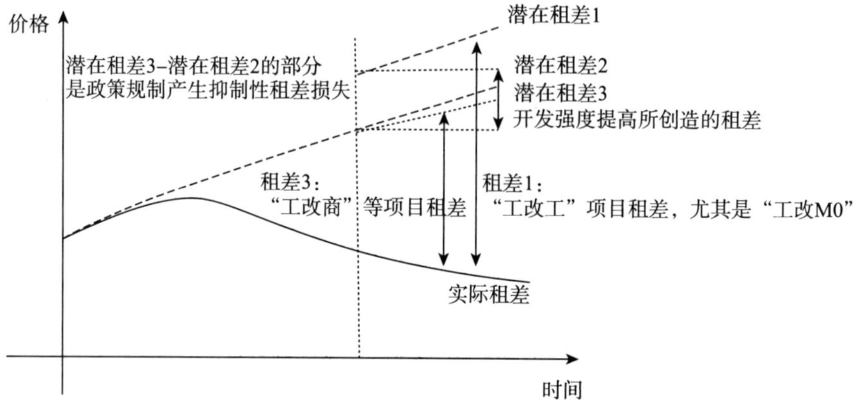

图5　2013～2018年：实际租差、潜在租差与预期租差

资料来源：笔者自制。

于对产业空心化的担忧，2018年深圳市政府印发了《深圳市工业区块线管理办法》，提出严格保护工业用地线，让“工改工”回归产业本质，保障产业空间底线。在此阶段，产业作为隐形第三方主体开始参与到工业区更新中。政府政策规制导致房地产开发商可以实现的潜在租差向下弯折，在综合考虑拆赔补偿、项目周期等条件下，房地产开发商参与“工改工”改造的租差门槛提升，“工改工”实施难度提升。

（二）总结

外部规制影响潜在租差的实现程度。在工业区改造中，外部规制通常包括土地用途转变、产权要求、土地开发强度（容积率）等。工业区改造后，允许工业性质用地转为商业性质用地、由不合法产权转换为合法产权、由低容积率转为高容积率，使得潜在租差和预期租差可以达到“最优且最佳”的位置。政府对工改工在“租差”分配上的让步及市场趋利属性，促使开发商通过“工改商”“工改居”“工改M0”等方式最大化获取潜在租差。

更新模式和更新主体是更新方式的重要体现。更新模式分为三类：综合整治基本不涉及土地规划调整和产权置换；功能改变涉及土地规划调整，但基本不涉及产权置换；拆除重建既涉及土地规划调整，也涉及产权置换。不同更新主体对租差影响程度不同：政府政策影响预期租差和潜在租差，通常不直接参与更新实施的具体过程；市场主体分为两类，一类为房地产开发商，通常采取大规模拆除重建式更新，另一类为原业主，通常采取修缮整治或小规模拆建式更新。拆除重建式更新获得开发商的青睐，获得更多的租差。

政府推动产业发展的意图启动了工业区更新。第一阶段中，工业区更新恰逢产业转型契机；第二阶段中，“工改工”是政府施政的中心，围绕“工改工”项目在开发强度、开发成本等方面出台了优惠政策；第三阶段，政府为解决产业空心化问题而提出了严保工业用地目标，但同时也使开发商因租差下降而降低了参与改造的动力，工业区更新陷入两难。工业区更新的实质主体包括业主、政府和市场。在工业区更新的最初期，业主是更新的主体，政府影响租差但不参与更新。在之后的更新中，政府和市场的影响力逐渐加强，工业区更新及租差的实现与分配是二者博弈、共同促成的结果。在严保工业用地阶段，工业作为隐形第三方首次介入更新活动中。工业发展是更新目标，但在以往的更新活动中均是以政府代理的形式出现，房地产开发的资本逐利逻辑也未将产业园区的运营纳入考虑。“工业上楼”的提出成为解决工业区更新问题的新方案。

三 “工业上楼”新政：强化产业发展逻辑

基于深圳官方已公布的相关政策，“工业上楼”的主要内涵包括：“建筑高度超过 24 米且不超过 100 米的厂房”① 与“具备相近行业高通用性、高集约性的特点，符合国家通用建筑标准及消防、节能、环保等现行规范和政策要求，用地性质为普通工业用地（M1）或新型产业用地（M0）、容积率不低于 3、高度 24 米以上、层数 5 层及以上，配置工业电梯且集生产、研发、试验功能于一体的厂房”②。总体而言，“工业上楼”实际是高容积率下的高层厂房，主要借鉴中国香港模式，以高精尖产业为服务对象。

① 深圳市宝安区城市更新和土地整备局：《深圳市宝安区工业上楼工作指引（试行）》，2019 年 7 月 19 日。

② 深圳市光明区工业和信息化局等：《深圳市光明区“工业上楼”建筑设计指南》，2022 年 7 月 15 日。

（一）租差视角下的“工业上楼”政策

“工业上楼”兼具城市更新与产业更新双重政策动力，是产业逻辑的延续与发展。2023 年，深圳市政府强调坚持“工业立市、制造强市”战略方针，明确“工业上楼”包括城市更新、产业提容、新供应用地及土地整备四种实施路径。城市更新与“工业上楼”的结合是空间资源约束与产业转型升级共同作用下的结果，其目的包括提升土地集约化水平，打造上下楼就是上下游的先进制造业园区。政策明确“工业上楼”的服务对象为先进制造业企业，工业区更新中隐形的产业第三方地位提升，但这一主体在传统租差理论中的解释较少。传统租差理论所讨论的主体包括政府、业主、金融机构、房产中介商、居民等。其中，产业第三方的角色与居民相似，是更新的被动接受者。但与居住更新不同，居民个体难以形成抵抗巨大更新运动的力量，其个体的差异化利益也很少被政府代表。但在工业区更新中，产业是承担城市经济发展的切实主体，作为更新活动产生产品——厂房的最终接受者，其对要素成本的需求是被政府和社会广泛关注的。

在实际的更新活动中，房地产开发商仍发挥着重要的实施工具作用。政府需要平衡产业发展活力和房地产开发商参与活力，确立合适的租差空间：既撬动房地产开发商参与活力又不能大幅提升要素成本。在工业区更新的第三阶段，政府着重强调了产业位置，削弱了市场参与活力。而“工业上楼”政策则从新的角度解决了这一权衡问题。从租差角度来看，深圳“工业上楼”是在特定区域注入发展政策，以飞跃式的未来发展权显著提升潜在租差，而不仅仅是土地开发强度的提升和利用方式的转变。潜在租差与实际租差之间巨大的差额吸引了房地产开发商的加入。传统的房地产开发模式以开发后一次性、快速地回笼开发改造资金并赚取超额利润为主要的经营模式。而“工业上楼”政策要求土地开发后，工业用地价格有限制上涨。进而，房地产开发模式在“工业上楼”时期面临新的困难，开发改造后的巨额潜在租差的维持不再来自土地开发本身，而是来自土地所承载的工业企业。因此，“工业上楼”也要求房产开放商从房地产模式转到以产业为中心的运营模式。

（二）“工业上楼”典型案例

1. 案例介绍

全至科技创新园位于深圳市宝安区，由深圳市佳领域实业有限公司进行改造，运营方为深圳市全至产业新城运营有限公司。更新前，园区内共有29家企业，均为五金制品、模具销售、配件包装、塑胶生产等传统低端制造行业，企业规模偏小，缺乏核心技术和知识产权。全至科技创新园是工业上楼代表项目，提出了“重建和整治并举＋工业上楼＋生产研发融合无边界”的立体式开发模式。2011年启动改造，按照“厂房＋写字楼”复合标准建设23层的全至科创大厦，打造集研发办公、高端生产、生活配套于一体的产业综合体。更新后，园区主导产业转变为机器人和智能装备产业。

自2015年3月正式招商以来，已吸引约200家科技企业入驻园区，智能制造产业集聚度高达85%以上。从入驻企业物业需求来看，中小户型占比达79%，主要用作小量订单生产、试验、检测等轻生产功能，兼顾部分研发办公功能，较少用作大规模生产制造。从目前使用情况来看，全至科技创新园虽然配备了载重电梯和吊装空间，但外部形态和内部结构更趋向于研发办公形式，园区除了一家组装小型空气净化器的企业外，大部分为中小微企业，从事研发办公、检测等工作。

2. 基于租差视角的分析

全至科技园代表了典型的“工业上楼”模式，且是在产业定位明确下的“轻工业上楼”模式。项目打造了“重建和整治并举＋工业上楼＋生产研发融合无边界”的立体式开发模式，其更新定位为智能制造产业园区，使得市场可能通过参与后期运营以实现最优的潜在租差。而园区低容积率及发展与规划滞后的现状使实际租差与建筑价值不断降低，潜在租差与实际租差、建筑价值的差距不断扩大，最终达到开发的租差门槛，市场获得动力参与“工业上楼”项目。在实际开发过程中，项目通过提高容积率以提升开发强度，使开发商在建设期得到了较高的潜在租差；而严控开发后租金成本所导致的租差折损则通过开发商参与后期产业园区运营的方式得到弥补。同时，较多的研发办公用房使得土地的实际使用性质得到改变，园区企业转向高附加值企业使租金收入提高，保证了园区运营可以获得较高的潜在租差。

“工业上楼”项目中的巨额租差仍来源于政府规制。深圳市政府提出了“20+8”高新技术产业发展战略，其目标是打造专业园区。而目前的旧工业区开发强度较低、容积率低，在土地增殖和产业转型的背景下，市场预期得到提升。发展规划与工业区现状的不匹配导致了潜在租差、预期租差与实际租差和建筑价值的差距扩大。同时，目前的产业转型政策不完全是产业“自然而然”的转移和升级结果，具有政府引导性。为解决旧工业区普遍存在的“未合法用地”问题，相关政策通过放宽工改准入的产权条件、占补平衡等方式，大力推进“工业上楼”项目。在实际中，政府也积极参与工改项目，尝试将爆雷的工改项目转换为“工业上楼”项目。政府为保产业发展而在产权、项目稳定性等方面的背书进一步推升了市场预期，潜在租差和预期租差达到更高的位置。在已有的“工业上楼”实践中，“轻工业上楼”更受市场青睐。一方面，政府对“工业上楼”容积率上限为6.5，超过“工改M0”6的容积率上限；另一方面，“轻工业上楼”相比“重工业上楼”有政策、建造成本、土地用途等方面的优势。在园区运营和招商方面，“轻工业上楼”的需求企业也通常更具附加值，更能支付较高的租金成本，市场潜在租差的实现得到保障。

四 结论

1990年以来，深圳不断在旧工业区改造升级方面做新的探索，改造主体由市场自发转到政府主导、市场积极参与，更新模式包括综合整治、拆除重建和功能改变三种。在相关的政策配套方面，政府通过土地用途、开发强度等手段鼓励市场参与，但也造成了房地产化和产业空心化的问题。目前，政府希望通过工改与“工业上楼”结合的方式，解决上述问题。

政府在工业区更新中需要平衡产业与房地产开发商的影响力，确立合适的租差空间。以“工业上楼”平衡租差的关键在于——潜在租差的实现不再通过更新直接完成，而需要房地产开发商参与更新后的运营。对房地产开发商而言，开发转运营的模式是目前房地产市场低迷状态下可能的新出路，其有动力参与其中。但是，这要求相应的产业、企业有能力支付运营成本，因此“工业上楼”仅能解决先进制造业企业所面临的成本问题。通过“工业上楼”引入强势第三方的基础是产业本身具有发展优势。

从租差角度来看，政府的外部规制及市场的更新方式对租差产生了较大的影响，二者均对潜在租差的大小和实现方式产生了巨大影响，但政府规则对租差有决定性作用。只有潜在租差与实际租差差距较大时，市场才有动力参与城市更新。“工业上楼”的形式能够创造二者的差距，解决市场动力不足问题。由于“工业上楼”采取更新方式与招商对象相结合的方式，“工业上楼”也能够在一定程度上缓解产业空心化和房地产化问题。但就目前的上楼形式而言，由于产业要求和租差的影响，以“轻工业上楼”为主；“工业上楼”后的租金虽比城市更新更低，但相较于周围未更新的厂房，“工业上楼”对传统制造业仍可能存在空间挤出效应。

参考文献

[1] 高喆、彭阳：《从地租角度看城市更新》，《中国土地》2016 年第 11 期。

[2] 洪世键：《创造性破坏与中国城市空间再开发——基于租差理论视角》，《厦门大学学报》（哲学社会科学版）2016 年第 5 期。

[3] 隋馨慧等：《租差理论视角的深圳白石洲更新机理演进研究》，《南方建筑》2022 年第 7 期。

[4] 姜凯凯等：《租差研究的国外进展及对国内研究的启示》，《国际城市规划》2023 年第 2 期。

[5] 陈嘉平、李静、温耀鸿：《“土地租金剩余”视角下旧厂房改造为创新空间的路径研究——基于广州、深圳对比分析》，《热带地理》2020 年第 5 期。

[6] 姜凯凯等：《我国城市更新的三元租差解释及启示》，《城市发展研究》2021 年第 9 期。

[7] 丁寿颐：《“租差”理论视角的城市更新制度——以广州为例》，《城市规划》2019 年第 12 期。

[8] 李吉墉、金海林、陈威：《“租差”分配视角下珠海旧村更新利益统筹机制研究》，

《规划师》2021 年第 19 期。

[9] 郜昂、邹兵、刘成明：《由“单一”转向“复合”的深圳旧工业区更新模式探索》，《规划师》2017 年第 5 期。

[10] 黄斐玫、王飞虎：《深圳市工业用地十年——管理转型与更新热潮》，《城市发展研究》2021 年第 9 期。

[11] 洪世键、胡洲伟：《资本转移的时空差异：租差理论视野下城市空间不平衡发展逻辑探讨》，《城市发展研究》2019 年第 6 期。

[12] 宋伟轩等：《基于“租差”理论的城市居住空间中产阶层化研究——以南京内城为例》，《地理学报》2017 年第 12 期。

[13] 刘可心、薛富智：《空间紧约束城市产业空间双重转型研究——以深圳盐田区为例》，《现代城市研究》2016 年第 3 期。

[14] 谢金丰、涂文颖：《多元租差框架下城市存量空间更新动力的再阐释——以“朗园 Vintage”和田子坊为例》，《城市规划学刊》2023 年第 1 期。

[15] N. Smith, “Toward a Theory of Gentrification a Back to the City Movement by Capital, Not People,” *Journal of the American Planning Association* 4 (1979).

[16] N. Smith, “Gentrification and Uneven Development,” *Economic Geography* 2 (1982).

[17] J. Whitehead, N. More, “Revanchism in Mumbai Political Economy of Rent Gaps and Urban Restructuring in a Global City,” *Economic and Political Weekly* 25 (2007).

[18] H. B. Shin, “Property-Based Redevelopment and Gentrification: The Case of Seoul, South Korea,” *Geoforum* 5 (2009).

[19] D. Wachsmuth, A. Weisler, “Airbnb and the Rent Gap: Gentrification through the Sharing Economy,” *Environment and Planning* 6 (2018).

[20] H. Kallin, “In Debt to the Rent Gap: Gentrification Generalized and the Frontier of the Future,” *Journal of Urban Affairs* 6 (2020).

（文字编辑：雍炜）

“Industrial Upstairs” from the Perspective of Rent Difference Theory

—A Study on the Development Process and Trend of Shenzhen

Zhang Ping, *Wang Weiqian*

(China Center for Special Economic Zone Research,

Shenzhen University, Guangdong, Shenzhen, 518000)

Abstract: Under the dual pressures of industrial transformation and upgrading, as well as spatial resource constraints, urban renewal has become a crucial strategy for the development of China's megacities, particularly in the revitalization of old industrial zones. Based on Smith's rent gap model and an analysis of Shenzhen's industrial renewal since 1990, along with several case studies, it is evident that government regulation plays a crucial role in determining the potential rent differential of industrial renewal. Specifically, the government has a significant influence on the potential rent gap that market players can attain through regulations related to land use, development intensity, and development compensation. The market can realize the optimal potential rent gap by choosing the appropriate renewal mode and development direction. Government regulation, at the same time, balances the reciprocal influence of industrial development and market dynamics. There is a risk of industrial hollowing out and real estateization. In the context of the new policy of "industrial upgrading", the government promotes market participation in "industrial upgrading" projects by implementing policies that expand the potential rent gap. However, for the optimal potential rent gap to be maintained, the market needs to be involved in the operation of the regeneration projects.

Keywords: Rent Gap; Industrial Renewal; Shenzhen

深圳港港口物流与腹地经济协同研究*

张　婷　李梦楠　乐小芳**

（深圳大学经济学院　深圳大学中国经济特区研究中心

广东　深圳　518000）

摘　要：港口物流占据着港口的核心地位，是驱动港口发展必不可少的要素，对于港口城市和腹地地区的经济发展有着积极的作用，而腹地地区的经济产业发展程度也成为港口提高配套资源利用效率和转型升级的保障。本文在“双循环”新发展格局和粤港澳大湾区建设加快的背景下，以深圳港及其腹地作为主要研究目标，通过引力模型确定深圳港的腹地范围，采用灰色关联法对深圳港及其腹地经济指标的关联性进行计算，接着用耦合协调度模型对深圳港及腹地经济发展的耦合协调性进行定量计算并分析结果，深入探讨其物流与腹地经济之间存在的联系和协同发展程度，以打开深圳港和经济腹地的发展思路，使深圳港和经济腹地更好地相互促进与发展。

关键词：港口物流　腹地经济　Huff 模型　协同发展

---

* 本文为深圳市 2022 年哲学社会科学规划课题“习近平生态文明思想与深圳经济特区实践研究成果（sz2022D007）的阶段性成果。

** 张婷，深圳大学经济学院硕士研究生，主要研究方向为绿色金融；李梦楠，深圳大学中国经济特区研究中心硕士研究生，主要研究方向为绿色金融；乐小芳，环境科学博士，深圳大学中国经济特区研究中心副教授，主要研究方向为环境经济学。

近年来全球经济形势持续动荡，在当前全球经济增速放缓的大背景下，“十四五”规划提出要构建国内国外“双循环”的新发展格局。随着后疫情时代我国防控措施不断调整优化，港口作为贸易往来的关键枢纽和对外开放的窗口作用不断强化。粤港澳大湾区建设规划明确提出要建设一流的国际港口群与广大腹地经济高效协同发展的思想。基于此背景，港口助力“双循环”新发展格局构建的重要作用进一步凸显，对其进行研究具有重要意义。

然而，遍观国内外学者对于港口物流的研究，多数研究视角并没有集中在港口与腹地经济之间的协同性上。因此，本文基于众多学者的研究成果，考虑深圳港在众多港口中具备区位优势、政策优势的发展条件，着重研究深圳港与经济腹地协同发展的过程和作用机制，为港口和腹地发展提供政策建议，同时通过分析深圳港及腹地演变过程有助于预测未来的演变趋势，并为其他港口提供经验借鉴。首先，本文对深圳港港口物流现状进行描述，通过 Huff 模型确定深圳港的腹地范围，对深圳港的腹地经济进行分析。其次，对深圳港港口物流及其腹地经济协同发展定量分析，厘清二者相互促进的关系，建立灰色关联度模型找出腹地系统中对港口物流影响较大的因素，并建立耦合协调度模型探讨深圳港与其腹地协调发展的程度，通过分析理出深圳港与其腹地协调发展存在的问题。最后，针对当下协同发展中存在的问题，为港口和腹地发展提供政策建议。

一　深圳港及腹地经济发展概况

（一）深圳港各港区概况

深圳港位于广东省深圳市，毗邻香港，是珠三角地区重要出海口之一，具备优越的地理条件和区位。根据深圳市交通运输局对深圳港口的港区划分，深圳港各港区形成了“两翼、六区、三主”的格局和定位。“两翼”是指深圳港东部和西部两大港口群；“六区”分别指东部港区的盐田港区、大鹏港区和西部港区的南山、大铲湾、大小铲岛、宝安港区；“三主”即盐田、南山和大铲湾，其以集装箱运输为主，体现了深圳港运输优势，是深圳港的主体港区。各港区功能见表 1。

表1 深圳港各港区功能

港区	功能
南山港区	集装箱干线港主要港区之一，兼具散杂货运输、观光邮轮、旅客运输和修船造船等多功能的现代综合性港区
大铲湾港区	集装箱干线港主要港区之一，依托集装箱运输发展现代物流
大小铲岛港区	以大宗成品油和液体化工业品原材料运输为主
宝安港区	主要运输散杂货和旅客，兼具集装箱驳船运输
盐田港区	集装箱干线港主要港区之一，依托集装箱运输发展现代物流
大鹏港区	以石油天然气等工业原料运输为主，兼顾客运功能，是深圳港东部能源储运基地

资料来源：《深圳港总体规划》（2035）。

（二）腹地经济概况

1. 构建腹地划分的Huff模型

腹地属于地域范畴，广义来看，腹地指该港口的生产活动能与周边地区经济联动和相互作用的地域范围。港口腹地边界受到多方因素影响，对于港口腹地的界定是研究港腹协同关系的基础。本文借鉴学者姜晓丽等关于港口的腹地划分方法，使用Huff模型计算深圳港的腹地范围，即用国内各城市的货主选择深圳港的概率来确定深圳港的腹地范围。①

2. 样本选取及数据来源

货主选择港口的概率需要两个以上的港口来确定，因此本文依据《全国沿海港口布局规划》选取珠三角港口群、长三角港口群、环渤海港口群、东南沿海及西南沿海港口群的代表性港口，基于数据可获得性，最终在各港口群中挑选出20个满足要求的海港进行分析。

此外，由于货主选择某港口的概率与该港口的综合实力以及两地之间的距离有关，因此对于港口综合实力的衡量以及距离的测算也尤为重要。在衡量港口综合实力的指标选取中，港口综合实力除受自身基础设施的影响外，还受到

① 姜晓丽、张平宇：《基于Huff模型的辽宁沿海港口腹地演变分析》，《地理科学》2013年第3期。

港口所在城市基础设施和经济发展水平的影响。[①] 由于2020年开始港口受疫情影响较大，为了避免数据上较大的极端值，本文选择2019年的相关数据来构建指标体系（见表2）。

表2 港口综合实力指标体系

一级指标	二级指标	单位	编号
港口基础设施	生产用码头长度	米	X_1
	生产用码头泊位数	个	X_2
	万吨级以上泊位数	个	X_3
港口运营能力	港口货物吞吐量	万吨	X_4
	港口集装箱吞吐量	万TEU	X_5
港口城市支持度	港口城市GDP	亿元	X_6
	港口城市进出口总额	亿元	X_7
	港口城市公路密度	千米/千米^2	X_8

资料来源：《中国统计年鉴2020》、《中国港口年鉴2020》、港口城市统计局门户网站及国民经济和社会发展统计公报，距离采用各城市质心到港口的直线距离，数据源于中国地图，经过计算整理得出。

3. 数据处理

运用Matlab软件对数据进行因子分析，计算各港口因子得分（见表3）。

表3 2019年港口公因子得分与综合因子及其非负化得分结果

港口群	港口	Y_1	Y_2	Y	Y′
环渤海港口群	大连港	0.32	-0.23	0.12	52.88
	秦皇岛港	-0.43	-0.97	-0.63	34.69
	天津港	0.48	-0.13	0.26	56.36
	烟台港	0.74	-1.55	-0.11	47.16
	青岛港	0.37	-0.14	0.18	54.50
	营口港	-0.27	-0.86	-0.49	37.97
	日照港	0.04	-0.99	-0.34	41.56

① 康译之等：《长三角地区港口腹地范围演化及其影响机制》，《地理研究》2021年第1期；徐维祥、许言庆：《我国沿海港口综合实力评价与主要港口腹地空间的演变》，《经济地理》2018年第5期；许言庆：《沿海港口综合实力与腹地空间演变研究》，博士学位论文，浙江工业大学，2016。

续表

港口群	港口	Y_1	Y_2	Y	Y′
长三角港口群	上海港	1.85	2.19	1.98	87.85
	连云港港	-0.41	-0.67	-0.50	37.68
	宁波—舟山港	2.89	-0.36	1.68	84.27
	温州港	-0.87	0.02	-0.54	36.88
	嘉兴港	-0.60	-0.03	-0.39	40.38
东南沿海港口群	福州港	-0.40	0.20	-0.18	45.57
	厦门港	-0.48	0.66	-0.06	48.61
珠三角港口群	深圳港	-0.67	2.71	0.59	64.33
	广州港	0.87	0.81	0.85	70.03
	汕头港	-0.85	-0.70	-0.79	31.14
	珠海港	-1.08	0.49	-0.49	37.91
西南沿海港口群	湛江港	-0.80	-0.04	-0.52	37.37
	防城港	-0.70	-0.43	-0.60	35.40

从具体贡献因子来看，深圳港的港口城市支持对深圳港综合得分的贡献明显。

4. 腹地的范围确定

本研究在进行腹地确定时选择区域的范围涵盖国内所有城市，距离采用各城市质心到港口的直线距离，按照上述Huff模型公式计算得到各城市选择各个港口的概率，确定深圳港的腹地分布为广东省、江西省、湖南省、广西壮族自治区、贵州省等地，具体腹地城市见表4。

表4 深圳港的腹地城市

腹地地区	具体城市
广东环深圳都市圈	深圳市（0.943）、惠州市（0.552）、东莞市（0.361）、河源市（0.309）、汕尾市（0.388）
广东东北部	韶关市（0.221）、珠海市（0.123）、江门市（0.146）、肇庆市（0.165）、梅州市（0.147）、清远市（0.186）、中山市（0.231）、揭阳市（0.121）、云浮市（0.164）
江西南部和西部	萍乡市（0.122）、新余市（0.100）、赣州市（0.158）、吉安市（0.125）

续表

腹地地区	具体城市
湖南	长沙市（0.110）、株洲市（0.138）、湘潭市（0.125）、衡阳市（0.150）、邵阳市（0.138）、岳阳市（0.091）、常德市（0.096）、张家界市（0.096）、益阳市（0.108）、郴州市（0.181）、永州市（0.167）、怀化市（0.124）、娄底市（0.126）
广西	柳州市（0.132）、桂林市（0.152）、梧州市（0.153）、贺州市（0.170）
贵州	贵阳市（0.109）、六盘水市（0.103）、遵义市（0.104）、毕节市（0.102）、铜仁市（0.111）

二　深圳港与腹地的协同发展

（一）深圳港与经济腹地协调发展的关联性研究

1. 灰色关联度模型构建

灰色关联度模型在数据少、信息匮乏、相互影响机制不确切时，能够根据对已知信息的处理，分析系统内部因素的关联，实现对系统的准确描述。基于港口与腹地的联动发展具有多元且模糊的特征，因此在研究港腹系统协同发展时适用灰色关联度模型。

2. 指标选取与数据来源

模型选取2000～2020年相关数据对深圳港港口物流与其腹地经济的关联性进行研究，得出腹地经济对深圳港影响较大的因素。本文参考王雨琪等多位学者的研究，构建港口经济与腹地经济系统的评价指标体系。①

如表5所示，港口—腹地经济复合系统由港口经济子系统与腹地经济子系统二者组合而成，根据腹地经济的实际情况和深圳港港口物流的特性，腹地经济系统评价指标从四个方面构建指标体系。关于港口物流系统衡量指标，选取

① 王雨琪：《基于灰色关联分析的腹地经济对港口物流影响研究——以上海港为例》，《中国水运》2022年第2期；章雯昶：《基于灰色关联度分析的浙江省港航业与金融业联动发展的研究》，硕士学位论文，厦门大学，2018；孙夏青、韩增林：《营口市港城经济关联度研究》，《资源开发与市场》2011年第10期。

与港口运营能力最密切相关的货物吞吐量和集装箱吞吐量。通过二者的关联性揭示经济腹地方面对港口物流影响最大的因素。

表 5　灰色关联度模型指标评价体系

一级指标	二级指标	指标内容	指标编号
腹地经济系统指标	经济总量与发展	GDP（亿元）	X_1
		地方财政收入（亿元）	X_2
		人均 GDP（元）	X_3
	经济结构	第一产业产值（亿元）	X_4
		第二产业产值（亿元）	X_5
		第三产业产值（亿元）	X_6
	贸易情况	社会消费品零售总额（亿元）	X_7
		进出口额（亿元）	X_8
	投资情况	实际使用外资（万美元）	X_9
		全社会固定资产投资（亿元）	X_{10}
港口物流系统指标	营运能力	货物吞吐量（万吨）	Y_1
		集装箱吞吐量（万 TEU）	Y_2

3. 深圳港与腹地关联性分析

根据灰色关联度模型的分析步骤，对关联度进行计算并按照结果排名。选取的时间范围为 2000 ~ 2020 年，计算结果见表 6。

表 6　2000 ~ 2020 年深圳港港口物流与腹地经济指标的关联度及排名

指标	货物吞吐量	排名	集装箱吞吐量	排名
GDP	0.87524	5	0.88508	2
地方财政收入	0.81102	9	0.81908	9
人均 GDP	0.94343	2	0.88145	4
第一产业产值	0.94294	3	0.85906	7
第二产业产值	0.86778	7	0.88447	3
第三产业产值	0.84230	8	0.84937	8

续表

指标	货物吞吐量	排名	集装箱吞吐量	排名
社会消费品零售总额	0.86861	6	0.87524	6
进出口额	0.90367	4	0.92956	1
实际使用外资	0.95253	1	0.88038	5
全社会固定资产投资	0.71169	10	0.72166	10

通过分别与货物吞吐量及集装箱吞吐量的关联度计算结果和排名可以看出，深圳港腹地经济指标与深圳港的货物吞吐量和集装箱吞吐量的关联度均较高，超过0.65，表明联系较为紧密，进出口额对二者的影响都处于显著地位。其中，对于货物吞吐量来说，前四位分别是实际使用外资、人均GDP、第一产业产值、进出口额，关联度均超过0.9，属于强关联。同样，GDP对深圳港集装箱吞吐量的作用程度也较高，说明集装箱吞吐量与腹地的GDP息息相关。值得注意的是，第二产业产值也处于排名靠前的地位，原因在于使用集装箱出口的多为制造业产品，例如占据较大份额的机电产品，对深圳港集装箱吞吐量的拉动作用明显，这也表明深圳港物流尤其是集装箱离不开腹地工业的支撑。

对外贸易与投资和地区生产总值是深圳港快速发展的主要驱动因素，腹地产业结构和消费能力也对深圳港影响深远，而全社会固定资产投资对深圳港物流的影响较低。这在一定程度上为深圳港未来发展指明方向，即需要借助深圳特区的优势，进一步朝着外向型港口迈进，不断扩大开放，与国际港口对接；另外，也需要大力发展集装箱运输能力，关注腹地地区产业结构调整优化。

（二）深圳港与腹地经济耦合协调性研究

研究深圳港与经济腹地之间的耦合协调度，计算二者从2000年至2020年的协同发展程度的变化情况，分析二者协同发展程度的现状和变化原因，可以为更好地提升协调度提供支持。

1. 构建耦合协调度模型

根据本文的研究目标和实际数据的获得情况，并结合以往殷翔宇等多位学者的研究成果作为重要参考，构建耦合协调度评价体系（见表7）。①

表7 耦合协调度模型指标体系

一级指标	二级指标	指标内容	指标编号
腹地经济系统	经济总量与发展	GDP（亿元）	X_1
		地方财政收入（亿元）	X_2
		人均 GDP（元）	X_3
	经济结构	第一产业产值（亿元）	X_4
		第二产业产值（亿元）	X_5
		第三产业产值（亿元）	X_6
	贸易情况	社会消费品零售总额（亿元）	X_7
		进出口额（亿元）	X_8
	投资情况	实际使用外资（万美元）	X_9
		全社会固定资产投资（亿元）	X_{10}
港口物流系统	港口基础设施建设	生产用码头泊位数（个）	Y_1
		万吨级以上泊位数（个）	Y_2
		生产用码头长度（米）	Y_3
	港口营运能力	货物吞吐量（万吨）	Y_4
		集装箱吞吐量（万 TEU）	Y_5
		旅客吞吐量（万人次）	Y_6

2. 基于耦合度模型的计算

对原始数据进行处理，得到深圳港系统各年份的综合得分U_1，计算结果如表8所示，得分变化趋势见图1。

① 殷翔宇、祝合良、曲明辉：《中国沿海港口港城关系发展及对城市经济增长作用》，《地理科学》2022年第6期；余思勤、孙佳会：《长三角港口群与城市群协调发展分析》，《同济大学学报》（自然科学版）2021年第9期；张可意：《广东省沿海港口群与经济腹地的协调发展研究》，硕士学位论文，大连海事大学，2020。

表 8　2000～2020 年深圳港港口物流系统综合得分

	2000 年	2001 年	2002 年	2003 年	2004 年	2005 年	2006 年
综合得分	0. 0214	0. 0668	0. 1257	0. 2175	0. 3512	0. 4307	0. 5220
	2007 年	2008 年	2009 年	2010 年	2011 年	2012 年	2013 年
综合得分	0. 6805	0. 6703	0. 5497	0. 6594	0. 6343	0. 7271	0. 6948
	2014 年	2015 年	2016 年	2017 年	2018 年	2019 年	2020 年
综合得分	0. 7370	0. 8311	0. 8156	0. 8742	0. 9422	0. 9659	0. 6740

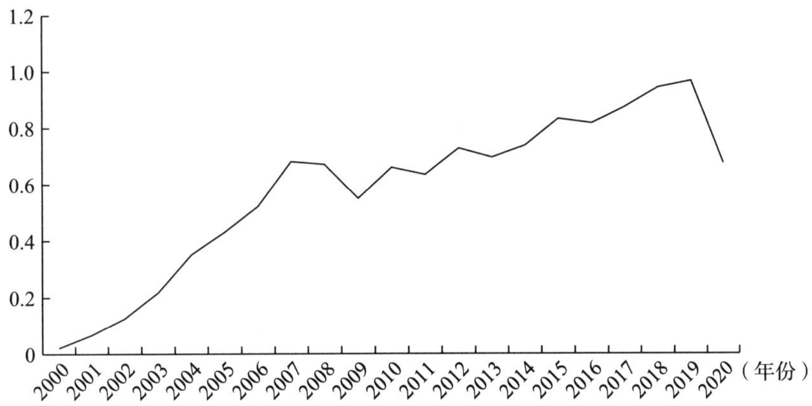

图 1　2000～2020 年深圳港港口物流系统综合得分

腹地经济系统的综合得分见表 9，变化趋势见图 2。

表 9　2000～2020 年深圳港腹地经济系统综合得分

	2000 年	2001 年	2002 年	2003 年	2004 年	2005 年	2006 年
综合得分	0. 0076	0. 0235	0. 0274	0. 0520	0. 0743	0. 0986	0. 1325
	2007 年	2008 年	2009 年	2010 年	2011 年	2012 年	2013 年
综合得分	0. 1824	0. 2367	0. 2652	0. 3359	0. 4111	0. 4785	0. 5846
	2014 年	2015 年	2016 年	2017 年	2018 年	2019 年	2020 年
综合得分	0. 6290	0. 6919	0. 7640	0. 8256	0. 8905	0. 9556	0. 9763

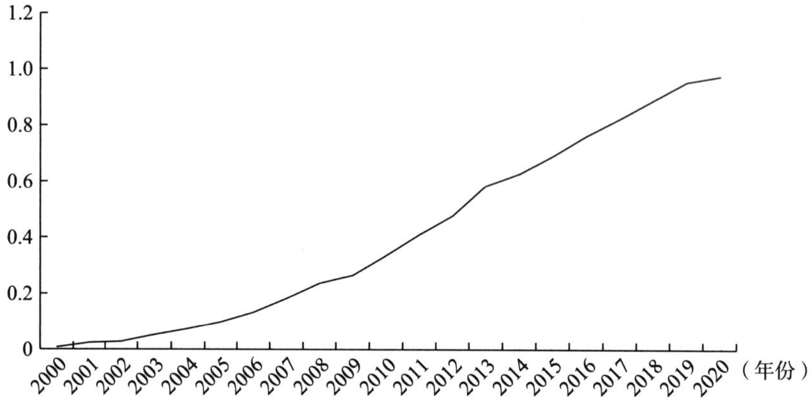

图2 2000～2020年深圳港腹地经济系统综合得分

进一步，计算耦合协调度。深圳港港口物流与腹地经济耦合协调度计算结果见表10。

表10 2000～2020年深圳港腹系统耦合度（C）与耦合协调度（D）结果

年份	耦合度	综合协调度指数	耦合协调度	耦合协调度等级
2000	0. 8789	0. 0145	0. 1129	极不协同
2001	0. 8778	0. 0451	0. 1991	极不协同
2002	0. 7670	0. 0765	0. 2423	极不协同
2003	0. 7890	0. 1347	0. 3261	低度协同
2004	0. 7594	0. 2127	0. 4019	低度协同
2005	0. 7785	0. 2646	0. 4539	低度协同
2006	0. 8037	0. 3273	0. 5128	中度协同
2007	0. 8166	0. 4314	0. 5935	中度协同
2008	0. 8783	0. 4535	0. 6311	中度协同
2009	0. 9371	0. 4074	0. 6179	中度协同
2010	0. 9457	0. 4977	0. 6860	中度协同
2011	0. 9769	0. 5227	0. 7146	中度协同
2012	0. 9785	0. 6028	0. 7680	中度协同
2013	0. 9963	0. 6397	0. 7983	中度协同
2014	0. 9969	0. 6830	0. 8251	高度协同

续表

年份	耦合度	综合协调度指数	耦合协调度	耦合协调度等级
2015	0. 9958	0. 7615	0. 8708	高度协同
2016	0. 9995	0. 7898	0. 8885	高度协同
2017	0. 9996	0. 8499	0. 9217	高度协同
2018	0. 9996	0. 9164	0. 9571	高度协同
2019	1. 0000	0. 9608	0. 9802	高度协同
2020	0. 9831	0. 8251	0. 9007	高度协同

接着根据结果画出深圳港腹系统耦合度与耦合协调度的变化趋势（见图3）。

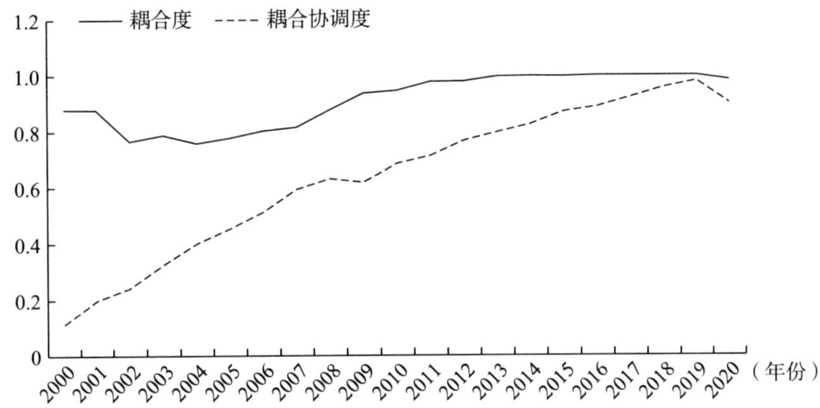

图3 2000～2020年深圳港腹系统耦合度与耦合协调度的变化趋势

3. 结果分析

从港口与腹地复合系统耦合度的计算结果可以发现，在统计期间耦合度水平较高，其中除了2002～2005年的耦合度在0. 7与0. 8之间，其余年份均超过0. 8，在2009年后维持在0. 9以上的水平。这样的结果表明深圳港口物流系统与腹地经济系统有较强的相互作用和较高协同发展水平，港口物流系统与腹地经济系统的发展水平相互关联、相互影响，深圳港子系统与深圳港腹地子系统对复合系统有较大的正向贡献。

同时，在引入了耦合协调度水平以后，则可看出子系统之间的耦合水平，是高水平的相互促进、相辅相成，还是低水平的相互牵绊、相互制约。从耦合协调度的计算结果可以观察出，在进入21世纪20余年里，港腹耦合协调度在不断提高。从具体年份来看，2000～2008年，耦合协调度水平上升较快，从Ⅱ

级严重失调上升至Ⅴ级勉强和谐，协调度不断走高的原因在于加入世贸组织以后深圳借助区位优势和政策春风大力发展外向经济，积极发展港口产业，促进了地区与港口水平的提升，但是此时的港口与腹地属于粗犷式发展，港口存在盲目扩张与恶性竞争的问题，导致耦合协调度虽然上升，但依然处于较低协同水平，港口与腹地发展不同步。从2009年面对金融危机以后的经济形势，深圳港口及腹地地区开始积极调整产业结构，并扩大港口辐射范围，至2014年达到Ⅶ级初级和谐水平。

随着深圳港合理化产业结构，突出创新能力并优化各港区的产业空间格局，深圳港口与腹地互动能力有了提高，协同发展效果逐渐显现。在《广东省水上运输业"十三五"规划（2016）》颁布后，临港产业如高附加值先进制造业、高新技术产业、先进制造业、现代物流、研发服务、出口加工等也得到进一步的发展，过去5年里，深圳湾积极推动粤港澳大湾区的交通融合，已开通湾区驳船货运航线60余条，覆盖九成以上的珠三角码头，并以深圳港为核心创建组合港体系，实现报关和通关流程的简化。这种模式为企业节省年均约2400万元的报关成本，为班轮公司减少超4500万元的用箱成本，并把货物堆存期从平均一周缩短至平均两天。这些措施有效推动了深圳港航运资源与其他港口的腹地资源深度整合，要素互补和合理分配，使得深圳港与经济腹地耦合协调度进一步提升至完美和谐水平。

（三）深圳港港口物流与腹地经济协同发展存在的问题

1. 港口之间恶性竞争，腹地重叠

在珠三角的港口中，广州港和深圳港地理位置上相距较近，两个港口实力相当，无论是货物吞吐量还是集装箱吞吐量都势均力敌。二者均大力发展集装箱运输，港口发展模式高度相似，航线相近，航运的市场价格趋同，这导致广州港和深圳港的经济腹地高度重合。深圳港在可利用的港口面积和供生产使用的岸线长度以及集装箱运输的高效性方面有明显优势，而广州港优势在于港口后方用地宽阔、货物吞吐量大以及集散速度快。但是为了争夺更大范围的腹地，广州港和深圳港甚至整个珠三角港口都于港口建设中投入了更多费用，并没有充分发挥各港口的独特优势，致使众多港口陷入恶性竞争当中，而且港口在发

展过程中仅仅把目光放在当前港口自身，遵循已有的发展模式，未来增长动力不足。想要缓解港口之间的竞争压力，需要在实质上推动港口一体化进程，而珠三角各港口所属主体不一样，信息管理和控制系统配合不够，整合多个主体，推进信息共享，实现港口一体化存在相当大的困难。

2. 腹地发展存在地域不平衡

深圳港腹地总体经济呈现经济加速上升的趋势，但是地域发展水平的差异依然比较明显，尤其是非核心腹地在港腹协同过程中，无论是收益度还是贡献度均未能达到预期。深圳港腹地涵盖了广东省、江西省、湖南省、广西壮族自治区、贵州省的全部或部分城市，但是无论从 GDP、进出口总额还是从全社会固定资产投资额来看，作为核心腹地的广东省的深圳都市圈城市都远远优于紧密腹地的地区。这在一定程度上反映了非核心腹地地区与深圳港的协调性还相对较弱，没有从深圳港的快速发展中获得足够的收益。同时，由于江西、湖南、广西、贵州等省份经济发展实力较弱，难以充分发挥出对深圳港港口经济的支撑作用，未来还有很大的提升空间。

在港口与腹地的协同过程中，腹地方面的产业布局关系着协同效果。深圳港及其腹地地区在地理位置上有较强关联性，但是重点产业之间的协调性不强，缺乏统一规划。例如，广东省以电子信息、电气机械、石油化工、纺织服装、食品饮料、建筑材料、造纸、医药、汽车等为支柱产业；江西省的优势产业为飞机、陶瓷、铜冶炼等；湖南省的优势产业为烟草、钢铁、机电制造、高新技术、生物医药；广西壮族自治区重点发展石化、粮油、造纸等领域。这些产业对腹地经济发展起到很重要的作用，但是在地区间协同发展中没有充分利用地区之间的关联以及港口与地区间的关联性带来的发展潜力。

三 深圳港与腹地经济协同发展的对策建议

（一）港口方面

1. 完善港口基础设施和港区功能布局

区域间的物资流动与资源的交换离不开完善的基础设施建设，作为国际性的港口，加强对内外物流通道的建设显得格外重要。对此深圳市政府也早有规划，未来深圳港应朝着适应船舶大型化和航运联盟化发展。

深圳市政府通过推进“深水深用”的岸线资源利用原则，优化调整泊位结构。在盐田港区东作业区和南山妈湾作业区筑造万吨级自动化专业集装箱泊位，并对深圳港其他泊位升级改造。在推进深水航道规划建设方面，加大财政对深水航道的投入力度，加快航道雷达等设施更新改造，规划建设航道水流信息智能感知系统，提升西部港区全天候通航能力。加快西部港区出海航道疏浚拓宽工程建设，提升航道有效宽度，满足20万吨级集装箱船的全天候满载通航要求，巩固深圳港的国际枢纽地位。加快盐田港拖车服务中心建设，规划建设拖车综合服务区，缓解港口拖车停车难问题。另外需要明确深圳港各港区的功能，有效发挥港区差异化的优势，避免港区之间同质化竞争。

2. 促进港口高质量转型

20世纪90年代，欧洲第一大港荷兰鹿特丹港便开始探索集装箱码头自动化，随着近年来5G通信、区块链、人工智能等现代化信息技术的发展，智慧物流逐步从概念走向实践。港口作为物流运输链条上至关重要的一环，也正面临智慧化的机遇和挑战。而国内智慧港口的建设主要由上海港引领，如今港区内的洋山深水港区四期码头已成为全球规模最大的自动化集装箱码头，助力洋山港贡献了上海港2021年近一半的集装箱吞吐量。但是，目前我国大部分港口智慧化程度仍然有限，在效率、安全性和节能等方面均显现不足。不仅难以提升港口盈利水平，更难以维持稳定的物流服务效率和品质。

新冠疫情冲击港口运输行业，带来了港口拥堵、海运价格波动等问题，也提醒了全球港口运营者，智慧港口建设将增强港口运营面对外部冲击时的韧性。智慧化程度处于世界领先地位的港口，如新加坡港、鹿特丹港和上海港，较其他港口表现出更强的抗压能力，业务恢复较快。可以预见，未来气候、卫生安全等不确定因素将对大湾区港口稳定运营提出更大的挑战。为了提升港口运营的可持续性、稳固大湾区港口群的核心竞争力，应牢牢把握智慧港口建设的时机，顺势而上。

因此深圳港需要明确自身定位，提升港口管理水平，向港口信息化、智慧化、低碳化转型迈进，与城市经济充分对接。深圳作为我国对外开放的先行示范区，深圳港所在的区域则是深圳最具活力的中心区域之一，随着区域经济的发展，粤港澳大湾区的区域概念也逐步形成，未来国家工作的重心也必将向着区域经济的协调发展倾斜。作为粤港澳大湾区的核心港口之一，深圳港则需要根据大湾区的核心战略部署调整其功能定位，其中对于区域的协助合作、生态环境的保护以及基础设施的互联互通则是未来需要重点关注的方向，深圳港必须要适应未来大湾区的发展趋势，构建符合大湾区发展特色、符合战略性新兴产业导向与智慧城市功能定位的高质量港口。

（二）腹地方面

1. 完善腹地城市基础设施建设

城市交通网络是港口物流的延伸，腹地交通基础设施的完善有助于提高深圳港港口的服务能力。对于腹地城市来说，应推进基础设施建设和固定资产投资，加强公路和铁路的路网建设，加快疏港高快速路建设，重点推进深中通道、沿江高速二期、东部过境高速、坪盐通道等项目建设，推进盐龙大道、惠盐高速深圳段、妈湾跨海通道等疏港道路建设前期工作，形成“西进西出、东进东出”的公路疏港通道格局。加强疏港公路的交通管理和执法，实现客运与货运、疏港交通与城市交通分离，降低疏港交通对城市的影响。提高海铁联运的发展水平，[①] 重点加快推动平湖中心站、平盐铁路场站扩容、平盐铁路复线规划建设，提升东部港区海铁联运比例。创新西部港区海铁联运新模式，借助水路在东莞石龙发展海铁联运业务，开展平南铁路改造必要性研究。通过国际班列连接“一带一路”共建地区，形成高效集约的集疏运通道。支持和鼓励企业投资建设内陆港。这种以多式联运方式组合成的综合交通运输，将极大推动深圳港的建设发展，并带动更大范围腹地经济发展。

2. 提高腹地经济发展水平

港口发展离不开腹地经济支撑，港腹高效协同过程需要进一步提高腹地经济增长动能及潜力。

---

① 叶翀、邵博、李若然：《港口经济腹地划分与促进区域经济发展关系研究——基于厦门港海铁联运带动腹地经济发展案例的分析》，《价格理论与实践》2021 年第 10 期。

首先，应提高腹地工业化建设水平，调整产业布局，打造具有国际竞争力的高端产业链。目前，腹地城市间缺乏经济、文化的强纽带，凝聚力弱，尚未形成合理高效的产业布局，一体化进程缓慢。腹地可以在比较优势理论基础之上，结合自身特点，打造优势产业，并与区域内其他地区形成产业互补，从而提升区域整体经济发展水平。同时，腹地之间应该打破行政区划壁垒，建立信息共享机制，避免同质化导致的价格打压，为腹地之间产业协同发展夯实基础。另外，还需要努力推动上下游产业延伸，提高产业附加值。

其次，加大政府对腹地经济支持力度。政府应从基础设施、产业培育、互联互通方面为腹地经济发展营造公平宽松的外部环境。将财政支出向基础设施建设倾斜，除了传统的铁路、公路、机场等设施外，更需要在5G、大数据等“新基建”上布局。对新兴产业和战略性产业给予更多优惠政策，吸引人才、资金、信息等要素集聚，降低实体经济发展成本，还需要在信息共享上实现互联互通，构建统一大市场，推动各地区平衡发展。

（三）港口与腹地互动方面

1. 将港腹互动理念贯彻在城市和港口规划当中

在港口建设规划中融入城市经济发展理念，并在城市规划中充分考虑与港口设施的联动。首先需要明确港口物流与腹地经济存在密切关系，二者协同发展无论对港口发展还是腹地经济发展都至关重要。腹地经济发展越快，对外界的经济联系也将越频繁，而对港口的需要也越高，同时港口的高速发展所带来的运输能力提升也将为腹地经济发展提供支撑，因此未来深圳港在制定发展规划时应贯彻落实这一良性循环。例如，在港口规划方面充分考虑深圳港与腹地地区的业务往来，重点推进周边地区到港口在多式联运业务上的通关便利化试点改革，逐步推进港口通关一体化。在腹地规划方面，积极推动腹地的农林牧渔业、工业、金融信息服务业、物流业等与港口经济的交汇融合。

同样地，还需要明确港口与港口之间的关系，积极发展“大湾区组合港”模式，以深圳港为核心，形成港口间优势互补的格局，打造湾区港口群核心竞争力，促进腹地货源整合，为港腹高效协同注入动力。

2. 促进配套产业发展

交通是连接港腹的纽带，深圳港未来除了应当注重港航业发展以外，产城开发、产业金融、物流、海洋、能源等配套产业也应当发展跟进，发展出深圳港的产业集群模式。其次要加强完善联运设施的建设，单一物流模式已无法适应日益复杂的运输环境，而根据需求进行调整的多式联运模式将更加适应未来运输环境，通过构建完善的多式联运体系，可以降低运输成本，加快港口与经济腹地间互联互通，保障沿海港口群的规模化经营，带动经济腹地的发展。除了港口自身的建设以外，经济腹地也应该加强各运输部门的沟通协作，建立跨行政区划的协调合作机制，包括物流信息的共享、作业设备的标准化，推动不同行业、运输方式、企业间的服务规划协调。

参考文献

[1] 姜晓丽、张平宇：《基于 Huff 模型的辽宁沿海港口腹地演变分析》，《地理科学》2013 年第 3 期。

[2] 康译之等：《长三角地区港口腹地范围演化及其影响机制》，《地理研究》2021 年第 1 期。

[3] 徐维祥、许言庆：《我国沿海港口综合实力评价与主要港口腹地空间的演变》，《经济地理》2018 年第 5 期。

[4] 许言庆：《沿海港口综合实力与腹地空间演变研究》，博士学位论文，浙江工业大学，2016。

[5] 王雨琪：《基于灰色关联分析的腹地经济对港口物流影响研究——以上海港为例》，《中国水运》2022 年第 2 期。

[6] 章雯昶：《基于灰色关联度分析的浙江省港航业与金融业联动发展的研究》，硕士学位论文，厦门大学，2018。

[7] 孙夏青、韩增林：《营口市港城经济关联度研究》，《资源开发与市场》2011 年第 10 期。

[8] 殷翔宇、祝合良、曲明辉：《中国沿海港口港城关系发展及对城市经济增长作用》，《地理科学》2022 年第 6 期。

[9] 余思勤、孙佳会：《长三角港口群与城市群协调发展分析》，《同济大学学报》（自然科学版）2021 年第 9 期。

[10] 张可意：《广东省沿海港口群与经济腹地的协调发展研究》，硕士学位论文，大连海事大学，2020。

[11] 叶翀、邵博、李若然：《港口经济腹地划分与促进区域经济发展关系研究——基于厦门港海铁联运带动腹地经济发展案例的分析》，《价格理论与实践》2021 年第 10 期。

（文字编辑：李桐）

Research on Synergy Between Shenzhen Port Logistics and Hinterland Economy

Zhang Ting, Li Mengnan and Yue Xiaofang

(China Center for Special Economic Zone Research, Shenzhen University, Guangdong, Shenzhen, 518000)

Abstract: Port logistics occupies the core position of ports and is an indispensable element to drive the development of ports, which also plays a positive role in the economic development of port cities and hinterland areas. The degree of economic and industrial development of the hinterland area has also become a guarantee for ports to improve the efficiency of supporting resource utilization and transformation and upgrading. In this paper, under the background of the new development pattern of "double cycle" and the acceleration of the construction of Guangdong-Hong Kong-Macao Greater Bay Area, we take the Shenzhen port and its hinterland as the main research target, determine the scope of the hinterland of the Shenzhen port through the gravitational model, use the grey correlation method to calculate the correlation of the economic indexes of the Shenzhen port and its hinterland, and then calculate the economic indicators of the Shenzhen port and its hinterland with the coupling and coordination degree model. Coordination Degree Model to quantitatively calculate the coupling and coordination of the economic development of Shenzhen Port and the hinterland and analyze the results, in-depth discussion of its logistics and the hinterland economy of the existence of the link between the degree of synergistic development, in order to open up the development of the Shenzhen Port and the economic hinterland of the development of ideas, so that the Shenzhen Port and the economic hinterland to better promote each other and the development of the hinterland.

Keywords: Port Logistics; Hinterland Economy; Huff Model; Collaborative Development

深圳合作办高校的模式及其选择逻辑*

刘　畅　王沛尧**

（深圳市奥斯科尔电子有限公司　深圳市汉仑绿色发展研究院
广东　深圳　518000）

摘　要： 合作办高校助力深圳高等教育体系卓越发展，有效践行国内名校异地延伸模式、中外合作的复制式模式、服务国家战略的平台式模式等。下一阶段，应按照深圳城市战略定位与经济社会发展要求，调整优化合作办高校建设与合作思路，更好地引导合作办高校的校本部优势资源与深圳经济社会发展主体对接互动，重点推动校本部优势交叉学科加速引进深圳，进一步深化产教融合，将合作办高校打造成为中国特色、世界一流高校，引导其为赋能深圳高质量发展贡献更大力量。

关键词： 合作办高校　产教融合　深圳

深圳高等教育改革发展的成就有目共睹，其迅速崛起的背后离不开合作办

---

* 本文获 2022 年深圳市发展和改革委员会年度重点课题“深圳市高校建设合作模式及投融资方式研究”专项经费资助。

** 刘畅，经济学博士，深圳大学博士后，深圳市奥斯科尔电子有限公司工作人员，主要研究方向为人口、资源与环境经济学；王沛尧，经济学硕士，深圳市汉仑绿色发展研究院研究专员，主要研究方向为产业经济学。

学。无论是新加坡、迪拜、吉隆坡，还是中国的苏州、深圳、青岛等城市无一不是遵循后发型城市高等教育赶超型发展路径，第一阶段重塑自身高等教育体系，培养本地高校，第二阶段加速高等教育建设，大规模开展合作办学，第三阶段完善自身高等教育体系，形成“借鉴—超越式发展”的内核，尊重发展的自主性，有望从借鉴中“破茧成蝶”，实现突破与超越，打造本地一流高校。透过后发型城市高等教育发展实践研究，我们可以发现合作办学是城市促进高教快速发展的重要战略，合作办学虽不能支持一个城市成为全球一流高教中心，但可成为具有国际重要影响力的特色高教阵地。

一　国内外合作办高校建设模式分析

（一）大学办大学“连锁店”模式

大学办大学“连锁店”模式的办学主体仅有母体高校一个，母体高校对合作办高校的办学管理拥有完全主导地位，且投资经费全部由母体高校承担，对学校的运营负全部责任。这一模式的优点在于避免了由多方办学主体撤资引发的合作办高校不可持续运作风险，只要在办学过程中合作办高校能够为母体高校带来持续可观的盈利，那么母体高校将会长效支持合作办高校办学经营。但是，也正因母体高校需要全部承担合作办高校的经营投入，所以母体高校往往承受着巨大的资金压力，一旦出现运作资金不足情况，母体高校则无法负荷办学运转，学校将不可持续发展。这种“连锁店”办学模式优缺点见表1。新加坡、马来西亚、阿联酋等国家纷纷提出打造国际高等教育枢纽，对合作办高校采取了较为开放的市场准入和竞争政策，不约而同地选择了吸引外国高等教育机构到本地建立分校，并在竞争性的市场环境中实现优胜劣汰。

表1　大学办大学“连锁店”模式的优势—不足对比

优势	不足
1. 母体高校可以完全实现自主管理、自主办学	1. 风险较大，忽视跨境经营的差异性，照搬母体校区的模式

续表

优势	不足
2. 课程建设、学科建设、教学方案与母体高校完全一致 3. 有利于母体高校品牌的提升，增强国际影响力 4. 为当地培养国际化人才	2. 经营主体片面追求商业利益，忽视高等教育客观规律 3. 经营主体疏于内部管理，缺乏跨境管理经验和应变能力 4. 难以与当地环境相融合

（二）国内名校异地延伸模式

知名高校和异地政府共建，形成高等教育优质资源与地区发展共促的国内名校异地延伸模式。政府通过与知名高校形成区域联动合作，从异地快速引进高水平高校的优势科教资源，相比于自主培育本地高校的方式，国内名校异地延伸模式有效降低了政府对高等教育投入的资金、时间成本以及高校建设风险，可更高效地快速建成高水平大学。知名高校需要更大的办学空间以及更多的经费资源，异地政府需要高水平科教资源以支撑当地经济高质量发展，二者的发展需求互相契合、互相促进。国内名校异地延伸模式优缺点见表2。深圳、苏州等高等教育资源相对稀缺的新兴城市在政府和高校共建过程中抢占先机，高校凭借优势学科为地方经济社会发展注入强劲动力，地方也为高校发展提供了资源支撑和政策支持。

表2 国内名校异地延伸模式的优势—不足对比

优势	不足
1. 政府对办学支持力度大 2. 充分利用母体高校的学科优势和品牌影响力 3. 母体高校借助合作载体实现学科体系前沿化、交叉化和国际化 4. 利于利用更多社会资源促进母体高校发展	1. 权责关系不清，有效监管机制难建立 2. 难以与本地大学享受同等待遇 3. 主体间办学目标易产生分歧 4. 母体高校精神和文化难移植 5. 母体高校资源投入难以持久

（三）中外合作的复制式模式

国外高校、国内高校、政府三方合作办高校是我国高等教育大力推进改革开放的重要举措和成果体现，在发展之初被委以“引进国外优质教育资源，提升人才培养质量”的重任，成为拉动我国高等教育发展的因素之一。三方合作共治格局下，政府为了补齐高等教育发展短板、提升本地高等教育水平积极引进海外优质资源，外国高等教育机构须以合作办学的形式进入中国市场，国内高校则负责优化海外高校在中国的适应性和嵌入性。该模式在挽回大量外流的教育资本、满足地区经济建设中对相关领域人才需求的同时，也在一定程度上对缓解高校办学资金短缺起到积极作用，同时国外高校与国内高校之间可以交流共享科教资源，有效发挥其“鲇鱼效应”。其优缺点见表3。

表3 中外合作的复制式模式的优势—不足对比

优势	不足
1. 有助于打破传统学科之间的壁垒，利用中外学科不同特点，实现学科交叉 2. 利于吸纳海外优质师资，引进高层次人才 3. 能够培养具有全球视野、专业知识扎实、文化多元的国际化人才 4. 有助于探索高校管理制度多元融合与创新改革	1. 具有不完全的办学自主权，可持续发展后劲不足 2. 缺乏政府顶层设计影响规范发展，办学主体之间的紧密关联度不够 3. 中外资源难以有效融合，在实际管理运行中存在“两张皮”现象 4. 资金筹集方式看似多元，实则单一，过度依赖市财政

（四）服务国家战略的平台式模式

鉴于办好高等教育事关国家发展、事关民族未来，国际合作办高校就此成为国家间战略合作的重要选项。为充分挖掘中俄两国高等教育潜力，共同培养高层次人才，中俄两国率先探索以服务国家战略的平台式模式，合作共建中外合作办高校——深圳北理莫斯科大学，该校全面引进俄罗斯优质科教资源，是中俄两国高等教育合作的突破性创新成果。2014年5月习近平主席和普京总统共同签署中俄双方备忘录，两国正式决定合作共建深圳北理莫斯科大学，并在中俄联合声明中多次强调要加快落实相关建设工作。深圳北理莫斯科大学是中俄两国高等教育深度合作的里程碑，助推两国高等院校交流共享科教资源，增进两国人民深厚友谊，深化中俄两国战略合作关系。这种办学模式的优缺点见表4。

表4 服务国家战略的平台式模式的优势—不足对比

优势	不足
1. 可以有效培养与集聚具有战略性、国际性视角的专业人才 2. 在政府顶层设计引导下，办学主体间关系紧密 3. 有利于合作项目国际影响力塑造与品牌打造	1. 政府投入大，经费来源单一 2. 与所在城市经济社会发展融合度有限 3. 中方高校参与度低

（五）多主体联合半市场化模式

构建政府、高校、企业、教育集团、基金会等主体间协同机制，形成多主体联合半市场化模式。以高校为主导，发挥其创造性和主动性，综合考量政府、高校、市场主体间“自组织特性”，打通各主体间的关系链和枢纽点，在彼此的优势互补中，实现各自功能、目标和协同效应的最大化。构建“互利共赢”的决策机制，保障内部决策的科学化、民主化；完善“多元协同”的组织机制，保障决策的有效实施；优化“社会评价”的控制机制，采用“回应—协商—共识”建构型方法，确保执行能够达到预期的效果。我国第一所中外合作大学宁波诺丁汉大学便是多主体联合半市场化模式的典范，中方合作方是浙江万里集团，同时得到地方政府的政策支持，外方合作方诺丁汉大学在教学资源、课程设置、师资等方面进行投入，并在学校专业和课程设置上具有相当大的自主权。在短短的十余年时间，已经逐渐形成了自身办学和发展的特色，并成为中国合作办高校的典范。这种办学模式的优缺点见表5。

表5 多主体联合半市场化模式的优势—不足对比

优势	不足
1. 办学自主权较大，能实现经费渠道多元化 2. 理事会领导下的校长负责制确保了权责分明 3. 多种制度的有机配合削弱了行政对学术的干预 4. 多元主体参与实现了高效的民主管理监督	1. 办学利益驱动，趋利性强 2. 内部治理结构复杂，沟通协调难度较大 3. 政府调控难度加大

二 历程溯源：深圳合作办高校的阶段与发展

深圳通过合作办高校的方式实现了高等教育的超常规发展。根据对其高等教育发展导向、合作办高校数量规模、合作办高校建设成效的梳理，将深圳合作办高校历程划分为四个阶段。

（一）合作办高校起步探索阶段（1993～1999年）

1993年，深圳初步尝试合作办高校，与重点高校暨南大学合作共建暨南大学中旅学院，实现异地合作办高校“从零到一”的突破。1993年2月经国家教委批准，暨南大学中旅学院在深圳华侨城成立，1996年学院正式建成并开学，是中国境内首家通过世界旅游组织旅游教育质量认证的旅游学院，设置旅游管理、酒店管理、会展经济与管理、旅游管理（高尔夫管理方向）、电子商务、商务英语、风景园林7个专业。现阶段在校本科生近1500人，专职教师60人，其中有博士学位者45人，有高级职称者25人，在国内外顶级期刊上公开发表高质量学术论文30篇，获得国家自然科学基金项目5项，国家哲学社会科学基金项目5项。

（二）合作办高校夯实基础阶段（2000～2010年）

借助外力构建高等教育体系，一批异地合作办高校登上深圳高等教育“舞台”：以全国顶尖高校作为引进对象，深圳市政府携手北京大学、清华大学、哈尔滨工业大学在深圳举办研究生院，开展研究生教育。北京大学深圳研究生院深耕基础研究原创性、应用研究引领性，现有8个学院，涉及计算机科学与技术、环境科学与工程等9个一级学科。清华大学深圳研究生院以服务地方经济与社会发展为目标，2014年设立的清华—伯克利深圳学院在高水平深度国际合作办学方面探索了有益的经验，清华大学深圳国际研究生院是在清华大学深圳研究生院和清华—伯克利深圳学院的基础上拓展建立的。哈尔滨工业大学（深圳）由哈工大与深圳市政府合作共建，其前身是始建于2002年的哈尔滨工业大学深圳研究生院，目前是国家“985工程”建设高校和“双一流”建设A类高校首个在深圳市举办的本硕博培养体系齐全的高水平校区。

（三）合作办高校高速发展阶段（2011～2020年）

深圳紧跟国家政策导向与发展形势，在进一步内生培育本地院校的同时，成功引进海内外优质教育资源。香港中文大学（深圳）于2014年3月经教育部批准设立，以创建一所立足中国、面向世界的一流研究型大学为己任，致力于培养具有国际视野、中华传统和社会担当的创新型高层次人才。深圳北理莫斯科大学于2016年10月获教育部批准正式设立，以建设独具特色的世界一流国际化综合性研究型大学为目标，依托俄罗斯莫斯科大学基础学科和中国北京理工大学工程应用的办学优势，结合国家科技发展战略需求和粤港澳大湾区、深圳市科技产业集群特点，突出高起点、国际化和综合性的办学特色。中山大学深圳校区于2015年12月由教育部批准建设，是中山大学三校区五校园的主体校园之一，着力服务国家重大战略和地方社会发展需求，力争建成具有中国特色、继承中山大学办学传统、支撑引领深圳经济社会发展、辐射粤港澳大湾区及亚太地区的高层次创新人才重要培养基地。天津大学佐治亚理工深圳学院于2020年3月由教育部批准正式设立，致力于创办引领未来的创新教育，成为世界工程教育与科学技术发展的领航者。

（四）合作办高校提质蜕变阶段（2021～2023年）

在2021年9月深港高层会晤暨深港合作会议中，市校双方主要领导共同签署《深圳市人民政府 香港大学关于在深合作办学备忘录》，正式决定共建香港大学（深圳），针对粤港澳大湾区与深圳中国特色社会主义先行示范区“双区”建设要求，将深圳科技创新资源与香港大学国际领先的高等教育资源有机融合，再度突破创新现有合作办学机制，将香港大学（深圳）打造成为世界一流综合性研究型大学，以合作办高校为重要抓手进一步助力深圳市经济高质量发展。

2018年11月，《合作共建中国科学院深圳理工大学协议书》在市校双方共同推动下正式签署，标志着中国科学院深圳理工大学建设任务正式启动。2019年10月，广东省教育厅将中国科学院深圳理工大学纳入省高校设置“十三五”规划目标要求中，中国科学院深圳理工大学筹建工作被提上日程。2020年11月，中国科学院深圳理工大学建设启动会顺利召开。光明滨海明珠校区作为大学过渡校区于2021年初投入使用。2021年12月，中国科学院深圳理工大学正式挂牌成立创新型人才培养研究中心。2022年11月，西丽湖国际科教城X9高校院所联盟成立，中国科学院深圳理工大学为初期成员。

三　实践价值：深圳合作办高校建设成效

深圳已进入粤港澳大湾区、深圳中国特色社会主义先行示范区“双区”驱动的黄金发展期，建设综合性国家科学中心、国家人才高地以及具有全球影响力的科技和产业创新高地的任务更加艰巨，建设世界一流大学和一流学科的需求更加迫切。鉴于此，从人才集聚效应、平台建设效应、学科声誉效应三方面量化分析合作办高校对深圳市产业发展、城市功能定位实现的支撑作用，对界定合作办高校在深圳市所处的发展阶段、下一阶段合作模式选择至关重要。

（一）人才集聚效应

截至2022年6月，8所合作办高校师资规模2530人，其中院士团队37个，资深学术权威专家39人，中年领军专家105人，青年拔尖英才107人，具有海外留学、研修、培训经历的教师1918人，高端人才和紧缺人才1452人。预计2025年师资规模将增长至4165人。

现阶段，异地合作办高校中哈尔滨工业大学（深圳）师资规模独具优势，拥有教师646人，是合作办高校平均规模的两倍；国际合作办高校中香港中文大学（深圳）师资规模尤为亮眼，拥有教师593人，预期到2025年师资规模将达1000人。

（二）平台建设效应

高校科研平台决定科研绩效和学术水平，体现高校综合办学实力。现阶段，深圳市8所合作办高校累计建成科研平台226个，其中，诺奖实验室5个、国家级科研平台9个、省部级科研平台43个、市级科研平台169个。

与城市产业发展导向相匹配的科研平台建设周期长，高校通常需要扎根城市20年以上，才可积累一定数量的产教融合型实验室。在合作办高校中，北京大学深圳研究生院、哈尔滨工业大学（深圳）、清华大学深圳国际研究生院3所高校在深历经多年的发展后，建成对“20+8”产业起支撑作用的实验室，数量达10个以上。

（三）学科声誉效应

深圳市 8 所合作办高校共设置 136 个一级学科，其中 ESI 排名前 1% 学科 5 个、全国重点学科 2 个、获教育部全国第四轮学科评估的学科 111 个、广东省重点学科 18 个，尚无学科进入 ESI 排名前 1‰行列。从学科数量看，中山大学（深圳）凭借 25 个一级学科位列异地合作办高校榜首，国际合作办高校中香港中文大学（深圳）一级学科数量最多，达 26 个。从学科质量看，清华大学深圳国际研究生院尤其出色，拥有 4 个 ESI 排名前 1% 学科、5 个广东省重点学科，同时在教育部全国第四轮学科评估中 15 个学科被评为 A + 级、4 个学科被评为 A 级、2 个学科被评为 A - 级；其次是香港中文大学（深圳），其拥有 1 个 ESI 排名前 1% 学科、3 个广东省重点学科。

四 经验借鉴：国际合作办高校构建高等教育体系的新加坡案例

新加坡两所公立大学——新加坡国立大学、南洋理工大学是世界名校，处于新加坡高等教育体系的顶端，而基于市场法则建设的国际合作高校处于其高教体系的中下端。这个体系的构建历经新加坡高教发展三阶段：高教起步阶段（20 世纪八九十年代）、高教发展输入阶段（1998 年至 2008 年）、高教输出阶段（2009 年至今）。新加坡用 40 年时间实现了由高教落后状态到高教发达状态的蜕变，不仅强有力支撑了新加坡产业竞争力持续向前，还创造出了新加坡的教育贸易经济。

在新加坡政府强力支持两所本地高校——新加坡国立大学和南洋理工大学的同时，推进实施“TOP10 计划”，自 1998 年起用 10 年时间吸引 18 所国际顶尖高校到新加坡合作办学或设立分校，新加坡高教体系由此形成。

新加坡为打造亚太地区教育枢纽，不断调整高等教育治理在“政府主导”和“学校自主”间的张力、在“赋权”与“问责”间的双效配合，充分激发高等教育活力，实行登记备案制，政府不直接参与合作办高校具体事项。

从 QS 世界大学排名情况看，新加坡国立大学 2007 ~ 2010 年处于 30 + 排位、

2011~2014 年挺进 20+、2015~2017 年跃升至 10+、2018 年至今稳定维持在全球第 11 位，南洋理工大学 2011 年之前一直处在 50+以外，2012 年、2013 年、2014 年分别位列第 47、第 41、第 39，2015 年至今连续多年维持在第 11~13 位。

从学科建设情况看，新加坡国立大学 21 个学科进入世界前 20，且土木工程、化学工程、计算机科学与信息系统、地理、电子电气工程、材料科学位列全球前五，南洋理工大学 13 个学科进入世界前 20 名，且材料科学位列全球之首。

从由“引进来”到“走出去”的转变看，新加坡国立大学已在硅谷、纽约、慕尼黑、多伦多等设立分校，设立专业与本校优势学科呈现高度一致性，包括信息技术、计算机工程、工业设计、工业与系统工程、化学与生物分子工程、环境工程、生命科学、计算生物学、应用化学、应用数学等。

五　新时代深圳合作办高校建设的新要求与模式选择

党的二十大报告强调，深入实施科教兴国战略、人才强国战略、创新驱动发展战略，开辟发展新领域新赛道，不断塑造发展新动能新优势。既要求高等教育推进产教融合、科教融汇，又提出加强基础学科、新兴学科、交叉学科建设，加快建设中国特色、世界一流的大学和优势学科。

（一）合作办高校处于外延式向内涵式转变阶段

合作办高校作为深圳高等教育体系的重要组成部分，曾推动深圳市高等教育体系加速建成与跨越式发展，在经历 5~8 年的在深建设发展后，进入了国际上普遍存在的由母体高校合作动力衰减引起的调整转型期，势必要通过定位目标的调整、发展思路的转变以及合作模式的优化，更好地发挥作用，与市属高校协同将深圳建设成为高质量、有特色的全球教育中心城市。

从增长角度看，合作办高校的办学规模要与城市要素资源禀赋相适应，不能盲目扩张办学规模，应适当考虑资源约束条件，避免过度透支城市发展潜力；从结构角度看，要注重增长的方式及其效率，既要合理控制合作办高校总体规模，又要优化合作办高校的增长结构，通过优势学科、教学模式、人才培育与引进等方面的局部优化来推动合作办高校整体发展质量的提升；从时间角度看，要具备科学合理的可持续发展规划理念，在对合作办高校做出增量目标要求时，应当充分考虑城市未来的资金与空间资源分配效率，有序推动合作办高校高质量发展。

（二）合作办高校仍是深圳高等教育体系的重要组成部分

深圳从世纪之交率先引进异地高水平大学办硕博高层次教育，同步推进国内外高水平大学与深圳市政府共建深圳校区，深圳在推动高等教育发展方面不断取得突破创新成果。现阶段，深圳共有高等院校15所，其中合作办高校8所，占据深圳高等院校半壁江山。合作办高校丰富了深圳高等教育学科专业生态体系，促进了学科领域的多样化发展，对高校一流学科建设方向的规划布局具有重要的参照价值和借鉴意义；合作办高校提供了跨境、跨校区不同文化环境的学习体验场所，有助于培养学生的国际化理念。

（三）已进入由母体高校合作动力衰减引起的调整转型期

深圳市合作办高校均已经历5~8年的建设发展，进入了国际上普遍存在的由母体高校合作动力衰减引起的调整转型期，表现为规模上追求招生数量、办学层次上从研究生向本科生的向下延伸、专业设置上追求大而全等三个趋势。有效引导合作办高校在助推深圳市高等教育体系跨越式构建后再度释放能量，将对“十四五”期间深圳高等教育卓越发展产生直接影响。

（四）下一阶段深圳合作办高校建设模式选择

下一阶段，深圳合作办高校要培育“发展的自觉性”，主动整合所能获得的各种力量，持续且开拓性地推进办学模式变革。持续响应深圳城市发展战略，吸引全球排名前100的顶尖高校的一流学科来深合作办学，稳固“安其位重特色”理念，优化中外合作的复制式模式；集聚多方资源全方位发力，强化合作办高校的市场运作，推动现有合作办高校从国内名校异地延伸模式、中外合作的复制式模式向多主体联合半市场化模式转变。

1. 吸引顶尖名校来深办学，选用中外合作的复制式模式

下一阶段，吸引全球排名前100的顶尖高校的一流学科来深合作办学，仍需采用中外合作的复制式模式。合作办高校规范化、系统化、特色化和优质化发展将成为新趋势和新任务，这既要求政府层面的超前布局和宏观规划，也要求高校层面的理性判断和系统谋划。通过消化吸收、有效利用并加以创新，使合作办高校真正实现优质发展，进而提升深圳高等教育的整体水平和国际竞争力。

政府在合作办高校筹建和运营过程中继续发挥重要作用，提供经费支持，加强宏观设计与科学引导，科学制定合作办高校中长期发展规划，明晰发展方向与凝聚重点，引导合作办高校特色发展、错位发展。

高校继续在办学理念、人才培养、学科建设、师资队伍、科学研究、社会服务和校园文化建设等方面提供支持，实现境外优质高等教育资源与本土教育资源的有机耦合。

2. 推进现有合作办高校卓越发展，探索推进多主体联合半市场化模式

对深圳市现有的8所合作办高校进行多主体联合半市场化模式升级，可以引进教育集团、基金会、龙头企业等市场主体参与高校建设，拓宽高校办学经费来源，强化合作办高校的市场运作，降低学校运行对财政资金的依赖度。

通过引入新主体，在办学经费筹措、人才培育与引进、科学研究等核心领域实现市场化运作。在财务方面，合作办高校应当多措并举拓宽学校办学经费来源，以充分满足学校办学经费需求，包括但不限于通过股权投资科技企业、提供技术转化服务等方式来增加收入；在治理结构方面，完善内部治理结构，避免权力真空，调整董事会治理架构，使之由学校、政府、市场主体等代表组成，适当效仿企业治理结构模式，全面提升合作办高校治理效率。

借助对现有合作办高校开展模式改造，拓宽合作办高校的经费收入渠道，放大合作办高校的办学特色优势，深化政府与学校的合作关系，提升合作办高校的治理效率，推动深圳高等教育生态系统良性发展。

参考文献

[1] 梁北汉：《国际性城市与高等教育》，海天出版社，2002。

[2] 林金辉主编《新时代的中外合作办学》，厦门大学出版社，2019。

[3] 彭江等：《发达国家高等教育评估制度分析》，重庆大学出版社，2022。

[4] 盛其杰：《宁波市高校学科设置与产业发展适配性研究》，机械工业出版社，2020。

[5] 燕山：《依赖与自主：异地校区办学模式演变研究》，中国社会科学出版社，2022。

[6] 张瑞芳：《全球海外分校的内涵、历史发展及其影响研究》，《世界教育信息》2017 年第 21 期。

（文字编辑：乐小芳）

The Modes of Cooperatively Building Universities in Shenzhen and Its Choice Logic

Liu Chang, *Wang Peiyao*

(Shenzhen Asicer Electronics Co. , Ltd. , Shenzhen Hanlun Green Development Research Institute, Guangdong, Shenzhen, 518000)

Abstract: The cooperatively building universities contribute to the excellent development of Shenzhen's higher education system and effectively implement the nonlocal extension mode of domestic famous universities, the replication mode of sino-foreign cooperation, and the platform mode that serves the national strategy. In the next stage, in accordance with Shenzhen's strategic positioning and economic and social development requirements, Shenzhen shall adjust and optimize the ideas for the construction and cooperation of cooperatively building universities, so as to better guide the interaction between the university's superior resources and the entities of Shenzhen's economic and social development, and promote the integration of industry and education, and the integration of science and education, strengthen the construction of basic disciplines, emerging disciplines, and interdisciplinary disciplines. In this way, it guides cooperatively-run universities to develop better in Shenzhen, and hence accelerates the construction of world-class universities and competitive disciplines with Chinese characteristics.

Keywords: Cooperatively Building Universities; Integration of Production and Education; Shenzhen

光明科学城建设中的香港科创经验借鉴与合作展望*

唐　辉　张培喜**

（中国人民银行广东省分行　广东　广州　510000；
国家金融监督管理总局惠州监管分局　广东　惠州　516000）

摘　要： 香港以一隅之地成为国际大都市，其发展经验对于内地城市，尤其是与香港毗邻的深圳有着重要的借鉴意义。本文深入研究了香港科技创新发展过程中的经验，香港的科技创新水平之所以能达到今天的程度，与其教育资源丰富、国际化程度高、人才储备充足、制度体系完备等因素密不可分，这些都为光明科学城的建设提供了有利借鉴，但香港也由于对制造业重视程度不够、对人才吸引力不足、人地矛盾突出等原因，科创水平提升受到制约，这些也同样值得光明科学城警惕。此外，深圳光明科学城与香港方面具有极大的合作空间，双方可进一步优化通关政策，加强高校合作、人才交流、产业互补等，从而探索出一条深港科创合作的“光明路径”。

---

* 本文仅为笔者个人观点，不代表所在单位。

** 唐辉，经济学硕士，中国人民银行广东省分行工作人员，主要研究方向为区域经济、产业经济；张培喜，经济学硕士，国家金融监督管理总局惠州监管分局工作人员，主要研究方向为区域经济、产业经济。

关键词： 科技创新　光明科学城　香港

光明区位于深圳市西北部，是广深港澳科技创新走廊的重要节点、全市重要的先进制造业基地，自 2018 年 9 月 19 日揭牌以来，光明区坚决扛好光明科学城建设的属地责任，奋力建设世界一流科学城和深圳北部中心，促进创新资源加快聚集。光明科学城锚定在“十四五”规划中提出的 2035 年远景目标，坚持目标导向和问题导向相结合，坚持守正和创新相统一，努力实现以下主要目标：源头创新能力大幅提升，成为湾区科技创新新引擎。光明科学城的优势更多体现为深圳经济特区的优势。深圳市的重要特点在于，其为全国人才的会集地，《2021 中国城市人才吸引力排名》表明深圳在中国最具人才吸引力城市中位居第四，仅次于北京、上海、杭州。由于深圳发展速度较快、人才政策有吸引力，能够持续吸引其他地区人才净流入，因此以地区高校数量来衡量地方的人才数量和质量并不是特别科学，特别是在人口能大幅自由流动的地区。随着新冠疫情的平稳转段，香港将恢复与内地的通关，双方人员流动性将逐渐加大。光明科学城与香港未来在人才交流合作方面具有极大的合作空间，双方可进一步优化通关政策，方便科技与创新方面的人才交流。产业合作具有巨大的发展空间。香港拥有雄厚的科研实力，但是由于土地成本高昂，香港本地市场规模小，科创成果难以大规模实现产业转化。而光明科学城有专门的产业转化园区，内地市场规模也足够大，适合科创项目转化投产。因此未来香港方面的科创成果可在光明科学城落地生根、转化投产。光明科学城应学习借鉴香港的科创经验，深度参与粤港澳大湾区建设。

一　香港科技创新的优势

（一）教育资源丰富，基础科研实力雄厚

香港拥有世界一流的高等教育资源，在 2023 年 U. S. News 世界大学排名中，香港中文大学、香港大学、香港科技大学、香港理工大学均进入世界大学排名前 100，是全球高水平大学聚集程度最高的城市之一，超过伦敦、纽约、东京

等国际大都市。据香港教资会的数据，仅 2022 年，香港 8 所主要高校的毕业生人数就约为 28000 人。香港一流的高等教育资源可以持续为香港的科技创新提供智力支持。在 2022 年发布的《香港创新科技发展蓝图》中，香港特区政府明确未来五年教资会资助的大学生中，有 35% 修读科技、科学、工程等相关学科，60% 修读“十四五”规划中香港“八大中心”相关学科。除了高等教育资源对人才和科创的支持外，香港也是国际人才会集的高地。香港作为全球重要的自由港，人才落地签相当便利。香港特区政府也给人才流入制定了持续的目标，根据香港特区政府制定的目标，2023 ~2025 年通过人才入境计划，每年至少吸纳 3.5 万名人才入港。根据香港教资会研究评审结果，香港的大学有超过七成研究项目达到“国际卓越”或以上水平，1/4 的项目跻身“世界领先”的行列，科研成就卓越。

（二）多元化和国际化的人才库

香港不仅具备大量优秀人才，更具有能随时提供各类专业技术人才、容易雇用外国人才、高级管理人才拥有丰富国际经验、劳工法例不会妨碍商业活动等优势。此外，香港成立实体“人才服务窗口”，专责制定针对不同目标人才的宣传及招揽策略，与商界及非政府机构协作，构建一站式人才支援网络，涵盖不同生活范畴，除签证事宜外，也提供住房服务、子女教育及就业支持等信息。更新人才入境措施：实行高端人才通行证计划（高才通计划）；放宽现行的一般就业政策和输入内地人才计划；放宽非本地毕业生留港/回港就业安排；优化科技人才入境计划；延长工作签证年期逗留期限。

表 1 反映了 2022 年粤港澳大湾区各市主要经济指标，可以看出，从人均 GDP 来看，香港的人均 GDP 在整个大湾区中最高，远高于排在第二位的澳门，更高于广东九市。据香港特区政府统计处的数据，2022 年 5 ~6 月香港劳工每月收入中位数约为 19100 港币。而深圳市统计局 2022 年公布的相关数据显示，深圳市 2021 年城镇非私营单位就业人员月均工资约为 12789 元，而城镇私营单位就业人员月均工资约为 7103 元。不难看出，香港地区所提供的工资水平相对于深圳而言，对人才具有较高的吸引力。

表 1 2022 年粤港澳大湾区各市主要经济指标

城市	土地面积（平方公里）	人口（万人）	GDP（亿美元）	人均 GDP（美元）	第三产业占 GDP 比重（%）	出口额（亿美元）	实际利用外商直接投资（亿美元）
粤港澳大湾区	56097	8661	19435.5	22585	64.0	13414.1	1658.6
香港	1110	733	3624.4	49464	93.4	5809.8	1397.1
澳门	33	67	227.3	33784	92.3	17.3	4.8
广州	7434	1881	4293.2	27451	71.5	922.2	85.5
深圳	1997	1768	4821.5	22985	61.6	3266.9	106.3
佛山	3798	961	1890.4	19904	42.1	828.1	10.9
东莞	2460	1054	1667.4	15929	41.5	1375.6	11.8
惠州	11347	607	804.1	13309	39.0	304.5	15.5
中山	1784	447	540.6	12237	48.1	346.6	6.2
江门	9507	484	561.7	11701	45.7	215.3	5.2
珠海	1736	247	602.2	24682	53.8	287.1	13.6
肇庆	14891	413	402.7	9796	40.4	40.7	1.7

资料来源：香港贸发局经贸研究。

（三）香港政府和金融中心地位对科创企业和人才的支持

香港是国际重要金融中心之一，拥有便利的投资创业环境，对相关创科项目的孵化、投产具有有利的资本支持。同时，在顶层设计上，政府也在加大对科技和创新的支持力度。为巩固香港金融中心的地位，香港特区政府正在推动上市规则的修改，为科技公司赴港上市融资敞开大门。

（四）完备的知识产权保护体系

香港的知识产权保护水平能够长期保持在世界前列。香港在回归之后相继出台了《专利条例》《注册外观设计条例》《版权条例》等与知识产权相关的法规，并随着时代的发展，不断地对相关的条例进行修订。香港一流的法律环境和法治实践，在客观上具备保护知识产权的能力，更在主观上避免了因不信任而产生的高昂交易成本。随着与内地互动更加频繁，以及将更多视线转向科技创新，香港可能探索出符合国际共识和中国国情的知识产权保护、交易和保险体系。完备成熟的知识产权保护体系可以为香港成为创新之都保驾护航。

（五）交通便利，高度开放和国际化

香港是全球航运枢纽，5小时内便可到达全球有半数人口的居住地。同时，香港也是大湾区的中心城市，大湾区是国家开放程度最高、经济活力最强的地区之一，人口总量超过8600万人，地区生产总值接近两万亿美元。香港不仅是大湾区最重要的对外联络门户，更有丰富的贸易网络资源，与中国今后最重要的贸易伙伴——东盟各国，有着密切的联系。香港和深圳一起，构成大湾区最大的大都会圈。在“一国两制”的制度保障下，香港具备“背靠祖国、联通世界”的显著优势。这么多年来，香港始终保持着国际枢纽的地位，是中国最具国际化的城市之一。香港不仅科研人才国际化程度世界领先，而且数十年来积累了大量国际经验、信誉和网络，这些独特优势使得香港成为国际创新合作交流中心，会聚了海内外人才。香港对外来投资基本上无限制，具备国际化营商环境，超过8225家海外及内地企业、超过150家领事馆及各国商会聚集于此；香港无配额及外汇管制、各地商家一视同仁，资金、货物、人才、资讯自由流通，连续24年被评为“全球最自由的经济体系”。对外贸易自由，免征关税及货物方便进出；企业经营自由，公司注册、经营方便等；资金进出自由，资金进出香港没有任何限制；人员进出自由，150多个国家和地区相互免签证；信息流通自由，全球主要通讯社/新闻机构在港设总部。

二　香港科技创新的短板

一是科研成果转化激励机制不健全，产业结构集中偏向于现代服务业。香港地少人多，土地资源紧张，因此土地价格高昂，当地企业更偏向于将资金投入房地产行业、金融行业等暴利行业，科创行业缺乏投资吸引力，尤其是基础

研究这种需前期投入海量资源且投资回报周期较长、回报不确定性大的领域，如果没有足够的激励，当地企业并无太大兴趣。此外，香港高校产学研衔接不足。由于香港的大学对于本校科研人员在校外进行科技创新活动的管理制度不够灵活，这些掌握原创核心技术的科研人员缺乏足够的激励来转化科研成果，使得香港科研潜力未能完全得到释放。最后，香港仅有700余万人口，市场规模较小，也使得科研产出产业化、市场化进度较慢。

正因为香港科研成果转化的激励机制尚不健全，香港产业结构严重不均衡，在经济上高度依赖金融、房地产、贸易、旅游等第三产业，就业人群也主要集中于这些第三产业。无论是企业还是个人，都对高新技术制造业缺乏足够兴趣。2022年，香港服务业的产值占GDP比重高达93.4%。由于具备长期偏向于现代服务业的产业结构，香港在过去对创科发展相关的制造业缺乏足够重视。当前，香港从事科研创新相关行业的人员约4.5万人，占香港劳动人口的比重仅为1.156%，而相关产业产值也仅占生产总值的1%，这一比例远低于全球其他先进经济体。据香港特区政府统计处的数据，2021年，本地研发总开支约为278亿港币，占本地生产总值的比例仅为0.97%，比2020年的0.99%更低。

二是科技创新人才储备不足，引才留才力度不够。作为一个小型外向型自由经济体，人才对香港发展的重要性不言而喻。但是香港却面临劳动人口流失的问题，过去多年，因经济产业结构欠多元化，本地毕业生也较偏向投身前景较有保障的香港具有优势的现代服务业。加之香港缺乏成熟的科技产业群，年轻人才并不热衷于投身科研和创新事业。此外，香港生活成本高，尤其是住房租金昂贵。根据有关研究部门的调查，香港是全球外派员工住房租金最昂贵的城市之一，高昂的生活成本削弱了对海内外科技人才的吸引力和竞争力。但与此同时，政府过往却缺乏进取的激励性政策来吸引和挽留科技创新人才。

与粤港澳大湾区的其他城市相比，香港在科创人才储备上短板明显。据孙殿超等人的测算，粤港澳大湾区科技创新人才在空间分布上存在明显的梯度变化。[①] 2020年，深圳科技创新人才总量超过42万人，广州突破23万人，东莞、

① 孙殿超、刘毅：《粤港澳大湾区科技创新人才空间分布特征及影响因素分析》，《地理科学进展》2022年第9期。

佛山科技创新人才总量突破10万人，珠海、江门、香港、中山超过3万人。从科技创新人才的规模来看，深圳自始至终都是粤港澳大湾区科技创新人才的高地，广州介于第一梯队和第二梯队之间，东莞、佛山为第二梯队，而香港仅在第三梯队。

图1反映了2010年、2015年和2020年粤港澳大湾区科技创新人才密度。由图1可知，香港的科技创新人才密度在粤港澳大湾区中并不突出。

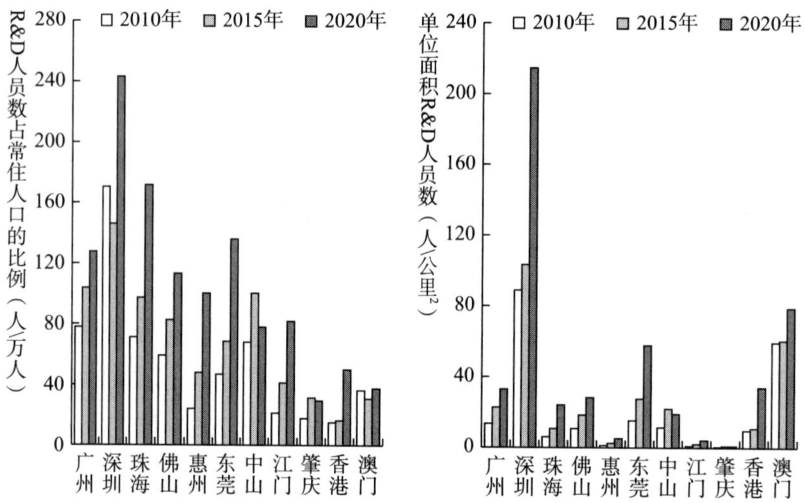

图1　2010年、2015年和2020年粤港澳大湾区科技创新人才密度

资料来源：孙殿超、刘毅《粤港澳大湾区科技创新人才空间分布特征及影响因素分析》，《地理科学进展》2022年第9期。

三是香港土地资源稀缺，人地矛盾尖锐，科创用地需求难满足。香港土地供应一直紧张，须平衡社会不同的发展需要，故此过往用于发展科技创新活动的土地供应有限。另外，土地发展涉及多项法定和行政程序，一般需时较长，令本地科技创新活动土地供应或未能完全追上科技创新发展的需求。由于香港土地供应不足，楼价相当贵，地产服务机构世邦魏理仕发布的《全球生活报告》显示，香港已经连续8年位居“全球房价最高城市”榜首。根据国际公共政策顾问机构Demographia公布的《2020年国际房价负担能力报告》，2020年香港房地产价格中位数由2019年相当于家庭入息中位数的20.8倍略降至20.7倍，香港连续11年成为全球最难负担的房地产市场，意味着一个普通家庭须不吃不喝20.7年才能置业。与楼价贵相伴随的是香港居住环境的拥挤，据统计，以人均住宅面积计算，香港仅为15.8平方米，远低于上海（24.2平方米）、新加坡（25.1平方米）、深圳（27.9平方米）等亚洲其他大城市的水平。目前，香港有意加大对北部地区（元朗区和北区）的开发力度，总面积约为300平方公里，并出台了香港《北部都会区发展策略》，致力于在北部都会区发展创科项目，并大量新增住宅用地。

三 香港科创发展对光明科学城建设的启示

（一）光明科学城建设须强化大学基础科研活动及设施的支持

政府需要加大力度支持光明科学城的原创性科学研究，更好配合国家重点发展的前沿科研领域。强化主题项目研究，针对策略性关键核心问题组织技术攻关；加强支持大学和科研机构进行各类型的协作性、合作性、跨学科及跨地域的研究，以催生更多原创性的研发成果；支持大学科研机构扩充其科研容量，协助大学更新或添置科研设备和实验室装置，为基础科研的持续发展注入新动力；构建全球产学研协同创新平台，加速大学科研成果转化，推动科研成果转化和产业发展，加大力度鼓励大学深化与本地及海内外企业的合作并开展更多具有影响力及可转化应用的研究项目，推动大学重视技术转移的文化，激励更多大学研发人员创新创业；鼓励大学改进现时的成果转化机制，为科研团队拆墙松绑，更积极地协助科研团队把优秀的研究成果转化落地；制定科技产业促进政策，善用深圳大都市优势，吸引海内外科技企业落户深圳。

（二）光明科学城建设须加强产业支撑

完整的科技创新生态圈需要产业的支撑，政府要以更主动积极的思维促进下游产业发展，透过市场力量把研发成果产业化，为社会带来实惠；同时要用好深圳优势，吸引海内外科技企业，特别是龙头企业落户光明科学城，加速光明科学城科技产业的整体发展。此外，政府应当增加科技创新所需土地及提升基础设施配套水平，为科技创新产业提供发展空间。全面提升企业技术创新能力，引导各类创新要素向企业集聚。支持龙头企业整合上下游创新资源，建立风险共担、利益共享的协同创新机制，瞄准行业前沿科技、关键共性技术开展联合攻关。支持骨干企业加大研发投入，加快推动技术引进、技术创新和国产替代。加快实施国家高新技术企业培育计划，围绕大科学装置研究领域培育一批掌握核心技术、创新能力突出的科技型中小企业。支持企业参与科学城设施建设，吸引具备条件的先进制造企业参与关键技术和非标设备预研项目，鼓励大型企业建设产业专用实验线站。支持企业开展面向科研院所的技术难题竞标、科技悬赏等“研发外包”，主动承接和转化科研院所具有实际应用价值的科技成果。

（三）要坚持对外开放，积极融入粤港澳大湾区的建设中

粤港澳大湾区拥有相当完善的产业链和产业集群，目前，广东产业集群化发展具备一定基础，这是整个广东或者说粤港澳大湾区无与伦比的发展优势。光明科学城应当积极利用这种产业链和产业集群所带来的外部经济优势，积极融入产业链，以降低各项成本。光明科学城要发展成为国际创新科技中心，必须持续完善本地科技创新生态圈，当中包含大学、研发机构、企业、投资者等主体和政策、基建、市场、人才等多个要素，各主体及要素环环相扣，缺一不可。为完善光明科学城的科技创新生态圈，光明科学城必须加大力度引进人才、技术及企业，特别是国内外重点科技企业和研发机构，并促进与大湾区各城市的优势互补、珠联璧合，加强各主体及要素的良性互动。

《深圳市光明区国民经济和社会发展第十四个五年规划和二〇三五年远景目标纲要》支持光明科学城更好融入国家发展大局，与大湾区其他区域优势互补、协同发展。在科技创新路上，国家一直是最强大的后盾和支撑。光明科学城建设毗邻广州南沙和深圳前海，应善用这两大平台，完善科技创新生态链。贯彻落实《粤港澳大湾区发展规划纲要》的战略部署，发挥光明科学城所长，配合南沙所向，实现优势互补，加强粤港澳大湾区科技联合创新。

（四）人才是第一资源

习近平在党的二十大报告中强调，必须坚持科技是第一生产力、人才是第

一资源、创新是第一动力，深入实施科教兴国战略、人才强国战略、创新驱动发展战略，开辟发展新领域新赛道，不断塑造发展新动能新优势。《深圳光明科学城总体发展规划（2020—2035 年）》表示要到 2035 年建成 2 ~ 3 家具有世界影响力的研究型大学。《深圳经济特区光明科学城发展促进条例》也提到了对人才的各项支持。从香港的经验来看，土地资源紧张导致房价高企可能成为创新型人才留下的重要障碍。目前，光明区的房价水平相对深圳市整体而言，是适中的，但光明区仍需要大量配套住宅，以实现居者有其屋。所谓有恒产者有恒心，要想人才留下，必须让人才能在光明区安家。壮大科技创新人才库，增强发展动能。人才是第一发展资源，也是推动科技创新发展的关键要素。香港特区政府过去采取多管齐下的策略以培育、挽留及吸引人才，壮大科技创新人才库，近年来，世界各地均积极吸引科技创新人才，人力资源更显弥足珍贵。因此，光明科学城必须进一步加大力度培养并挽留不同方面的人才在深发展，并善用自身优势，积极延揽海内外科研人才、研发团队、科技领军人才及各类型专业技术人员等来深，共同构建全球产学研协同创新平台，把光明科学城建设成为国际人才高地，增强光明科学城科技创新发展的动能，同时支持大湾区的发展，为国家贡献力量。

四　光明科学城与香港科创合作展望

（一）积极引进香港高校，弥补自身短板

香港的优势是具有丰富的高校资源，有 5 所高校位列世界百强高校，劣势是香港土地供应紧张，限制了香港高校进一步发展，而光明科学城与之相反，最大的短板就在于高等教育资源匮乏，优势是土地供应充足，因此光明科学城可以借助自身廉价的土地租金优势，积极引进香港高校科研项目落地，甚至引进香港高校建设分校区；此外，可以支持香港顶级高校在光明科学城建设产学研基地，鼓励社会力量建设一批香港毕业生创新创业基地，推动光明科学城与香港产学研深度合作。此外，可以通过联合上下游企业和高校、科研机构等构建产业技术创新联盟，联合香港高校和科研机构，积极牵头组织和参与实施国

际大科学计划和大科学工程，支持区内企事业单位与香港高校及科研机构共建实验室，共同承接科研攻关项目，从而壮大光明科学城基础科研实力。

（二）强化与香港青年人才对接交流，促进人才流动

光明科学城作为大湾区综合性国家科学中心先行启动区，应当努力打造青年科技人才集聚地和创新高地。香港是世界上房价最高的城市之一，青年人才定居难度极大，而光明科学城高铁站到香港西九龙站仅需半小时，交通便利，天然具有吸引香港青年人才的优势，因此光明科学城可以积极出台人才政策，吸引具有科技创新潜力的香港青年人才来深发展，引导香港青年人才向光明科学城战略性新兴产业和未来产业领域进军，重点着力于解决国家“卡脖子”问题。加大对香港青年人才住房保障力度，为短期来光明区的香港科研人员提供拎包入住的短租服务，并积极推动在条件成熟的街道复制推广。

（三）推动港企对接转移，实现产业互补

加强光明科学城与香港科学园、香港生产力促进局、香港应用科技研究院的机制对接、平台对接和项目对接，加大技术转移服务和项目、团队、人才有序对接力度，有针对性地设计好有效的服务渠道和公共政策配套。为香港优秀初创企业提供落地光明科学城的服务和相关政策支持，鼓励社会力量在光明建设深港青年创新创业基地，吸引香港优秀初创企业、青年创新创业团队落地光明。光明科学城与香港应重点结合金融服务和科技创新方面的互补优势，聚焦信息、生命、材料等科学与技术领域，推动香港在光明共建共管共享若干重大科技基础设施和一批高水平功能性科研平台，促进科研物资、设备、人员、数据等要素跨境流动便捷高效。谋划推动光明科学城与深港科技创新合作区一体化布局，建立健全基础设施联动、技术联合攻关、成果转移转化、产业梯次发展、人员互动交流的协同创新机制，尤其是强化与深港科技创新合作区在大数据、集成电路、人工智能等重点领域的交流合作，争取深港科技创新合作区制度创新成果率先在光明推广应用。

参考文献

[1] 习近平:《高举中国特色社会主义伟大旗帜 为全面建设社会主义现代化国家而团结奋斗——在中国共产党第二十次全国代表大会上的报告》,《中国人大》2022年第21期。

[2] 游玎怡、李芝兰、王海燕:《香港在建设粤港澳大湾区国际科技创新中心中的作用》,《中国科学院院刊》2020年第3期。

[3] 文简:《香港拨30亿助创新科技发展》,《环球时报》2023年2月25日。

[4] 佘惠敏、刘亮:《香港建设全球科技创新高地》,《经济日报》2023年1月30日。

[5] 范晓慧:《香港自由贸易港税收营商环境优化的经验借鉴研究》,《现代商贸工业》2022年第18期。

[6] 谢琳、李奇:《香港回归二十年以来知识产权管理和制度变迁》,《中国发明与专利》2017年第12期。

[7] 孙殿超、刘毅:《粤港澳大湾区科技创新人才空间分布特征及影响因素分析》,《地理科学进展》2022年第9期。

(文字编辑:雍炜)

References of Hong Kong's Science and Technology Innovation Experience and Prospects for Cooperation in the Construction of Guangming Science City

Tang Hui, Zhang Peixi

(Guangdong Branch of the People's Bank of China, Guangdong, Guangzhou, 510000; Huizhou Supervision Branch of the National Administration of Financial Regulation, Guangdong, Huizhou, 516000)

Abstract: Hong Kong, as an international metropolis in a small corner, makes its development experience important references for mainland cities, especially Shenzhen, which is adjacent to Hong Kong. This article conducts an in-depth study of Hong Kong's experience in the development process of science and technology innovation. The reason why Hong Kong's science and technology innovation has today's achievement is inseparable from factors such as its rich educational resources, high degree of internationalization, sufficient talent pools, and sound institutional system. All these have provided useful references for the construction of Guangming Science City. However, Hong Kong also restricts the further development of its scientific and technological innovation due to insufficient attention to manufacturing, insufficient talent attraction, and prominent man-land conflicts, which are also worthy of Guangming Science City's vigilance. In addition, Shenzhen Guangming Science City has great space for cooperation with Hong Kong. For this, Shenzhen and Hong Kong can further optimize customs clearance policies and strengthen cooperation and exchanges in university cooperation, talent exchange, industrial complementarity, etc., so as to explore a "bright path" of Shenzhen-Hong Kong cooperation in terms of science and technology innovation.

Keywords: Science and Technology Innovation; Guangming Science City; Hong Kong

推动深圳市智能机器人产业高质量发展研究*

胡学英　张泽荣**

（深圳技术大学马克思主义学院　深圳技术大学中德智能制造学院

广东　深圳　518000）

摘　要：智能机器人产业是深圳市“20＋8”战略性新兴产业集群中重点细分领域，也是“十四五”规划中强调重点发展的制造产业。为促进智能机器人产业发展，“20＋8”产业集群发展意见提出了多个方面的指导措施，包括强调技术创新、促进产业集聚、增强应用发展和确定目标方向等。目前，深圳市智能机器人产业呈现总产值增加、产值增速增长、产业规模增大的良好态势，但也面临强链协调性低、补链配套能力不足等重点难点问题。本文结合“十四五”规划与“20＋8”产业集群发展要求，分析深圳市智能机器人产业发展现状与趋势以及面临的困境和挑战，并提出政策扶持、载体建设、人才支撑四方面的举措，为深圳市智能机器人产业构建发展新思路。

关键词：“20＋8”产业集群　产业链　智能机器人　深圳

---

* 基金项目：深圳市哲学社会科学规划2023年度重点课题“打造高质量发展高地：深圳探索中国式现代化新路径研究”（SZ2023A004）。

** 胡学英，经济学博士，深圳技术大学马克思主义学院副教授，主要研究方向为产业经济；张泽荣，深圳技术大学中德智能制造学院本科生，主要研究方向为机械设计制造及其自动化。

一 深圳市智能机器人产业概况

以智能机器人产业爆发式增长为标志的工业4.0革命具有以数字化、智能化为核心的特点，中国工业发展的传统结构在与时俱进的迭代中也势必向新模式转型。在利用信息化技术推动产业变革、构建智能化的工业生态过程中，智能机器人产业发展正起着至关重要的作用。随着深圳市聚焦“20+8”产业集群，深圳市智能机器人产业将迎来自立自强、不断迈向高水平发展新的战略机遇期，智能机器人市场潜力进一步得到充分激发，有利于智能机器人与多领域产业对接，从而更好地响应智能制造数字化的号召，提升整体产业竞争力。

本文采用深圳市机器人协会的定义，认为机器人是基于现代传感、网络、自动化、人工智能等先进技术，具有感知、决策、执行等功能的产品、设备、仪器和成套系统的统称。机器人产业链包括了从关键零部件制造的上游企业，到机器人本体的中游企业和下游系统集成企业，已经无法通过独立的特征来进行区分。为进一步研究深圳市智能机器人产业特征，本文将统一智能机器人企业范畴，即将上游机器人核心零部件研发及生产企业、中游机器人本体制造和组装企业、下游核心控制系统研发和集成应用厂商均视为机器人企业，这些形成完整的机器人产业链。

从类别上看，按照机器人的应用分类，将机器人划分为工业机器人和服务机器人两个不同类型，服务机器人又分为个人服务机器人和特种机器人（见图1）。[①] 工业机器人是指用于工业领域的多关节机械手或多自由度机器人，通过自动化控制来取代人类执行一些单调、频繁、重复且需要长时间完成的任务。服务机器人中，个人服务机器人是集成多种高新技术，服务于家庭或者直接应用于个人，为人类提供必需服务的先进机器人；特种机器人则是应用于极端环境代替人类从事高危作业和特殊工况的机器人。其中，对于深圳市，工业机器人具备较为完整的产业链结构；服务机器人具有丰富的产品类型和运用场景；人形机器人研发公司如优必选等也处于全国领先水平，消费级无人机如大疆创新公司

① 史昊天：《深圳市机器人产业发展与空间集聚研究》，硕士学位论文，南京大学，2021。

也占据全球市场的较大份额。

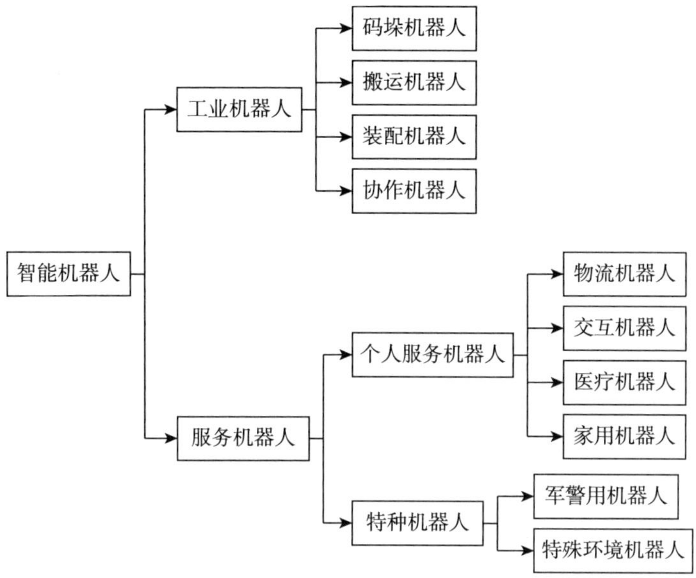

图1　智能机器人分类

从零部件结构上看，机器人主要有机械本体、减速机、伺服电机和控制器四部分，其中减速机、伺服电机和控制器是机器人的核心组件。对于减速机，在智能机器人产业中，谐波减速机具有同类型最大价值体量，相较于RV减速机，谐波减速机成本更低、精度更高，其主要运用于工业机器人、服务机器人；对于伺服电机如空心杯电机，其响应迅速、运行稳定且能量转化效率高的特征使其广泛运用于工业机器人中，具有较大的产业规模；对于控制器，其集成机器人运动控制系统，在AI兴起后拥有新型学习方式，如强化学习、模仿学习以及偏好学习等人工智能，可配合传感器从而进行外部感知，与人进行一定程度的交互，因此控制器生产在复杂系统的机器人生产中也占据一定的价值体量。

二　深圳市智能机器人产业发展态势

我国十分重视科技发展与数字化生产，注重构建新发展格局，以形成强大国内市场。“十四五”规划中丰富的行动内涵和深圳市聚焦发展“20+8”产业集群，使智能机器人产业规模迅速扩张，初步形成完整的机器人产业链，产业整体呈现欣欣向荣的发展态势。

（一）深圳市智能机器人产业政策

1.“十四五”规划助力发展新格局

“十四五”规划将科技自立自强作为国家发展的战略支撑，将创新提到全局的核心地位，这将促使深圳市智能机器人产业在面向世界科技前沿、经济主战场以及满足国家重大需求和人民生命健康方面发挥更重要的作用。

“十四五”规划鼓励企业加大研发投入，提升企业技术创新能力，巩固企业创新主体地位，促进各类创新要素向企业集聚。推进产学研深度融合，支持企业牵头组建创新联合体，承担国家重大科技项目。这将提升深圳市智能机器人企业的技术创新能力，加强与高校、科研院所等合作，推动产业链上下游的创新融通。在深化科技体制改革、优化国家科技规划体系和运行机制、健全科技评价和科技奖励机制、改进科技项目组织管理方式的要求下，深圳市将为智能机器人产业提供更好的政策支持和发展环境，进而着力于加强科研院所改革，推动科技成果转化，同时强调培养更多国际一流科技领军人才和创新团队，加强高层次人才培养、引进，这也将为深圳市智能机器人产业提供更多高素质人才支持，促进更多专业领域的高层次人才在智能机器人产业上取得进一步突破。

“十四五”规划指导产业链、供应链提升现代化水平，锻造产业链、供应链长板，立足我国产业规模优势、配套优势和部分领域先发优势，打造新兴产业链，推动传统产业高端化、智能化、绿色化，进一步发展服务型制造。①“十四五”规划积极倡导企业加速数字化转型，深度融合数字经济与实体经济，以智能机器人为首，积极打造数字化制造技术，推进产业聚合。这一策略将为深圳市智能机器人产业赋予独特的数字化转型机遇，进一步激发产业创新，推动其持续发展。

① 《中共中央关于制定国民经济和社会发展第十四个五年规划和二〇三五年远景目标的建议》，中国政府网，2020 年 11 月 3 日，https://www.gov.cn/zhengce/2020-11/03/content_5556991.htm。

2. "20+8"产业集群聚焦产业热点

2022年，《深圳市人民政府关于发展壮大战略性新兴产业集群和培育发展未来产业的意见》发布，提出解决深圳制造业发展过于依赖传统产业、战略性新兴产业布局不够合理的问题，并要求进一步优化新兴产业体系，重点布局一批新一代信息技术和高端装备制造业，以推动产业升级和可持续发展。根据其精神，深圳将重点发展战略性新兴产业细分领域，推动20个产业集群发展壮大。其中，重点发展智能机器人产业集群，依托福田、南山、宝安、深汕合作区及前海建设集聚区，打造智能机器人产业技术创新、高端制造、集成应用示范区。① 围绕这一意见，深圳将以发展先进制造业为主线，重点培育一批战略性新兴产业如机器人、人工智能、生物医药等，同时前瞻性布局新一代信息技术未来产业，推动产业高质量发展。具体而言，深圳计划加速培育和发展"20+8"产业集群，这一举措旨在紧紧围绕服务制造强国和制造强省的目标，推动深圳产业的整体发展。通过发展壮大这些产业集群，促进产业链上下游的协同联动，提升制造业的创新能力和市场竞争力，推动深圳成为具有全球影响力的先进制造业中心。

该意见提出建立"六个一"工作体系，包括完善重点产业链的"链长制"。这不仅涉及强化电子信息产业链基础、制造业体系，以及利用优势人才资源和区域条件，还具体包括对应一个产业集群实施一份龙头企业和"隐形冠军"企业清单、一份招商引资清单、一份重点投资项目清单、一套科技创新体系、一个政策工具包、一家战略咨询支撑机构。针对智能机器人产业，提出需解决核心零部件创新不足和依赖进口核心技术问题，扩展其在电子信息、汽车、航空航天等高端制造领域的应用，并建设集聚区和技术创新示范区。此外，还将逐步实现"一集群、一基金、一展会、一论坛、一协会、一联盟、一团队"的目标，通过专员负责、挂图作战的方式，精准高效推动战略性新兴产业集聚发展。

① 《深圳市人民政府关于发展壮大战略性新兴产业集群和培育发展未来产业的意见》，深圳政府在线网站，2022年6月28日，http://www.sz.gov.cn/zfgb/2022/gb1248/content/post_9918806.html? eqid=955bf4290005382a000000066437eb42。

（二）深圳市智能机器人产业运行状况

1. 产业规模效益

根据《深圳市机器人产业发展白皮书（2022年）》，2022年深圳市机器人产业总值为1644亿元，同比增长3.92%（见图2）。值得注意的是，2022年深圳市非工业机器人企业数量占比51.84%，首次反超工业机器人企业数量占比。①

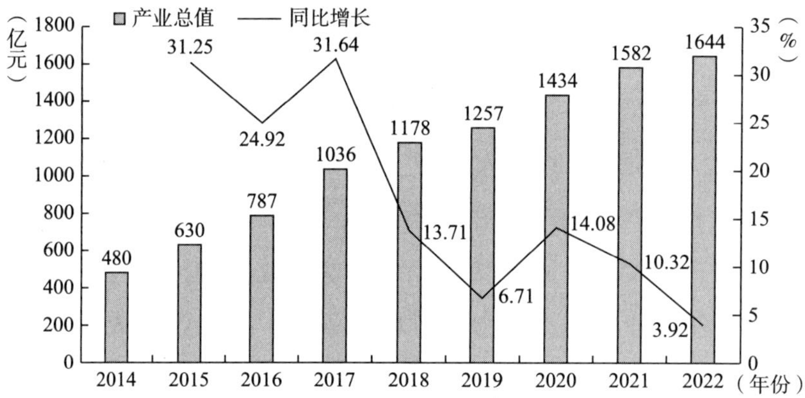

图2 2014～2022年深圳市机器人产业总值及增长率

资料来源：《深圳市机器人产业发展白皮书（2022年）》。

从产值看，非工业机器人产值仍低于工业机器人产值，且占比相较于2021年略有下降，为37.17%；从细分领域看，智能机器人不同层次包括核心零部件生产、本体、工业系统集成产值占比分别为19.77%、37.91%、42.32%，其中核心零部件仍依赖进口；从专利申请看，专利申请和国家授权数量从2015年开始增长，2022年深圳市机器人产业专利申请11091件，授权7071件。

2. 产业分布特征

机器人产业整体空间分布上呈现西密东疏状态。② 具体来说，位于西部的宝安区、南山区和龙华区由于地理位置相对优越和具有完善的产业基础，已经

① 刘京运：《工业机器人夯实制造强国之基》，《机器人产业》2023年第3期。

② 史昊天、黄春晓：《深圳市机器人产业发展模式与集聚特征研究》，《科技管理研究》2021年第19期。

成为机器人企业最为集聚的主要区域。而地处东部的罗湖区、福田区和龙岗区则处在深圳智能机器人产业集聚程度从西到东递减的过渡地带。整体来看，深圳智能机器人产业呈现明显的多中心等级结构特征，在“20+8”产业集群新政发布后企业数量逐步增长。

从智能机器人企业产值看，深圳市2022年智能机器人产值占比最高的地区为南山区和宝安区，其同样为深圳市智能机器人企业数量最多区域。具体而言，宝安区是深圳市制造业数量最多区域，独特的电子信息、核心零部件制造企业优势，催化智能机器人产业发展；南山区则较多为新型研究型企业，其依托骨干高校办学、科研院所研究，成为创新型智能机器人企业集聚区；龙华区在深圳市提出聚焦发展“20+8”产业集群后迅速发展，其具有高新技术产业和电子信息制造业集聚的优势，为智能机器人产业奠定了扎实基础，在政策支持和配套优势的带动下，已经形成了完整的产业结构。富士康、华为等高新技术骨干企业总部，在龙华区设有规模庞大的研发和生产基地，带动周边形成以机器人研发、制造为主的综合性产业集群。这一区域也汇集了相关产业链上下游企业，如机器人零部件供应商、机器人软件服务商等。因此，龙华区成为深圳智能机器人产业最具影响力和辐射力的主导区域之一。

（三）深圳市智能机器人产业发展特点

1. 产业链完备

机器人产业价值链可以分为上游的核心零部件、中游的本体制造和下游的应用三个主要环节，技术壁垒逐渐降低（见图3）。

智能机器人产业链上游的关键在于核心零部件的研发与供应，它们构成了机器人的“神经系统”，决定了机器人的智能程度和工作能力。其研发对机器人本体的性能、负载能力、可靠性等关键指标起着决定性作用，将直接影响整个产业链发展。因此，核心零部件在工业机器人中占据了60%的生产成本。

中游则是指工业机器人的本体制造环节，涉及机器人整体结构设计和加工工艺。工业机器人的本体包括机座和执行机构，相对于上游零部件而言，制造本体的技术难度相对较低，但仍对工业机器人的稳定性和精度等方面有重要影响。尤其在高端市场上，本体制造仍然具有较高的技术门槛。中游环节的成本

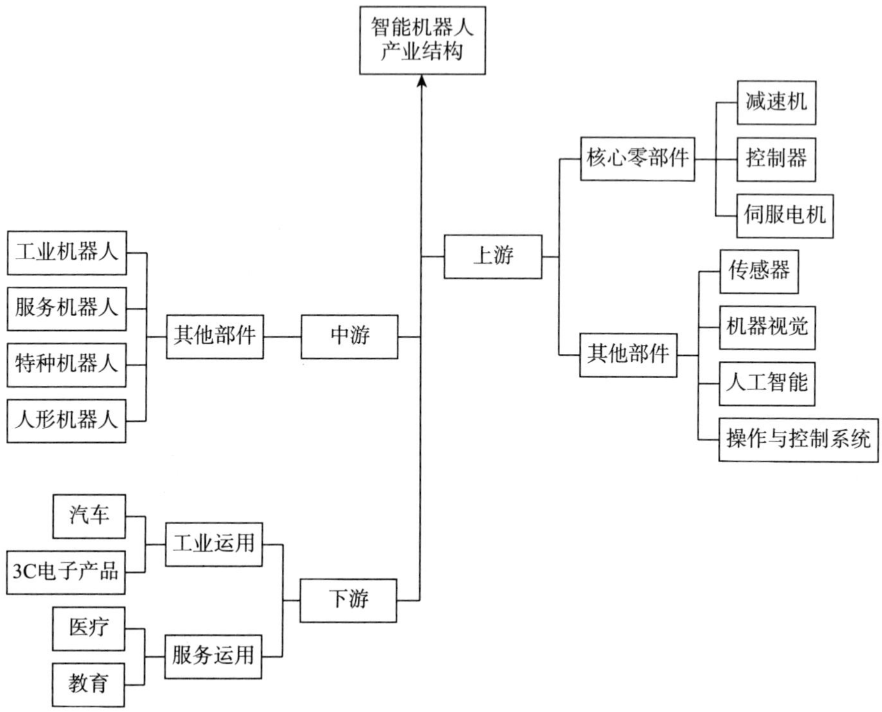

图 3 深圳市智能机器人产业结构

占整体成本的 30% 左右。

作为以应用环节为主的产业链下游，技术门槛较低，成本在工业机器人整体成本中仅占不到 10%，主要应用于系统开发和集成等服务。此外，下游应用是工业机器人工程化和大规模应用的关键所在，通过整合上中游资源，在拓展应用市场方面具有主力作用。

机器人产业链的三个核心环节在技术壁垒和成本方面存在差异，但彼此之间密切关联，从而实现产业链上中下游企业共同推动着机器人产业的发展。

2. 创新驱动

深圳市智能机器人产业注重技术创新。在城市中，聚集了大量高科技企业和研发机构，不断加强深度合作，共同打造产学研一体化创新生态环境，以支撑新型智能机器人等关键技术开发，推动产业转型升级。根据《深圳市机器人产业发展白皮书（2022 年）》，深圳市机器人产业专利申请和授权数量从 2015

年开始爆发式增长，2022年产业专利申请11091件，专利授权7071件，同时从深圳PCT专利申请书看，累计申请1841件，大幅领先北京（264件）、上海（170件）、苏州（83件）。深圳市以其创新能力和创业氛围而闻名，为智能机器人研发和应用提供了良好的环境和有力的支持。

3. 多领域应用

深圳市智能机器人产业在多个领域有广泛应用。除了工业领域机器人，深圳还在服务机器人、医疗机器人、教育机器人、农业机器人等领域取得显著进展。深圳市智能机器人能够应用于各种场景，为不同行业提供智能化解决方案。如大疆创新公司生产的特种机器人在农业生产上实现农田全自动灌溉，在工业监视和生产以及家庭方面都具有一定的运用价值；优必选生产的人形机器人在服务、教育以及人机交互上具有广泛运用；大族机器人有限公司生产的多类型机器人也致力于工业、医疗、物流、教育、服务等各行各业。

（四）深圳市机器人产业发展趋势

1. 核心零部件逐步国产化

国内制造业机器人密度有提升空间。数据显示，2021年我国制造业机器人密度约为322台/万人，同比增幅达30.9%，我国从全球第九大自动化国家跃升至全球第五大自动化国家。根据《“机器人+”应用行动实施方案》，到2025年，预计我国制造业机器人密度将翻番。

深圳市机器人市场占有率提升。产业链上游的核心零部件中，减速机、伺服电机和控制器的国产化率逐步提高。虽然国内企业在核心技术上与国外厂商存在差距，但近年来技术引进、研发和突破取得了进展。截至2021年，这三类核心零部件的国产化率分别为41%、35%和20%。随着资本投入的增加和产业集群的形成，核心零部件的国产化率将进一步提升，市场份额也将继续提升。

中游本体机器人制造国产替代趋势明显。目前中国机器人市场仍以国外制造商为主，占据约70%的市场份额，其中以“四大家族”（库卡、发那科、ABB和安川机床）为主导。然而，国内机器人制造在中游环节的国产替代趋势逐渐凸显。国内工业机器人企业的市场份额已从2015年的18%上升至2021年的33%。随着国产机器人产品可靠性和稳定性的提高，国内市场对于国产机器人的需求和接受度将进一步提升，推动国产机器人在市场中的份额提升。

2. AI加速人形机器人研发研制进程

2022年小米、特斯拉相继推出人形机器人原型机，标志着AI成为人形机器人在“智能”技术上的突破点。小米 CyberOne 于2022年8月小米发布会推出，是业内第一款真正意义上的全尺寸人形仿生机器人。特斯拉人形机器人 Optimus 于2022年特斯拉 AI Day 中首次亮相，成为第一个完全依靠 AI 算法、自身电池电控和高集成电驱执行器驱动的人形机器人，也标志着人形机器人产业将迎来风口。

人形机器人具备类似于人类的身体结构和运动能力，相对于传统机器人而言，它具有出色的环境适应能力、广阔的工作范围、多样的动作形态，以及更高的能量利用效率和优秀的人机互动能力。这些特点提高了生产力水平和工作效率。

AI技术突破性发展，进一步加速人形机器人研发与普及进程，包括 ChatGPT 与人形机器人的结合，使得人形机器人能够更好地进行人机交互和自主决策。自然语言处理和情感识别等技术使得机器人能够理解和回应人类的语言和情感。同时，深度学习和推理算法使得机器人能够根据环境和任务情境做出自主决策，并执行相应的行动。

小米和特斯拉的人形机器人原型机的推出为深圳人形机器人发展提供了新思路。根据深圳市人工智能产业协会统计，2021年深圳市人工智能核心产业规模为202亿元，同比增长41.3%。2022年深圳市人工智能核心产业规模达267亿元，同比增长32.2%。2021年机器视觉、基础层、机器学习合计占总规模的82.1%，是发展最为迅速的3个分支，其中又以机器视觉规模最大，为91亿元，占45.0%；基础层规模为55亿元，占27.2%；机器学习规模为20亿元，占9.9%。在其他各细分领域和环节中，智能语音规模为13亿元，占6.4%；自然语言处理规模为9亿元，占4.5%；知识图谱规模为8亿元，占4.0%；人机交互规模为6亿元，占3.0%。基于此，核心产业规模态势良好的优势有利于深圳市智能机器人企业将研发重点放在优化需求逐渐扩大、发展空间广阔的人形机器人上。

通过高效仿生驱动、机器人全域感知、数字孪生等前沿技术，人工智能技术在智能机器人产业应用深度赋能，实现了人形机器人的人—机—环境三元融合。[①] 同时推动了智能机器人服务系统相关平台软件的开发，为机器人智能化水平的提升提供了技术跳板。因此，AI技术的融合促进产业链上下游共振式发展，在智能机器人产业的高质量发展中起着重要作用。

3. 新兴产业集群促进工作组织化，实现产业融合

“20＋8”产业集群为机器人产业提供了一个集中的创新生态系统，吸引了各类创新企业和研发机构聚集。这种组织化形式促进了产业协同创新、协同发展，促进了需求对接，并带来资源共享与合作的机会，推动了机器人产业的发展和应用水平的提升。

通过工作组织化，智能机器人产业能够更好地与其他产业进行合作和协同发展。例如，机器人可以与制造业、物流业、医疗保健等行业进行深度融合，更好地了解不同产业的需求，并根据需求进行技术创新和产品开发，从而提供智能化解决方案和服务。产业的协同发展有助于提升机器人的应用水平和市场竞争力，同时也有助于推动机器人技术的应用和市场拓展。

就资源共享而言，工作组织化促进了机器人产业内外资源的共享与合作。产业集群中的企业和研发机构可以共享技术、人才、市场等资源，加强合作，推动机器人产业的整体发展。同时，与其他产业的对接也为机器人企业提供了更多的合作机会，共同开拓市场和应用领域。

三 深圳市智能机器人产业发展所面临的机遇与困境

（一）产业发展机遇

1. 数字化赋能智能机器人产业发展

在智能化浪潮中，数字化生产已经成为各行各业创新与发展的重要引擎。

① 孙世芳：《人机物三元融合 万物智能互联》，《经济日报》2021年12月4日。

在这一时代浪潮中，智能机器人产业正迎来新的发展机遇。深圳市政府提出发展壮大“20+8”产业集群的战略，为智能机器人产业的数字化转型和升级注入了新动力。

数字化生产下的智能机器人产业为深圳市智能机器人产业带来新发展动能。通过智能化技术如人工智能、大数据分析、云计算等融合与创新合作，机器人在工业生产和服务领域展现出更大潜力和广阔的应用前景。深圳市政府的战略部署为机器人产业数字化转型和升级提供了有力支持，推动深圳市成为全球智能机器人产业领军城市。数字化不仅提升了机器人智能化水平，还促进了产业生态系统建设与创新合作。在“双碳”政策下，对于数字化技术的需求逐步提升，发展具备安全性和可持续发展特征的智能机器人产业将成为绿色经济发展的必由之路，为工作场所安全和绿色发展做出贡献。在数字化技术扩张和转型下，智能机器人将进一步自动化、智能化。

2. 产业集群化拉动机器人新发展

（1）创新生态系统

产业集群化提供了一个创新生态系统，吸引了大量企业、高校和科研院所聚集在一起，产学研用和机器人上中下游企业联合，以竞合机制促进产业发展。这种密集创新网络促进了技术、经验和资源共享，加速了智能机器人技术的创新和应用。企业之间的合作和竞争激发了更多创新活力，推动智能机器人产业实现高质量发展。

（2）产业协同效应

由一些拥有技术研发经验和成果转化经验的深圳机器人龙头企业发起的产业集群化，将促进智能机器人产业链上下游企业之间的协同合作，同时同类型产业在空间集聚上能有效降低交易、生产成本。在一个集群中，不同企业可以形成互补关系，重点强化技术服务、生产服务和市场服务功能，形成协同效应。这种协同合作可以加速技术进步、降低成本、提高产品质量和创新能力，加强智能机器人产业不同企业主体之间的网络化联系。

（3）市场规模效应

产业集群化扩大了市场规模，为智能机器人企业在市场上提供了更广阔的机会。集聚区域的智能机器人产业生态丰富，涵盖完整产业链结构、生产性服务业等。企业可以共同开发市场、推广产品和服务，形成市场合力。这种市场规模效应能吸引更多投资和资源，推动智能机器人产业的可持续发展。

（二）产业发展困境

1. 技术壁垒和创新能力不足

深圳智能机器人产业在技术方面取得了一定进展，但与国际领先水平相比，仍存在一定技术差距。在机器人核心技术领域的研发和创新能力相对薄弱，缺乏具有自主知识产权的核心技术和专利。机器人产业配套严重依赖进口，作为智能机器人成本占比最高的核心零部件如减速机、精密芯片等仍依赖进口。上游核心零部件研发制造企业主要由松下、库卡、ABB 等外资厂商占据，国内企业市场规模占比仍然较小，这导致深圳企业在国际竞争时面临技术壁垒和竞争压力。

2. 人才供给和培养不足

《2022 年深圳智能制造行业人才供需报告》显示，深圳智能制造产业人员学历构成中，大专占比为 14.4%、本科为 40.6%、研究生仅为 2.2%，以本科、大专为主。[①] 智能机器人产业需要跨学科人才，包括工程师、研发人员、算法专家等，深圳市在智能机器人领域的高级人才供给和培养仍然不足，难以满足产业发展的需求，人才短缺限制了技术创新和产品研发的能力。

3. 需求市场和应用场景不成熟

智能机器人产业需要具备广泛的需求市场和应用场景才能实现快速发展。然而目前在某些领域，如家庭服务机器人、医疗机器人等，市场需求和应用场景尚不成熟，用户接受度较低。智能机器人产业由于缺乏真正的实际需求和可行的商业模式，某些领域可能缺乏足够的市场需求或明确的商业盈利模式，且不同领域的机器人也难以统一标准，导致技术和产品的异质性，这使得相关应用场景的发展面临挑战。

---

① 深圳市人力资源服务协会：《2022 年深圳智能制造行业人才供需报告》，2022。

四 推动深圳市智能机器人产业高质量发展的对策

（一）拓宽政策优惠范围，支持创新型中小企业

推动深圳市智能机器人产业发展，应该拓宽政策优惠范围，特别是针对创新型中小企业提供更多支持和激励。这些企业通常具有灵活的创新能力和敏捷的市场反应能力，是推动产业创新和应用场景拓展、突破关键技术“卡脖子”的关键力量。

政府可以加大财政支持力度，增加创新型中小企业在智能机器人领域的研发资金和项目资助。通过设立专项基金，提供科研项目资助、技术转移支持，研发设施共享等形式，为这些企业提供资金支持，帮助它们加快创新步伐并推动技术成果转化，并通过加大知识产权保护力度，提供知识产权注册和维权支持，加强企业对知识产权的重视和保护。

（二）支持多种形式载体建设，强化全产业链建设

1. 构建产学研用一体化平台，优化本土技术创新能力

解决关键技术“卡脖子”问题，必须着力提升本土技术创新能力。政府应积极引导，鼓励企业、高等院校和科研院所之间建立紧密的合作关系，推动“产学研用”深度融合。设立产学研联合实验室、工程研究中心等平台，提供共同合作的空间，促进技术和资源整合与共享，充分发挥机器人重点实验室、科研中心、创新中心等研发机构作用，加强前沿关键技术研究，构建有效技术产业链。同时，鼓励骨干企业联合，以资源整合的形式协同研发，推动软硬件标准化、模块化，提高生产研发效率，使深圳市智能机器人产业进一步迈向规范化、有序化。

2. 搭建公共技术服务平台，提高核心技术研发能力

在“产学研用”深度融合基础上，进一步搭建公共技术服务平台，充分运用协会、产业联盟等第三方机构的组织协调作用，营造开放、共享创新环境，为企业、高校和科研院所提供支持和资源，以促进核心技术研发和创新。同时，围绕深圳市智能机器人产业战略布局，加强与国内外在技术标准、人才培养、资源整合等方面深入合作，并以政策为导向组织高水平学术交流活动，使深圳

市智能机器人产业走向国际化、专业化。

(三) 建立健全复合型人才培养体系，保障人才支撑

健全人才培养体系，注重工程应用复合型人才培养，包括强化机器人与计算机、机械、数学、物理、材料等多学科交叉融合，优化人才培养体系，加大培养力度。同时，通过推进机器人行业创新人才计划、领军人才计划以及海外高层次、高水平人才引进等计划的引领作用，并通过教育的传递性建立实训基地，培育出更多复合型人才，为智能机器人产业的发展提供稳定而有力的人才支持。

参考文献

[1] 史昊天:《深圳市机器人产业发展与空间集聚研究》，硕士学位论文，南京大学，2021。

[2]《中共中央关于制定国民经济和社会发展第十四个五年规划和二〇三五年远景目标的建议》，中国政府网，2020 年 11 月 3 日，https://www.gov.cn/zhengce/2020-11/03/content_5556991.html。

[3]《深圳市人民政府关于发展壮大战略性新兴产业集群和培育发展未来产业的意见》，深圳政府在线网站，2022 年 6 月 28 日，http://www.sz.gov.cn/zfgb/2022/gb1248/content/post_9918806.html。

[4] 卓泳:《深圳培育发展壮大“20+8”产业集群》，《宁波经济》(财经视点) 2022 年第 7 期。

[5] 刘京运:《工业机器人夯实制造强国之基》，《机器人产业》2023 年第 3 期。

[6] 史昊天、黄春晓:《深圳市机器人产业发展模式与集聚特征研究》，《科技管理研究》2021 年第 19 期。

[7] 深圳市机器人协会:《深圳市机器人产业发展白皮书 (2022 年)》，2022。

[8] 孙世芳:《人机物三元融合 万物智能互联》，《经济日报》2021 年 12 月 4 日。

[9] 深圳市人力资源服务协会:《2022 年深圳智能制造行业人才供需报告》，2022。

(文字编辑：李桐)

Research on Promoting the High-Quality Development of Intelligent Robot Industry in Shenzhen

Hu Xueying, Zhang Zerong

(School of Marxism, Shenzhen University of Technology, Sino-German College of Intelligent Manufacturing, Shenzhen University of Technology, Guangdong, Shenzhen, 518000)

Abstract: The intelligent robotics industry is a key segment in Shenzhen's "20 + 8" strategic emerging industry clusters, and a manufacturing industry is emphasized in the "14th Five-Year" Plan. In order to promote the development of intelligent robotics industry, "20 + 8" emerging industry cluster development opinions put forward a number of aspects of the guidance measures, including emphasizing technological innovation, promoting industrial agglomeration, enhancing the application of the development, and determine the direction of the target. At present, the intelligent robotics industry in Shenzhen presents a good situation of increasing gross output value, increasing output value growth rate, and increasing industrial scale, but it also faces important and difficult problems such as low coordination of the strong chain and insufficient supporting capacity of the supplementary chain. This paper combines the "14th Five-Year Plan" industrial planning and "20 + 8" emerging industry cluster development requirements, analyzes the current situation and trends in the development of the intelligent robotics industry in Shenzhen, as well as the development of the dilemmas and challenges, and puts forward the policy support, carrier construction, space security. It also puts forward the four initiatives of policy support, carrier construction, space guarantee, and talent support to build a new idea for the development of Shenzhen's intelligent robotics industry.

Keywords: "20 + 8" Industrial Clusters; Industrial Chain; Intelligent Robot; Shenzhen

深圳城市更新与乡村振兴融合发展的探索与实践

罗　宇*

（合一城市更新集团　广东　深圳　518000）

摘　要： 深圳的集体经济是深圳经济的重要组成部分，社区股份合作公司是深圳市场经济的重要参与主体。本文围绕“如何盘活存量土地资源、提高集体经济发展水平”这一深圳面临的重要课题，梳理了深圳集体经济组织的历史沿革和主要问题，选取典型案例分析乡村振兴的深圳实践，提出基于深圳集体经济发展转型的顶层设计，为实现城市更新与乡村振兴融合发展提供参考借鉴。

关键词： 城市更新　乡村振兴　深圳

2021 年 12 月 8 ~ 10 日召开的中央经济工作会议提出“全面推进乡村振兴”，这已是中央经济工作会议中第五年提及“乡村振兴”有关内容。会议要求全面推进乡村产业、人才、文化、生态和组织振兴，加快形成工农互促、城乡互补、协调发展、共同繁荣的新型工农城乡关系。

作为改革开放排头兵的深圳，早已在城市更新领域中开展了乡村振兴与城

* 罗宇，合一城市更新集团董事总经理，广东省旧城镇旧厂房旧村庄改造协会副会长，深圳城市规划学会副会长。

乡共同发展的探索。虽然深圳在 2004 年已成为全国第一个没有农村行政建制和农村管理体制的城市，但深圳原农村集体经济组织继受单位仍掌握了深圳 1/3 的城市建设用地。由此可见，深圳的集体经济是深圳经济的重要组成部分，其中的社区股份合作公司是深圳市场经济的重要参与主体。因此，如何盘活存量土地资源、提高集体经济发展水平成为深圳乡村振兴面临的重要课题。①

本文将重点从深圳集体经济的组织变革、城市更新对乡村振兴的意义、乡村振兴顶层战略设计、深圳乡村振兴案例样板等角度，探析深圳城市更新在乡村振兴中的实践经验。

一 深圳集体经济组织的历史沿革

深圳集体经济的发展与社区股份合作公司的变革息息相关。1992 年深圳开全国先河出台《关于深圳经济特区农村城市化的暂行规定》，拉开了深圳农村城镇化的序幕。1994 年，深圳市人大常委会通过《深圳经济特区股份合作公司条例》，旨在促进社区股份合作公司发展、维护股民合法权益以及推动深圳城镇化进程。2004 年，根据《深圳经济特区股份合作公司条例》和市、区政府城市化的改制工作要求，原农村集体经济组织统一改制为社区股份合作公司，成为具有法人资格的企业。2019 年，深圳市人大常委会发布修订后的《深圳经济特区股份合作公司条例》，从立法层面上给予社区股份合作公司改革发展有力支撑，推动其建立现代企业制度，促进公司经济转型升级。2021 年 7 月，深圳市乡村振兴和协作交流局揭牌成立，标志着深圳在圆满完成脱贫攻坚历史使命后，拉开了助力对口帮扶地区从脱贫攻坚转向全面推进乡村振兴的序幕，深圳乡村振兴的先进经验开始走向全国。

① 此处及后文中关于深圳的原农村、集体经济、社区股份公司、乡村振兴等称谓，均意指乡村集体经济。

二 深圳乡村振兴中面临的主要问题

深圳集体经济的典型模式为“包租公”模式，即以土地或厂房招引“三来一补”等项目，收取租金、工缴费、管理费作为集体经济收入的主要来源。历经30余年发展，深圳社区股份合作公司已成为推动集体经济发展的重要力量。根据深圳市国资委统计数据，截至2020年10月，深圳社区股份合作公司已达987家，账面原始资产达2109亿元，股民超过30万人。但由于历史原因，深圳集体经济中的产业结构单一等问题亟须破解，重点体现在以下三个方面。

（一）路径依赖下的发展模式单一

以出租厂房（土地）、农民房收入为主要收入的发展模式，导致集体经济收入来源过于单一，这种长期的“路径依赖”降低了集体经济的抗风险能力。特别是在近几年原材料上涨、经济下行叠加疫情影响的大环境下，中小企业生产环境恶化，承载中小企业的集体厂房空置率日益高企，集体经济的经营压力倍增。

（二）科技含量与经济效益低下

集体经济以劳动密集型产业为主，社区股份合作公司自办、联办实体企业较少。公司缺乏核心技术积累，在城市产业升级中很难切入高附加值环节，且现有载体和配套设施的不足难以吸引高成长性企业进驻。以生产五金注塑的企业为例，其集体厂房的月租金为15～25元/米^2，扣除物管、设施维修等成本后，集体经济的实际获利较少。

（三）长期发展动力不足

集体经济普遍面临人才、制度、金融等多个要素瓶颈。根据生产四要素理论，人才是生产力中的最活跃因素，由于劳动密集型企业多处在产业链的低附加值环节，集体经济组织不需要也无意愿长期配备高技能经营管理人才，人才储备不足反过来进一步制约集体经济升级。另外，由于制度供给不足，大量集体厂房缺乏合规手续，厂房的产权界定不清，集体资产金融市场发育不足。此外，资金“趴账”还容易引发廉政风险、内外监管缺位、产业结构单一以及资源闲置等问题，这些均会影响集体经济转型升级。

三 城市更新对深圳乡村振兴的重要意义

深圳“十四五”规划中调结构、换动能是经济社会面临的重要课题。以城市更新为抓手，整合土地、人才、技术、资金等要素资源，加快旧城、旧村与旧工业区改造，对推动深圳集体经济高质量发展、实现乡村全面振兴具有重要意义，具体体现在以下六个方面。

（一）化解历史遗留问题，深度推进二次城镇化

深圳一直实行的是“双路径”城镇化模式，即以政府主导的自上而下城镇化和农村主导的自下而上城镇化两路并行的方式，形成了独特的房地二元结构——国有化的地、原村民的房。其典型特征是政府拿不走、村民用不好、市场难作为。统计数据显示，农村集体使用土地占全市建设用地的比例高达31%，现存土地和房屋中，“合法外”占比近一半。因此，通过城市更新设计合法权属、非农指标、土地贡献等制度，将能妥善解决深圳征地转地历史“二元结构”与征转补偿不足等问题，协调政府与村集体关系并调动更多社会力量共同盘活深圳集体经济组织名下低效用地，推进深圳二次城镇化进程。

（二）节地集约化发展

城市更新强调内涵式集约化发展。面对“三来一补”背景下村集体兴建的大量容积率低于1.5的工业项目所遗留下来的低效闲置用地和厂房，深圳开始减量规划，通过城市更新提高土地利用效率和单位产出效能，实现集约高质量发展。

（三）乡村振兴，向存量要增量

城市更新实施存量改造，可优化集体经济发展空间并补齐基础设施配套短板，改变深圳城中村脏乱差的现状，实现城市功能和载体的全面复兴。根据合

一城市更新集团的统计数据，2021年深圳城市更新已批规划项目的平均土地移交率达到了40.1%。土地移交率的大幅上涨，配合以公共利益为导向的有机更新，将成为补齐城市基础设施和生活配套短板的重要支撑。

（四）促进集体经济产业升级

在产业升级方面，城市更新可以供应新型产业空间（如高标厂房、M0研发用房等新一代产业园区），带动以工改工为代表的“新基建”并导入优质产业企业，推动集体经济转型升级。根据官方数据，截至2020年，广东省累计完成“三旧”改造项目8242个，其中属于产业结构调整类的为4607个，占总项目数的55.9%，改造后当年实现产值约为改造前的2倍。

（五）导入增量人口，集聚高素质人才

人才不足一直是集体经济发展的短板之一，集体经济高效发展需要高素质人才流入。在各大城市开启“抢人”浪潮的当下，城市更新通过增加居住空间、完善城市配套等方式为集体经济组织“筑巢引凤”，可提升其对增量人口、高素质人才的吸引力，起到引人、聚人、留人的效果，从而实现人才振兴目标。

（六）传承活化历史文脉

城市更新有利于传承乡村风貌，强化历史记忆在新时代的生命力。城市更新的过程是历史文化保护传承、古村古建与历史记忆空间保育活化的过程，通过城市更新可实现古庙、宗祠等历史文脉传承，让“城市留住记忆，让人们记住乡愁”。典型案例如广州永庆坊、深圳金威啤酒厂和南头古城等。

四　基于深圳集体经济发展转型的顶层设计，实现城市更新与乡村振兴融合发展

（一）顶层设计123体系

集体经济要改变单一发展模式，提升经济发展质量，强化长期发展的动力

支撑体系并全面推动产业转型升级，应着力构建从顶层设计到执行层面的战略、规划、方案“123 体系”。

1 个战略：社区集体经济发展转型战略。在遵循上位规划及政策导向的前提下，结合集体经济资源优势，坚持一村一策、一村一战略。充分发挥比较优势，明确集体经济发展转型战略方向和定位，建立战略体系指引社区集体经济发展转型。

2 个规划：社区产业升级规划、整村统筹发展空间规划。过去的更新，更多是空间上的改造更新，但若空间更新后再去匹配内容更新往往是错配。因此，在新的时期，集体经济应避免走为了更新而更新的老路，坚持内容更新和空间更新并举，以内容更新指引空间更新实施。在内容更新方面，通过产业升级规划明确产业发展方向，形成“一村一主导产业 + N 个配套发展产业”的“1 + N”产业定位，推动集体经济的产业有序转型升级。同时围绕目标产业链开展精准招商，打造目标产业生态集群。在空间更新方面，应从碎片化更新改造向整村统筹更新改造转变。基于内容更新方向编制整村统筹发展空间规划，以产城融合理念充分挖掘社区存量土地和物业潜力，坚持“留改拆”并举。同时以复合式有机更新为指引，划定若干发展子单元，明确各子单元在集体经济长期发展中的目标和功能，提前算好经济账，以指引其有效实施。

3 个实施方案：整体改造实施方案、招商引资方案和投融资方案。其中，整体改造实施方案，以 2 个规划为依托，明确整村发展中各子单元的改造方向、改造功能、改造模式、改造时序及改造主体等。招商引资方案，侧重于村企合作类型的子单元，以子单元改造方向和改造功能为指引，基于经济利益平衡、社会效益目标与改造主体能力匹配要求，制定相应的子单元招商引资方案。比如以产业为主的项目应侧重产业运营商，以商业为主的项目应侧重改造主体的商业招商运营能力等。投融资方案，主要是针对集体经济自改类型的子单元，充分研究其发展策略与全过程风险，基于整体投资经济测算和现金流平衡要求提前对接各类金融机构洽谈融资方案，充分谋划项目投融资实施方案，避免出现投资风险。

（二）4个策略目标

从开发走向运营。改变过去单一的“投资建房—对外出租”模式，补齐产业运营能力短板，建立“投资—建设—运营”全周期体系，从开发商向运营商转型。

从空间更新向内容更新转型。以内容更新为核心，围绕目标产业企业需求和人才群体居住理念以及配套完善需求，强化空间更新对内容要素升级的支撑。

从碎片化发展进化为全局观统筹。强化统筹引领，根据集体经济发展目标，结合现状土地与建筑物的利用情况，综合确定“留改拆”组合的有机更新方式。统筹单个项目的改造成本与效益产出，以点带面增强社区整体发展的可持续性。

从挖存量到“走出去”。整合内外部资源，逐步构建长周期产业运营能力，完善现代企业制度和组织团队建设。在出租经营存量业务基础上，布局股权投资、投资城市基础设施建设项目等外部增量业务，打造集体经济新增长点。

（三）3个闭环“资产—资源—资本”

长期而言，社区股份合作公司普遍面临打通“资产—资源—资本”运营闭环的战略转型难题。首先，通过城市更新对存量资产投资改造，集体经济可获得产业空间优质资产；其次，围绕目标产业定位开展有针对性的产业链招商，导入高附加值、高成长性企业资源；最后，搭建以企业需求为核心的产业服务平台，发起设立专项产业基金，对入园优质企业开展产业投资，获取高价值回报，拓展集体经济收入来源。同时打造专业团队并提升其运营能力，借助资产证券化实现投资退出，最终实现从资产到资源再到资本的“3Z产业闭环”（见图1）。从某种意义上讲，这个转型的过程就是社区股份合作公司向资产管理商转型的过程。

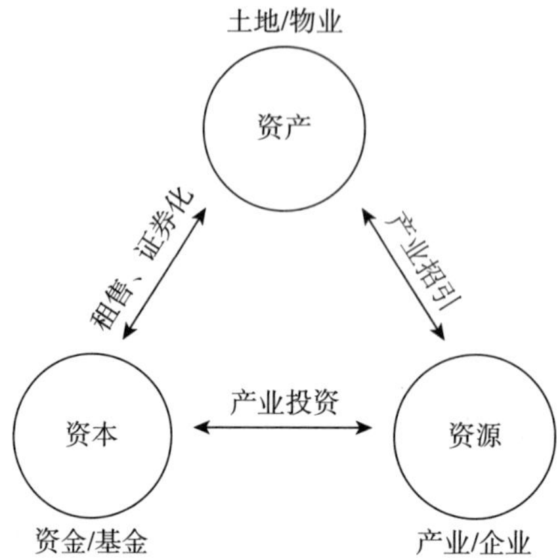

图1　集体经济产业运营的3个闭环

五　乡村振兴的深圳实践

（一）案例1——合一凤凰智慧港：中国农地入市第一拍，两次股权投资升级的集体经济发展模式

合一凤凰智慧港的前身，是深圳市宝安区凤凰社区的一宗闲置农村集体工业用地。2013年12月，凤凰股份将原农村集体工业用地以1.16亿元的价格公开出让给深圳市方格精密器件有限公司（以下简称“方格”），被媒体公认为“中国农地入市第一拍”。凤凰股份与区政府按3∶7比例共享土地收益，并无偿获得20%的产业配套物业。土地出让后，凤凰股份以部分土地出让收益入股方格，持有方格9.5%的股权。2017年6月，深圳市美格智能技术股份有限公司（方格更名后的新主体，以下简称“美格智能”）成功上市，成为“中国农地入市第一拍”项目孵化的重要成果，截至2021年，凤凰股份以土地入股持有美格智能的原始股，投资收益已超过20倍。

2019年11月，出让地块上的方格凤凰科技大楼竣工，凤凰股份与深圳市合一城市更新管理咨询有限公司（以下简称“合一”）签约成立合资公司，联合运营合一凤凰智慧港，致力于打造大湾区5G物联网智慧园区。2020年8月项目开园，引进了多家上市企业和国家高新技术企业以及航空航天科技馆，同时搭建五大产业服务平台，培育中小企业并推动其加速成长。2021 年 11 月，合一凤凰智慧港在运营满一年后即被认定为深圳市宝安区创业孵化基地，这背后体现了政府部门及社会各界对项目探索集体经济转型升级创新做法的高度肯定。

凤凰股份用“土地”置换“物业 + 土地出让收益 + 原始股”的资源盘活方式，成为全国集体土地流转的样板。这一社产融合、入股共享合作的企业发展成果，改变了过去以地建厂、以房收租的粗放经营模式，推动集体经济走上高质量发展道路。

（二）案例 2——宝安区怀德村：“规划引领 + 现代企业制度”，实现集体经济腾飞

1979 年以前，深圳市宝安区怀德村全村依赖农业生产，人均收入仅 161 元。为实现收入增长，怀德村以整体统筹规划开发替代传统单一的买地买楼换钱分红模式，推动了集体经济转型升级。

2010 年怀德村出资 90 万元，聘请交通、规划等领域专家编制《怀德整体规划（2010 年至 2025 年）》，从战略高度统一了社区股份合作公司与乡村建设的协同关系。提出用 15 年的时间，通过集体筹资、连片改造等方式，利用 1.5 平方公里土地来建设一座集航空物流、商贸服务和生活居住功能于一体的“怀德城”。为打破人才不足瓶颈，怀德村还成立全资子公司，聘请职业经理人和专业团队统一运营。2004 年成立的深圳市怀德股份合作公司（以下简称“怀德股份”），是对集体经济实现所有权和运营权分离，走现代化企业经营之路的探索。

截至 2018 年，公司拥有职业经理人和专业工程师等各类人才 172 名，各子公司员工中原居民比例不超过 5%。公司还先后成立地产、物管、商管等二级子公司，形成集地产开发、物业管理、商业运营、金融投资四大主体业务于一体的集团化公司。2021 年公司集体资产市值超过 1000 亿元，是深圳市资产规模最大的集体经济组织。

（三）案例3——宝安区福永凤凰第一工业区、宝安区新安甲岸工业园：社区自改产业升级

2013年深圳推出“1+6”政策后，“工改工”这一通过盘活改造存量工业园区实现产业升级的模式得到快速发展，拥有大规模存量工业园区的社区股份公司也开始逐渐关注这一领域。目前已开工实施的凤凰第一工业区、已确认主体的新安甲岸工业园都是典型的由社区股份合作公司作为改造实施主体的更新自改案例。

凤凰第一工业区项目位于宝安区福永街道，更新方向为M0，开发建设用地面积25292平方米，规划容积率6。项目于2016年获批深圳市重大项目，2017年完成产业规划批复，2018年完成项目专项规划审批，目前已开工实施。该项目是社区股份合作公司转型为产业更新运营商的典型案例，项目推动了社区从存量低效利用老旧工业区的低端制造向高附加值的航空电子创新产业基地升级，为集体经济利用存量土地更新实现产业升级开创了新模式。

新安甲岸工业园项目位于宝安区新安街道，更新方向为M1、M0+R3，更新单元用地面积25296平方米，规划容积率7.7。早在2019年，该项目就列入《2019年深圳市宝安区城市更新单元计划第五批计划》；2021年5月，项目完成规划公告；2021年8月，项目完成实施主体公示，实施主体为深圳市新安甲岸股份合作公司。目前该项目正开展土地证及开发手续办理相关工作。该项目从计划立项到规划公告再到实施主体确认，均由社区股份合作公司自行完成，成为集体经济通过更新自改实现产业升级的又一尝试。

综上，可以看到，合一凤凰智慧港的农地入市与土地入股、怀德股份引入专业团队建立现代企业制度，以及凤凰第一工业区和新安甲岸工业园的自改等案例，都是盘活存量资源的创新尝试。这些通过城市更新推动产业升级的成功实践经验，均可进一步推广到大湾区其他城市，以实现社区村镇人居、生态、文化等全面振兴。

Exploration and Practice of Integrated Development of Urban Renewal and Rural Revitalization in Shenzhen

Luo Yu

(One Urban Renewal Group, Guangdong, Shenzhen, 518000)

Abstract: Shenzhen's collective economy is an important part of Shenzhen's economy, and community joint-stock companies are important participants in Shenzhen's market economy. Focusing on "how to revitalize stock land resources and improve the level of collective economic development", an important issue facing Shenzhen, this article sorts out the historical evolution and main problems of Shenzhen's collective economic organizations, selects typical cases to analyze Shenzhen's practice of rural revitalization, and proposes top-level design based on the transformation of Shenzhen's collective economic development, thus to provide references for realizing the integrated development of urban renewal and rural revitalization.

Keywords: Urban Renewal; Rural Revitalization; Shenzhen

江门提升先进制造业关键核心技术能力的体制机制研究*

周铁昆　王福丽**

（深圳大学中国经济特区研究中心　广东　深圳　518000）

摘　要：江门提升先进制造业关键核心技术能力不仅有利于推动江门先进制造业高质量发展，增强江门先进制造业产业链的稳定性和安全性，还有利于江门更好地接受粤港澳大湾区和国外先进制造业资源辐射。新一轮科技革命和产业变革、国家和广东省高质量发展先进制造业、粤港澳大湾区以及深圳中国特色社会主义先行示范区"双区"建设为江门提升先进制造业关键核心技术能力带来新机遇。同时，江门提升先进制造业关键核心技术能力也面临许多体制机制障碍，其关键核心技术攻关的"揭榜挂帅"机制、产学研协同创新的体制机制、知识产权引领创新发展的体制机制、制造业高端人才引进与评价激励机制和制造业产业集群创新发展的体制机制都有待完善。江门应积极探索关键核心技术攻关的"江门路径"，完善以企业为主体产学

* 本文为深圳大学中国经济特区研究中心项目"珠三角西岸城市提升先进制造业关键核心技术能力的体制机制研究"（0000033509）的阶段性成果。

** 周铁昆，经济学博士，深圳大学中国经济特区研究中心讲师、硕士生导师，主要研究方向为区域经济、产业经济；王福丽，深圳大学理论经济学硕士研究生，主要研究方向为区域经济、产业经济。

研深度融合的协同创新体系，加强知识产权保护与运用激发企业创新积极性，创新制造业高端人才引育模式与人才评价激励机制，优化制造业产业集群创新机制提升产业链现代化水平。

关键词： 先进制造业　关键核心技术　高质量发展

一　江门先进制造业关键核心技术发展现状分析

“十三五”期间，江门先进制造业发展取得了巨大成就。江门工业经济稳步增长，工业产值突破 5000 亿元，规模以上工业增加值以年均 6.04% 的速度递增，总量保持在广东省第八位。江门创新水平大幅提高，制造业创新主体增长迅速，创新成果层出不穷，高新技术企业数量达到 1845 家，五年来年均增长 50% 以上，增长速度居广东省之首；科技成果转移转化环境日益改善，技术合同成交金额达 32.97 亿元，是“十二五”时期的 5.68 倍；制造业转型升级成效显著，技术改造取得显著成效，技改投资以年均 24.1% 的速度递增，高于广东省的增长速度；产业平台提质增效，工业园区成为江门工业发展的主阵地，省产业转移工业园数量由 1 个增加至 7 个，构筑起“一县一省级产业转移工业园”的发展格局；开放合作加速推进，江门企业“走出去”步伐不断加快，外贸进出口总值累计达到 6974.6 亿元，企业积极参与全球产业链分工，努力向价值链中高端迈进。

“十四五”时期是江门提升先进制造业关键核心技术能力的关键时期。一是江门先进制造业发展迈上了重要台阶，规模实力和创新水平大幅提高，基本形成了以企业为主体的科技创新体系，在汽车零部件、大健康等产业领域突破了一批关键核心技术，为提升先进制造业关键核心技术能力奠定了基础。二是江门目前拥有省级以上创新平台 517 家，省级工程技术研究中心 431 家，依托中德（江门）人工智能研究院、数字光芯片联合实验室、广东省科学院江门产业技术研究院等重点实验室和创新平台，开展前沿领域基础性研究和应用研究初见成效，为提升先进制造业关键核心技术能力提供了有利条件。

尽管江门先进制造业关键核心技术创新取得了一些成就，但关键核心技术能力落后的总体状况仍未得到根本改变。江门在先进制造业的关键核心技术掌握方面还存在欠缺，缺乏足够的源头创新能力和承接国家级重大科技项目的能力，以及组织开展重大关键核心技术攻关的能力。江门正在大力发展先进制造业，并被列为广东省 20 个战略性产业集群的布局城市以及 8 个战略性产业的核心城市，规划到 2035 年重点产业关键核心技术要实现重大突破，这必将给科技创新制度体系带来新的挑战和要求。因此，研究江门提升先进制造业关键核心技术能力的体制机制问题具有重要意义。

二 江门提升先进制造业关键核心技术能力的战略意义

在全球科技创新与产业变革的背景下，江门大力发展先进制造业，坚定不移提升先进制造业关键核心技术能力具有重大战略意义。

（一）有利于推动江门先进制造业高质量发展

“十四五”时期，是我国制造业高质量发展的关键时期，也是我国深度工业化的攻坚阶段。为了满足新时代迈入更高质量发展阶段、发展更高层次的开放型经济的需求，亟须进一步提高制造业在广东省经济中的主导和辐射带动能力，顺应高端化、智能化、绿色化的发展方向，使其由数量追赶到质量追赶，由要素驱动转变为创新驱动，由集聚化发展转向集群化发展，使产业链现代化程度得到全方位的提高，从而加速构建现代产业体系。

在粤港澳大湾区建设、深圳建设中国特色社会主义先行示范区、横琴与前海合作区建设等重大历史契机下，提升先进制造业关键核心技术能力是江门坚持走“工业立市、制造强市”之路的重要抓手和路径，对于推动江门先进制造业高质量发展具有重要的战略意义。江门应积极培育壮大先进制造业集群，构建具有核心竞争力的现代产业体系，推动产业基础高级化和产业链现代化，加快打造珠江西岸新增长极，努力建设成为广东省制造业高质量发展的示范城市。

（二）有利于增强江门先进制造业产业链的稳定性和安全性

当前，世界经济持续走弱，中美经贸关系不确定性增加，加之新冠疫情带来的巨大冲击，国际经贸关系日趋紧张，全球技术供应链受到威胁，部分产业领域还面临“卡脖子”的风险，严重影响了产业链的稳定性和安全性。江门制造业需求侧受中美贸易摩擦的传递影响较大，可能面临“断链”“断供”的威胁，为江门经济的持续稳定发展带来极大挑战。江门提升先进制造业关键核心技术能力，对于增强江门先进制造业产业链的稳定性和安全性具有重要的战略意义。

江门贯彻广东省委关于“十大战略支柱”“十大战略新兴产业”的工作要求，坚持支柱产业与新兴产业并重。提升产业链现代化水平，深入推进“链长制”，对产业链各环节进行最优配置，推进产业全链条发展。抓好建链、强链、补链、延链，强化以重要产业链为核心的“靶向招商”，积极培养龙头企业，提升产业链的内生动力和自主控制能力。推动行业龙头企业和产业链核心企业同江门本地产业链上下游企业一起进行技术研究和生产协作，努力打通研发设计、集成服务等产业链条，提高产业链的现代化程度，建立一个完整的产业链，实现核心技术的自主控制。

（三）有利于江门更好地接受粤港澳大湾区和国外先进制造业资源辐射

先进城市资源虹吸效应加强，江门面临周边城市及长三角地区的激烈竞争。相较广州、深圳等周边先进城市，江门在发展基础、政策优势、开放程度方面处于弱势。在珠三角区域竞争中，江门在经济体量、扶持政策、创新水平、人才集聚等关键因素上优势不突出，且与周围经济规模相当的城市在交通位置、自然资源等方面条件相近，接受粤港澳大湾区和国外先进制造业资源辐射的竞争力不强。江门作为粤港澳大湾区的重要一员，提升先进制造业关键核心技术能力对于更好地接受粤港澳大湾区和国外先进制造业资源辐射具有重要的战略意义。

粤港澳大湾区建设需要强大的产业支撑和核心竞争力。江门提升先进制造业关键核心技术能力，可以推动珠江口西岸都市圈建设，促进区域内的产业协同发展和经济一体化进程，推动大湾区的建设和发展。江门主动参与广深港、广珠澳科技创新走廊建设，可以增强高端创新要素吸引力，从而推动创新驱动发展，为大湾区的建设提供强有力的支撑。江门通过参与国内大循环体系，与大湾区城市产业联动，主动承接广州、深圳的产业溢出资源，强化产业协调配套能力，推进在新一代电子信息、高端装备制造等产业建立“总部+基地”和“研发+生产”的合作模式，积极参与珠江西岸先进装备制造产业带建设，与佛山、珠海等周边城市协同发展高端装备制造业，从而打造成为大湾区产业发展的重要腹地和承载区。江门还可以发挥拥有众多出口型制造业企业和海外华侨资源的优势，积极开拓国内市场和南美洲、东欧、非洲、东南亚等国际新兴市场，最终有利于拓展国际市场和资源，推动国际贸易和投资合作。同时也有利于中国制造业融入全球产业链和价值链，加强与世界各国的经济联系和合作，推动全球经济发展。

三　江门提升先进制造业关键核心技术能力的历史机遇

江门提升先进制造业关键核心技术能力不仅具有重要的战略意义，也面临着多重发展叠加的历史机遇。新一轮科技革命和产业变革深入发展，国家和广东着力打造制造强省以及“双区”建设都为江门提升先进制造业关键核心技术能力带来新机遇。

（一）新一轮科技革命和产业变革带来的机遇

随着新一轮科技革命的兴起，信息技术、人工智能、生物技术、新能源等领域取得了重大突破和进展，我国建设现代化经济体系面临新的机遇。全球科技创新正如火如荼地向前推进，新一轮科技革命和产业变革深度融合，并在全球范围内重塑着经济结构。江门市作为广东省的重要制造业基地，应抓住新一轮科技革命和产业变革带来的历史机遇，加大科技创新投入，鼓励企业加强技术研发和创新，推动制造业向网络化、数字化、智能化、绿色化、服务化转型，加快技术创新应用的公共平台建设，推动制造企业从产品制造向研发、设计等高附加值服务领域延伸，提升制造业应用新技术、转化新成果的能力，促进先进制造业创新发展。同时，积极培育新动能、拓展新空间、打造新优势，推动江门经济实现高质量发展。

（二）国家和广东省高质量发展先进制造业的机遇

广东作为我国制造业发展的排头兵，要提升制造业核心竞争力，着力打造制造强省，推动广东制造业高质量发展。发展先进制造业是提升制造业核心竞争力的重要方式。江门应紧抓国家和广东省高质量发展先进制造业的机遇，大力实施“工业立市、制造强市”战略，积极推进先进制造业集群化，加快战略性产业集群培育，加快传统优势产业转型升级，增强自主创新的实力，推动产业链重构和价值链提升，构建先进制造业产业体系，打造成为珠江西岸新增长极，为广东由“制造大省”向“制造强省”的历史转型提供有力支撑，在新发展格局中成为沿海经济带上的江海门户的一个重要枢纽。

（三）粤港澳大湾区和深圳中国特色社会主义先行示范区“双区”建设的机遇

粤港澳大湾区和深圳中国特色社会主义先行示范区“双区”建设作为国家战略，为大湾区赋予了新的机遇和新的使命，推动大湾区进入快速发展的轨道。江门是粤港澳大湾区重要节点城市、珠三角西岸城市中心、中国第一侨乡，位于示范区的核心辐射圈，要充分利用位于大湾区西翼“通江达海”的独特区位优势和多重叠加利好政策，抢抓“双区”驱动机遇，扬长避短，主动融入粤港澳大湾区国际创新中心建设，主动对接区域性、全球性创新资源，主动承接广深港澳等先进地区在产业、技术、资金等方面的溢出资源，打造具有核心竞争力和侨乡特色的先进制造业集群，带动国际创新资源向江门加速集聚，推动制造业与现代服务业深度融合，加快构建以先进制造业为主体的现代产业体系。

四 江门提升先进制造业关键核心技术能力面临的体制机制障碍

（一）关键核心技术攻关的"揭榜挂帅"机制有待健全

2022 年江门完成了首批 12 项关键核心技术"揭榜挂帅"，虽然释放了科技创新潜能并解决了一批技术难题，但也存在一些值得关注的问题。榜单生成机制应当是一个经过充分论证和征求用户与利益相关者需求的过程，以保证榜单的真实性和实用性，避免出现"写榜—揭榜"自循环。在"揭榜挂帅"工作中，应注意避免将指南"量身定做"为榜单或将市场化科技创新合作机制和传统科技项目管理机制改成"揭榜挂帅"。为推进科技创新任务的实施，必须紧密围绕目标需求，形成攻关任务的梯次接续安排，并明确验收标准，确保目标明确、可验证和可考核。

（二）产学研协同创新的体制机制障碍有待破除

当前制造业领域产学研合作中面临着不利于企业发挥主导作用的障碍。尤其是在国家主导下的大型产学研合作项目中，企业被政府"拉郎配"或直接"包办"，在科研组织和创新决策方面的主体地位没有得到落实，导致企业对从合作中获得技术突破的积极性不高。江门的高校、科研院所和企业在技术研发方面的实力比较弱，与省内外同行业企业、同领域高校及科研院所合作的过程中，在收益分配和知识产权归属上处于不利地位导致其积极性不高。此外，产学研管理体制上的割裂，导致产学研合作各方在人事管理、考核分配、福利待遇等方面存在制度协同的障碍，限制了企业与高校、科研院所之间的人才流动和深度融合。

（三）知识产权引领创新发展的体制机制有待完善

知识产权对于激励先进制造业关键核心技术的创新具有至关重要的意义。然而，江门的知识产权工作还面临着许多问题，这些问题主要包括创新优质的知识产权不多、转移转化成效不明显、行政执法和司法衔接机制有待完善、侵权易发多发、维权难、服务供给不足等。此外，知识产权领域“放管服”改革和服务的标准化、规范化、便利化仍需加强。为了促进江门市知识产权工作的进一步发展，必须重视专业人才队伍建设并积极推动人才培养。同时，要着力提升知识产权创造、运用和保护的能力，不断完善知识产权制度，加强与其他地区的合作与交流，推动知识产权的创新与发展。

（四）制造业高端人才引进与评价激励机制有待健全

先进制造业关键核心技术突破既需要领军人才的创造力，也需要科技创新团队的协作，更需要充满活力的高端科研组织人才和科技评价体系支撑。2022年江门的高层次人才仅有9970人，一流研究平台的缺乏以及制造业领军人才的短缺，成为制约地区科技发展的重要因素。现行的人事制度和薪酬制度缺乏有针对性的政策，无法为从事攻坚科研的人员提供稳定的预期和支持。这使得科研人员在工作中无法全身心投入，也无法保证他们在工作中获得足够的激励。这种状况不仅影响了科研人员的工作积极性，也制约了江门市先进制造业关键核心技术的突破和发展。为了改变这一现状，江门需要建立一套制造业高端科研人才引进、激励和发展平台等体系化长效机制。

（五）制造业产业集群创新发展的体制机制有待优化

制造业产业集群创新发展的体制机制亟待进一步优化。尽管江门市在传统优势产业方面具有一定的基础，但部分传统优势产业在技术创新能力和产品附加值方面存在明显不足。这些产业的产品多处于产业链的低端，而高端产品相对较少，创新不足，这不仅影响了企业的竞争力，也制约了整个产业集群的发展。高端装备制造业和新一代信息技术产业等新兴产业虽然近年来有所发展，但整体规模仍然偏小，缺乏具有支柱作用的龙头企业。这些新兴产业未能充分发挥对江门制造业发展的带动作用。此外，江门市在引入新制造业项目方面，缺乏能够充分整合产业链配套资源的龙头企业，导致新动能不足。产业链条的不完善以及现代化水平的低下，都制约了先进制造业和高技术制造业的发展规模和竞争力。为了改变这一现状，江门市需要充分发挥产业优势，通过优化产业链的协同发展来提升整体的竞争力，促进产业集群创新发展。

五 江门提升先进制造业关键核心技术能力的体制机制创新对策

（一）积极探索关键核心技术攻关的“江门路径”

根据广东省对江门先进制造业的战略定位和江门自身建设基础，瞄准未来产业发展制高点，积极引进院士科研团队，搭建科技决策咨询智库，组织实施重大研发计划和重点专项。完善关键核心技术攻关体系，强化“揭榜挂帅”部门协作、政策协同、信息共享。编制先进制造业发展技术路线图，建立先进制造业关键核心技术攻关数据库，组织开展分阶段分领域技术攻关。根据产业“卡脖子”关键核心技术难题和产业发展急需的科技成果转化实行揭榜制。完善“揭榜挂帅”的出榜机制、实施机制、监督机制、评价机制、激励机制以及容错补偿机制，制定“揭榜挂帅”实施条例，对工作流程、权责范围、外部监督、成果评鉴等进行规范。建立科技信用管理制度，赋予攻关人才长周期稳定支持和更大的科研自主权，重视源头创新的同时为“另辟蹊径”留足探索空间。对成功“完榜”的挂帅者奖补结合，对于尽职“失败”给予包容免责。通过物质和精神激励等多种方式，激发全社会创新创业活力。

（二）完善以企业为主体产学研深度融合的协同创新体系

聚焦重点产业亟须解决的关键共性技术问题，积极对接粤港澳大湾区优质科技资源和侨务资源，加快建设产学研协同创新中心和重点产业技术创新平台，完善科技创新利益共享机制和核心技术攻关基础设施建设。为了提升我国的科技创新能力和产业协同水平，需要进一步完善以企业为主体、市场为导向的产学研深度融合的协同创新体系。需要促进各类创新要素向企业集聚，支持企业加大技术研发投入，牵头实施重大科技项目。同时，有必要对企业进行的基础研究投资实行税务激励，这样可以提高企业的创新积极性和加大投入力度。为了实现产学研深度融合，需要鼓励产学研合作各方的人员有序流动和良性互动。

高校和科研院所的科研人员到企业兼职服务，将产学研合作中的从业经历、兼职及人员交流纳入人才评价体系，这些措施都有助于推动产学研合作的发展。此外，还需要引导规范高校、科研院所为企业的科研人员设立客座教授、兼职研究员岗位，这样可以促进人才流动和技术转移。

（三）加强知识产权保护与运用激发企业创新积极性

加强粤港澳大湾区知识产权保护合作，在知识产权侵权易发的重点技术领域定期开展专项查处行动，促进知识产权保护信用系统的构建，强化网络环境下的知识产权保护。聚焦战略性产业领域，深化重点产业专利导航，实施知识产权分析评议，提高企业专利产出水平。探索知识产权金融创新，促进专利技术成果转化应用。积极推进江门市先进装备制造业知识产权保护中心、江门高新区知识产权运营公共服务中心等知识产权服务平台建设，完善知识产权“一站式”服务。引导专利服务机构拓展高层次、多元化专利服务，推进知识产权服务便利化。加快江门市知识产权快速维权服务中心的建立，健全知识产权快速审查、快速确权、快速维权的保护机制，打通知识产权创造、运用、保护、管理、服务的完整流程。

（四）创新制造业高端人才引育模式与人才评价激励机制

优化高层次人才认定和管理办法，发挥市场配置人力资源的作用，大力引进和培育制造业领域重点产业发展急需紧缺的“高精尖缺”人才。完善“产业+平台+项目+人才”联动机制，推动招商引资和招才引智互相促进。充分发挥“联络五邑”海（境）外服务工作站、全国博士后创新（江门）示范中心等平台作用，加大对制造业领域领军人才、海内外高端创新创业团队以及青年博士、博士后引进的支持力度，通过技术入股、顾问指导、退休返聘、短期兼职等方式，吸引高端人才到江门开展技术项目合作。完善制造业工程师人才评价机制，健全以贡献、质量、创新能力、实效为导向的产业工程师与高技能人才评价体系，优化工程师职业发展环境。对在江门市工作的海外高层次人才，实行个人所得税税负差额补贴优惠。

（五）优化制造业产业集群创新机制提升产业链现代化水平

围绕战略性产业集群的优先方向，根据江门的产业基础与发展需要，着力培育一批具有竞争力的先进制造业产业集群梯队。重点发展关联度高、链条长、影响面广的智能家电、生物医药与健康等产业，促进产业向更高层次迈进，使其综合实力、可持续发展能力得到明显提升。发展壮大先进材料、绿色石化、新一代电子信息等产业，推动整个产业的价值链全面提升，并加速迈向中高端。健全联动协调工作机制，优化产业链关键节点布局，对各环节进行综合协调。培育引领行业发展的龙头企业，提升产业扎根度，提高产业链和供应链的自控力。鼓励行业龙头企业、产业链核心企业与江门本地产业链上、下游企业，进行技术研究、生产、服务等方面的协同，提高产业链的现代化程度，形成完整的产业链，实现核心技术的可控制。充分利用“链主”企业的主导地位，主导重点工程和重大平台的建设。以工业互联网为基础，促进产业链上、下游大中小企业之间进行系统与数据的对接，建立一种跨界融合的新型产业供应链体系。扶持“链主”和龙头骨干企业，建立小微企业双创载体和专业孵化器，创新互利共赢和风险共担机制，促进龙头企业和中小微企业在研发设计、检验检测、模型加工和市场营销等环节的深度协同，促进“龙头企业 + 孵化器”的共赢发展。以上措施的实施，可以优化制造业产业集群创新机制，提升产业链现代化水平，推动江门市制造业实现高质量发展。这将有助于提高江门市的科技实力和经济竞争力，为未来的发展奠定坚实的基础。

参考文献

[1]《江门市先进制造业发展“十四五”规划》，江门市人民政府网站，2022年3月22日，http://www.jiangmen.gov.cn/gkmlpt/content/2/2566/post_2566948.html#6。

[2] 周铁：《江门市先进制造业的发展现状与促进对策》，《中小企业管理与科技》（上旬刊）2012年第10期。

[3] 戴建平、骆温平：《协同创新视角下我国先进制造业集群发展策略——基于常州

市先进制造业集群的实证》,《中国流通经济》2021 年第 1 期。
[4]《政府工作报告——2023 年 2 月 16 日在江门市第十六届人民代表大会第三次会议上》,江门市人民政府网站,2023 年 2 月 22 日,http://www.jiangmen.gov.cn/newzwgk/bggb/zfgzbg/content/post_2804133.html。
[5]《"揭榜挂帅"加快关键核心技术攻关》,人民网,2021 年 12 月 27 日,http://finance.people.com.cn/n1/2021/1227/c1004-32317322.html。
[6] 李中:《创造良好科研创新环境(新论)》,《人民日报》2021 年 8 月 13 日。
[7] 吕建中:《产学研深度融合体制机制障碍如何破除?》,《中国石油报》2019 年 5 月 28 日。
[8] 李军凯:《深化"放管服"推进科技自立自强》,《瞭望》2021 年第 30 期。
[9] 韩燕妮:《为不同关键核心技术"量身订制"攻关路径》,《科技日报》2022 年 1 月 17 日。
[10] 邓大胜、宋子阳:《为关键核心技术攻关破除体制机制障碍》,《中国人才》2022 年第 11 期。
[11] 谢富纪:《我国突破关键核心技术制约的几个根本性问题》,《国家治理》2020 年第 45 期。
[12]《江门市国民经济和社会发展第十四个五年规划和 2035 年远景目标纲要》,江门市人民政府网站,2021 年 6 月 4 日,http://www.jiangmen.gov.cn/bmpd/jmsfzhggj/zcwj/content/post_2390049.html。
[13] 陈荣、杨代友:《粤港澳大湾区城市制造业高质量发展比较研究》,《城市观察》2022 年第 4 期。

(文字编辑:雍炜)

Research on the Institutional Mechanism of Jiangmen to Enhance the Ability to Tackle Key Core Technical of Advanced Manufacturing Industry

Zhou Yikun, Wang Fuli

(China Center for Special Economic Zone Research,
Shenzhen University, Guangdong, Shenzhen, 518000)

Abstract: Jiangmen's improvement of its key core technical capabilities of advanced manufacturing will not only help promote the high-quality development of Jiangmen's advanced manufacturing industry, enhance the stability and security of Jiangmen's advanced manufacturing industry chain, but also help Jiangmen better accept the advanced manufacturing resources radiated from Guangdong-Hong Kong-Macao Greater Bay Area and overseas. A new round of scientific and technological revolution and industrial revolution, the high-quality development of advanced manufacturing by the state and Guangdong Province, the construction of the Guangdong-Hong Kong-Macao Greater Bay Area and the "dual-zone" Shenzhen Pilot Demonstration Zone have brought new opportunities to Jiangmen to enhance its key core technical capabilities of advanced manufacturing. At the same time, Jiangmen also faces many institutional mechanism obstacles in improving its key core technical capabilities in advanced manufacturing. Its key core technology research and development institutional mechanisms include the "unveiling and leading" mechanism, the institutional mechanism for industry-university-research collaborative innovation, the institutional mechanism for intellectual property rights to lead innovative development, the institutional mechanism for the introduction and evaluation incentive mechanism of high-end talents in manufacturing industry, and the institutional mechanism for innovative development of manufacturing industry clusters. All these institutional mechanisms need to be improved. Jiangmen should actively explore the "Jiangmen Path" to tackle key core technologies, improve the collaborative innovation system with enterprises as the main body that deeply integrates industry, university and research, strengthen the protection and application of intellectual property rights to stimulate the enthusiasm of enterprises for innovation, and innovate the high-end talent introduction and cultivation model in the manufacturing industry and the mechanism for evaluating and motivating the talents, thus to improve the modernization level of the industrial chain.

Keywords: Advanced Manufacturing; Key Core Technologies; High-Quality Development

新形势下发挥喀什地缘经济优势的机遇与挑战*

恽文捷　牛飞亮　聂海慧**

（深圳大学中国经济特区研究中心　广东　深圳　518000；
喀什大学经济与管理学院　新疆　喀什　844000）

摘　要：经过十年建设，喀什经济开发区及其周边地区的安全环境、基础设施建设状况和社会面貌发生了翻天覆地的变化。在中央政府政策支持和内地各省份对口援疆的大力推动下，喀什地区在较短时间内被国家力量引领进入工业化、信息化和社会主义现代化建设大潮中。当前，全球政治经济环境正发生结构性转变，处于亚欧大陆中心和支点地带的喀什又一次迎来了发展的战略机遇期，同时也面临着积弊甚深的内部约束和日趋激烈的外部挑战。喀什要想如沿海开放的深圳那样抓住机遇，成为中国沿边开放和向中亚、南亚、西亚投射中国

* 本文为国家社科基金一般项目“大国博弈视域里阿富汗地缘政治对中国西部反恐维稳的影响与安全对策研究”（19BGJ064）和“通过参与国内外经济循环缩小新疆收入差距的机制与对策研究”（21BJL135）的阶段性成果。

** 恽文捷，博士，深圳大学中国经济特区研究中心特聘研究员，喀什大学天池学者讲座教授，主要研究方向为经济史、国际关系史、中外交流史、中南亚区域和世界经济特区；牛飞亮，喀什大学经济与管理学院教授，主要研究方向为宏观经济理论与政策、区域经济学、计量经济学、区域差距与可持续发展等；聂海慧，深圳大学中国经济特区研究中心硕士研究生，主要研究方向为经济史。

经济贸易和产业力量的前沿基地，进而发挥失落已久的丝路枢纽地缘经济优势，还需要政、学、商界共同努力，在大变局中切实推动亚洲经济贸易的内陆联通和中国的产业西进。

关键词： 喀什经济开发区 沿边开放 对口援疆

2023年是国家发展改革委印发《喀什经济开发区总体发展规划（2011—2020年）》十周年。十年间，在中央政府的领导和协调下，中国集全国资源和力量使喀什地区的安全环境、基础设施建设状况和社会面貌发生了翻天覆地的变化。中国式现代化由国家力量引导进入喀什和新疆南部，并在持续推进之中。从历史、区域乃至全球发展视角看，近未来时期正是身处中国西北一隅和亚洲内陆枢纽的喀什乃至南疆社会经济发生历史性变化的关键阶段。随着南疆绿洲自然经济的逐渐消亡及其与中国内地产业、市场、金融和社会的深度融合，喀什的发展与中国的产业升级、"双循环"发展战略、向西开放、丝绸之路经济带建设乃至国际产业布局重组（国际产业链、供应链重组）等日益紧密联系在一起，今天的喀什与祖国同命运、共发展的程度超越了历史上任何时期。

喀什是中国门户、丝路枢纽还是被遗忘的角落？这是喀什地区自近代以来不得不长期面对的角色选择难题。在中国历代王朝中央政府强大、西域的安全和稳定得以保障之时，喀什的交通和物流枢纽功能就能够发挥，其随之成为商贾云集、西来东去的内陆都会；当英俄帝国主义将中亚和新疆作为殖民扩张的竞技场和跑马地时，喀什门户功能凸显，演变成军事重镇；当冷战和地缘政治对抗将帕米尔、喀喇昆仑山脉和喜马拉雅山脉塑造成冲突力量的边界时，喀什就成为中国的内陆一隅，因其最重要的地缘经济价值无法发挥而被世界所遗忘。纵观历史，只有在中南亚区域秩序形成、安全有所巩固和经济贸易得以联通发展的时代，喀什地区才能真正获得进步的空间和契机。

与十年前相比，2023年的喀什地区在世界大变局之中迎来了新的发展机遇。在上海合作组织和金砖国家不断壮大的时代背景下，如何发挥和利用喀什的地缘政治和地缘经济优势？如何提升喀什地区社会经济现代化的效率和功能？如何在保障安全和社会稳定的前提下拓展喀什地区沿边开放的广度和深度？这些都是中国政、学、商界迫切需要认真研究并给出解决方案的重要议题。

一　喀什经济开发区十年建设回顾

（一）历程回顾

2010年全国“两会”期间，新疆地区代表在提案中提出了设立新疆喀什经济特区的方案，建议国务院把进一步扩大新疆喀什的向西开放纳入国家沿边开放的整体战略之中，以大开放促进喀什经济社会的大发展。2010年5月17日至19日在北京举行的中央新疆工作座谈会上，国家主席胡锦涛指出：“必须始终按照科学发展观的要求推进新疆跨越式发展，把走科学发展道路、加快发展作为解决新疆问题的根本途径，坚定不移推动经济社会又好又快发展。”[①] 2011年10月8日，《国务院关于支持喀什霍尔果斯经济开发区建设的若干意见》（以下简称《意见》）发布，标志着喀什经济开发区建设的开始。

《意见》对喀什和霍尔果斯进行了战略定位，突出两大功能。

一是中国向西开放的重要窗口。《意见》要求：充分发挥喀什地区和伊犁州对外开放的区位优势，拓展对外联结通道，发挥口岸和交通枢纽的作用，加强与中亚、南亚、西亚和东欧的合作，实现优势互补、互利互惠、共同发展，努力打造“外引内联、东联西出、西来东去”的开放合作平台，把喀什、霍尔果斯经济开发区建设成为我国向西开放的重要窗口，推动形成我国“陆上开放”与“海上开放”并重的对外开放新格局。[②]

二是新疆跨越式发展新的经济增长点。《意见》要求：通过实施特殊经济政策，吸引国内外资金、技术、人才，高起点承接产业转移，促进产业集聚发展，构建现代产业体系，加快推进新型工业化和城镇化步伐，充分发挥对当地经济社会发展的辐射带动作用，将喀什、霍尔果斯经济开发区建设成为推动新

① 《胡锦涛在中央新疆工作座谈会上讲话》，中国政府网，2010年5月20日，https://www.gov.cn/jrzg/2010－05/20/content_1610307.htm。

② 《国务院关于支持喀什霍尔果斯经济开发区建设的若干意见》，中国政府网，2011年10月8日，https://www.gov.cn/zhengce/content/2011－10/08/content_5257.htm。

疆跨越式发展新的经济增长点。①

2011 年出台的《意见》是非常具有前瞻性的政策文件，不仅预示了丝绸之路经济带建设倡议的提出，并在其中定位了喀什和霍尔果斯“外引内联、东联西出、西来东去”的地缘政治和地缘经济价值，更明确了将喀什作为中国内地面向中亚、南亚、西亚和东欧的开放合作平台的功能，还提出了通过对外开放和联通来实现将喀什和霍尔果斯建设成新疆跨越式发展新的经济增长点的思路。这是对喀什联通内外这一重要功能的政策肯定与强调。

2012 年 4 月 29 日，新疆维吾尔自治区人民政府为贯彻国务院文件发布了《关于加快喀什、霍尔果斯经济开发区建设的实施意见》，以便大力推进喀什和霍尔果斯两个经济开发区的建设工作。②

2013 年 5 月，经国务院同意，国家发展改革委印发《喀什经济开发区总体发展规划（2011—2020 年）》，对喀什经济开发区的总体要求、空间布局、产业发展、基础设施、公共服务设施、资源与生态环境、对外开放、开发管理、政策支持与保障措施和近期重点工作进行了部署。其中，将喀什经济开发区的发展定位确立为：沿边开放创新实践区、区域重要的经济中心、区域重要的商贸物流中心、区域重要的金融中心和区域重要的国际经济技术合作中心。该规划提出的发展目标是：到 2020 年，基础设施体系全面建立，公共服务设施基本完善，口岸功能全面提升，特色优势产业形成规模，对外开放水平显著提高，综合经济实力大幅提升，区域发展引领作用不断强化，特色鲜明、社会和谐、环境友好的现代化新城区基本建成，成为我国沿边开发开放示范区。当时提出的发展重点是：特色消费品工业、新兴产业、商贸业、现代物流、金融服务、文化产业、旅游产业、会议展览等。发展策略则是公共服务集成、对口支援、国际营销和产业准入等。

该规划出台后，喀什的社会经济发展虽然受到了“三股势力”、“西方炒作

---

① 《国务院关于支持喀什霍尔果斯经济开发区建设的若干意见》，中国政府网，2011 年 10 月 8 日，https://www.gov.cn/zhengce/content/2011-10/08/content_5257.htm。

② 《关于加快喀什、霍尔果斯经济开发区建设的实施意见》，霍尔果斯市人民政府网站，2020 年 3 月 30 日，http://www.xjhegs.gov.cn/xjhegs/c114516/202003/3d2683faab754acab64f4bd0c7acd9cf.shtml? glnohdjmglnophlf。

新疆议题”和美国制裁等因素滋扰，但相关建设并没有中断，喀什地区和南疆的发展与现代化问题反而因内部安全问题和外部干涉而引起全国人民的重视。中央与各省区市适时加大了对新疆的扶持和对口援疆力度，使喀什地区在短时间内旧貌换新颜。

（二）现状评价

至 2023 年，喀什经济开发区的十年建设不仅实现了脱贫，还为进一步对外开放和现代化建设打下了坚实的精神、物质、制度和社会基础。

根据 2021 年 11 月 24 日新疆维吾尔自治区发展和改革委员会颁布的《喀什地区国民经济和社会发展第十四个五年规划和 2035 年远景目标纲要》，喀什地区生产总值由 2015 年的 711.89 亿元增长到 2020 年的 1130.22 亿元。粮棉产量分别稳定在 237.76 万吨、75.30 万吨。以就业为导向招商引进劳动密集型企业、骨干龙头企业 628 家，带动稳定就业 15 万余人。旅游业接待游客数量和旅游收入年均分别增长 34.1%、41.3%。各类市场主体增加了 1 倍，达到 25.89 万户。喀什全地区 29.48 万户 119.57 万人脱贫、1543 个贫困村退出、12 个贫困县摘帽，贫困发生率由 30.3%降至 0。54.7 万有劳动能力的贫困人口实现了人人就业，贫困户人均纯收入达到 1.1 万元，贫困村“五通七有”全部达标。2020 年，喀什城乡居民人均可支配收入分别达到 27321 元和 10276 元。新增城镇就业 9.83 万人，转移农村富余劳动力 102.48 万人次。①

根据喀什市统计局和国家统计局喀什调查队 2023 年发布的《喀什市 2022 年国民经济和社会发展统计公报》，2022 年喀什地区生产总值 1368.56 亿元，同比增长 3.1%。2022 年，喀什一般公共预算收入 74.47 亿元，按自然口径计算同比增长 9.7%，扣除留抵退税因素后同比增长 13.7%。一般公共预算支出 727.96 亿元，同比下降 2.8%。2022 年，喀什第一产业增加值 422.70 亿元，同比增长 5.3%；第二产业增加值 283.71 亿元，同比增长 3.9%；第三产业增加

---

① 《喀什地区国民经济和社会发展第十四个五年规划和 2035 年远景目标纲要》，新疆发展改革委网站，2021 年 11 月 24 日，http://xjdrc.xinjiang.gov.cn/xjfgw/c108365/202111/79fbf54a46e6457fb2517296d7c2899c.shtml。

值662.15亿元，同比增长1.6%。2022年，喀什外贸进出口总值493.1亿元，同比增长113.3%。其中：出口477.7亿元，同比增长111.3%；进口15.4亿元，同比增长200.4%。2022年，两省两市对口援助项目298个，援助到位资金68.47亿元，资金到位率100%。其中，山东省援助项目92个，援助到位资金14.70亿元；上海市援助项目86个，援助到位资金28.57亿元；广东省援助项目47个，援助到位资金13.02亿元；深圳市援助项目73个，援助到位资金12.18亿元。①

根据喀什地区行政公署发布的数据，2023年上半年，喀什地区一般公共预算收入52.73亿元，同比增长15.38%；一般公共预算支出479.42亿元，同比增长10.66%。②

新疆发展改革委根据中共中央和自治区党委的战略安排，针对喀什地区提出的2035年与全疆全国同步基本实现社会主义现代化的远景目标是："综合实力大幅提升，经济总量和城乡居民人均收入迈上新台阶，创新能力显著提高，成为西部地区经济强区；基本实现农业现代化、新型工业化、信息化、城镇化，构建现代化经济体系；文化润疆取得重大成效，中华民族共同体意识深入人心；生态环境持续改善，广泛形成绿色生产生活方式；外向型经济体系更加完善，对内对外开放水平显著提升；城乡区域发展差距和居民生活水平差距显著缩小，城镇化水平大幅提升，基本公共服务实现均等化；法治喀什建设全面推进，社会大局持续稳定长期稳定，基本实现社会治理体系和治理能力现代化；人民生活更加美好，人的全面发展、全体人民共同富裕取得更为明显的实质性进展。平安喀什、健康喀什、文明喀什、富裕喀什、幸福喀什、美丽喀什建设达到更高水平。"③

从上文数据中可以看出，尽管遭受新冠疫情冲击且有较大的维稳投入，对

① 《喀什市2022年国民经济和社会发展统计公报》，喀什市人民政府网站，2023年7月12日，http://www.xjks.gov.cn/kss/c109281/202307/307c97b4815c4b78a41f220bcc25845f.shtml。

② 《喀什地区2023年上半年经济运行情况》，喀什地区行政公署网站，2023年7月25日，http://www.kashi.gov.cn/ksdqxzgs/c106693/202307/ee9aefebbefd4795ad01c9ef2c967039.shtml。

③ 《喀什地区国民经济和社会发展第十四个五年规划和2035年远景目标纲要》，新疆发展改革委网站，2021年11月24日，http://xjdrc.xinjiang.gov.cn/xjfgw/c108365/202111/79fbf54a46e6457fb2517296d7c2899c.shtml。

口援疆仍然推动了喀什地区的脱贫和发展。喀什市东部的经济开发区基础设施建设已经具备相当规模，正等待更多企业入驻。由于城市扩张，大量原来从事农业的村民转变身份，进入城市服务业和制造业，不仅收入提高，还发生了思想意识和生活方式的转变。根据笔者对喀什及其附近阿瓦提乡哈番拉村的调研，除了传统的瓜果蔬菜产业和畜牧业外，村里与“深喀现代农业有限公司”合作建设了“卫星工厂”——“净菜车间”，将蔬菜清洗包装等初级加工业引入乡村，以促进妇女就业、利用闲置劳动力并增加村民收入（见图 1、图 2）。工业化和现代化对喀什地区市民和村民使用国家通用语言文字的能力提出了更高要求，推动了喀什地区国家通用语言文字的普及，社会和谐程度进一步提升。

图 1　2023 年的喀什阿瓦提乡哈番拉村

资料来源：笔者在喀什下乡调研期间拍摄。

不过，上文数据也反映出制约喀什社会经济发展的一些结构性问题。

首先，喀什地区财政收入和支出差距较大这一老问题没有得到解决。新疆财政依靠中央转移支付和对口援疆来平衡的状况近年来不断凸显。这不仅使新疆对内地经济产业依附程度日益增加，更不利于新疆建设发展具有比较优势的经济产业体系。喀什地区在一定时期内用外部财政支持来推动现代化建设是必要

图 2　喀什阿瓦提乡哈番拉村“卫星工厂”——“净菜车间”

资料来源：笔者在喀什下乡调研期间拍摄。

的，但长期依赖中央和内地的财政补贴将会使喀什的社会经济依附性大幅增加，不仅会持续削弱喀什社会自身的独立发展能力，更可能会使喀什随内地的产业升级而被市场力量转化为产品倾销地和原材料供给地，影响喀什地缘经济优势的发挥。

其次，喀什地区第二产业基础仍然薄弱、工业化程度仍有待大幅提升。虽然喀什经济开发区基础设施建设已经具备相当规模，但入驻产业因各种因素的限制发展仍不理想。如何用工业化和信息化技术改造喀什地区传统的农牧等第一产业仍在探索过程中。只有第二产业蓬勃发展才能从根本上改变喀什小农经济社会面貌，使喀什农村社会真正融入中国的现代化发展之中。

以文化旅游服务业为代表的第三产业的飞速发展虽然给喀什创造了大量财政收入和就业机会，却因其经济弹性大和不确定性大的影响而削弱了它成为喀什支柱产业的稳固性。喀什地区工商业尤其是商贸的规模和产值仍然没有充分体现出其地理位置的优势和潜力。

最后，作为“五口通八国”口岸城市的喀什国际贸易额较小，完全没有发挥出喀什的外贸优势。2022 年，喀什外贸进出口总值只有 493.1 亿元，其中出口 477.7 亿元，进口 15.4 亿元；同年，深圳货物进出口总额为 36737.52 亿元，其中出口总额 21944.80 亿元，进口总额 14792.72 亿元。深圳全年新签外商直接投资合同项目 4289 个，实际使用外商直接投资金额 109.70 亿美元。[①] 喀什与深圳进出口方面的悬殊，不仅反映出中国东西部对外贸易的结构性差异，也体现出中国海陆对外贸易所拥有的不同条件和面临的不同约束。而妥善利用条件、突破限制，则需要喀什抓住发展机遇，通过改革创新来实现。

二　新形势下喀什地区沿边开放的战略机遇

当前，新兴国家的崛起和霸权衰落导致旧有的全球政治经济格局难以延续，世界进入“百年未有之大变局”。经济全球化的旧规则不敷所用，新的全球秩序尚未形成，不确定性增加开始成为时代特征。

经过数十年西部大开发尤其是近十年的经济开发区建设，喀什已经具备了一些抓住机遇扩大沿边开放的内部和外部条件，主要体现在两个方面。

就当前喀什具备的内部条件而言，首先，经过数年整顿、反腐和党的建设，

---

① 《深圳市 2022 年国民经济和社会发展统计公报》，深圳市统计局网站，2023 年 5 月 8 日，http://tjj.sz.gov.cn/zwgk/zfxxgkml/tjsj/tjgb/content/post_10577661.html。

喀什地区中央权威增强，地方政府的领导能力与治理水平有了大幅提升。此外，各级干部的凝聚力和执行力有了显著提高。多数干部有了相当时间的驻村与扶贫经历，对农村基层社会状况有了直接观察和切身体验。一支能够贯彻党的领导的坚强而有战斗力的行政队伍已经形成。这是保障喀什社会安全和稳定的基石，也是推动喀什发展的重要组织基础。

其次，喀什经济开发区的基础设施建设水平和社会现代化水平有了大幅提高。喀什虽然与我国沿海地区相比仍有一定差距，但与毗邻的中亚和南亚国家相比已经拥有了资金、技术、产业和管理方面的先发优势。这使中国推动向西开放拥有了经济和技术势差。更进一步，我国沿海企业的产业升级和产业结构调整仍在深化之中，许多低技术含量、低附加值的劳动密集型产业必须向外转移。除东南亚外，能源与矿产丰富的中亚、人力资源富足的南亚以及具备高度地缘经济价值的中南亚枢纽地带理应成为具备全产业链优势的中国企业的开拓对象。喀什拥有的口岸功能和中国喀什与中南亚各国之间较为紧密的社会文化关系理应在中国经济产业向中南亚的投射中发挥更大的作用。

最后，中国从制造大国向消费大国的转变势在必行。中国用“超大规模市场”来吸引周边国家投资并推动跨国产业链布局和产业分工的工作已经开始。为了发挥市场优势和内需潜力，解决东西部发展不平衡的问题，中国政府于2020年提出了加快构建以国内大循环为主体、国内国际双循环相互促进的新发展格局。其中，关键之一就是要设法提升西部地区的经济发展和市场化水平。由此可见，喀什地区将会获得来自中国政府和业界的更多投入，使其真正成为中国最西部的经济增长点。

喀什地区拥有的外部机遇更为显著。除了中巴经济走廊和瓦罕走廊两大走廊外，中吉乌铁路的修建使喀什可以与中亚铁路网联通。这在美国主导的经济全球化式微、发展中国家日益壮大、经济区域化和亚欧非市场联通需求上升的时代背景下具有重要的地缘政治和地缘经济意义。

俄乌冲突爆发后，俄罗斯被迫转向东方，进一步拓宽了中国与中亚国家开展经济贸易与产业合作的空间。中俄合作不仅有利于保障中亚区域的安全稳定，也为中俄和中亚各国的产业与市场整合打下政治基础，喀什在促进中亚区域合作与经济整合方面大有作为。

然而，在国内外形势不断演变进程中，喀什的发展不仅存在机遇，也面临不小的内部约束与外部挑战。

三 喀什发展的内部约束与外部挑战

总结历史经验，影响喀什发展的核心问题是，如何在对外开放与保障内部安全之间寻找平衡。近代以来，这个矛盾曾多次造成喀什治理政策的大幅摇摆——要么因外部威胁和内部动荡而闭关锁国；要么因外敌入侵和对外妥协而被迫开放，使喀什沦为列强势力向中国渗透的前沿基地。新中国成立后，中国政府全面巩固了对喀什的主权和地区安全，却因中苏对抗和苏联解体造成的混乱以及“三股势力”的兴起而在喀什地区执行了相对保守的对外政策。封闭不仅使喀什的地缘经济优势长期难以发挥，更阻碍了当地社会与时俱进创造力的发挥。长期封闭不仅在喀什社会中制造了法规、制度和习俗方面可见的障碍，更由之促生了社会心理、观念和思想方面的种种桎梏。这些内部约束与喀什发展面临的外部挑战相互作用，构成了拖慢乃至妨碍喀什发展进步的主要因素。

（一）内部约束

当前喀什地区在发挥地缘经济优势方面存在的内部约束如下。

第一，经过数年以实现安全和社会稳定为主要目标的治理，喀什地区的政府和社会仍然没有形成稳妥有效的“内联外通”发展模式。由于中国喀什的毗邻国家和地区都存在不同程度的安全问题，对于如何在保持花费了巨大努力和代价才实现的社会稳定和谐的前提下逐步推进沿边开放，我国学界和政界仍然存在争议。

第二，喀什目前仍然缺乏具备国际视野、拥有经济发展思想和经验的专业化管理人才。虽然对口援疆可以向喀什地区输送相关领域人才，但这些人才在数量、时间和能力上均难以改变长久形成的制度环境。许多人才的专业技能没有发挥空间。这样一来，他们只能将努力付诸短期可见的硬件设施建设方面，面对需要长时期才能见效但至关重要的制度和文化改革则爱莫能助。这种现象并不利于开放包容政经环境的形成。

第三，中央转移支付和对口援疆是影响喀什发展的“双刃剑”，既带来了外力推动的社会经济现代化，也导致喀什社会在发展进步方面缺乏足够的内生动力和创新能力。中国的新疆治理，从清代军府协饷到当前的中央转移支付和对口援疆，其基本思路就是以内地的财政收入来支撑在国家安全和地缘战略方面有重要价值的新疆的财政支出，此种财政格局已经成为常态。虽然清代、民国和新中国的西北舆地和边疆学者对开发新疆财源提出过各种观点和建议，但均未能改变基本财政格局。除了新疆本身自然禀赋的限制外，长期外部输血使新疆社会在思想、人才、制度和环境方面均形成了与之相适应相配合的“内陆边疆”发展模式，侧重扮演中国屏障和内地的原材料与人才供应地的角色，缺乏自主创新和经济发展的内生动力。就喀什地区而言，虽然负责对口援疆的广东和深圳有将喀什建为“新经济增长点”的任务，但沿海的发展和管理模式并不能照搬到喀什。深圳经验在喀什本地化后喀什建设了诸多的产业园区等硬件设施，却还没有形成对入驻企业有巨大吸引力的营商环境和社会氛围。纵观历史，只有充分激发喀什本地社会的经济贸易活力，才能够实现将其建设为“新经济增长点”的目标。

第四，喀什地区的基础设施建设仍待加强，民族融合与中华民族共同体意识的巩固还需时日。虽然喀什市的基础设施建设取得了长足发展，但喀什农村地区的基础设施建设水平还有很大的提升空间。不少村庄仍然局限于农牧业，尚未开发足够的副业来增加收入。更重要的是，由于过去相当长时期在相对封闭的喀什地区南疆社会对国家通用语言文字的推行力度不足，许多农村成年人使用国家通用语言文字的能力有限，这不仅妨碍了他们通过手机、电脑等信息化工具对现代化知识信息的接收，更不利于在南疆社会消除传统偏见，培养中华民族共同体意识和国家认同感。2017年以来新疆中小学全面实行国家通用语言文字授课的社会效果已经显现，南疆地区许多中小学学生不仅成为家里成年人读书识字、获取知识不可或缺的帮手，更担负着对外交流的“翻译”重任。鉴于国家通用语言文字的推广在新疆社会仍然存在历史欠账，这个政策必须长期坚持才能够真正促进南疆社会融入中国现代化进程，夯实中华民族共同体建设的认知基础。

第五，中国对中亚、南亚和西亚周边邻国的政策较为温和保守，多侧重发展经济贸易关系，在区域集体安全保障和有关意识形态、价值观、思想文化影响和舆论宣传方面则用力不够。这与我国汉唐元清时期的西域政策有显著不同。改革开放后，重美欧而轻周边的对外交流模式也使中国在有关中亚和南亚研究方面的人才和知识储备不足。正如中巴经济走廊建设所显示的，随着共建“一带一路”合作向重点区域、重点国家和重点项目深化，中国的国家安全和国家利益要求与中西亚国家和亚洲新兴经济体的合作不能仅仅停留在经济贸易层面，必须拥有进取性思维，加强安全保障、文化影响和舆论宣传，掌握区域控制力和话语权。针对这一点，以喀什大学为基地的外交研究和区域国别学科建设必须得到切实加强，以便发挥地缘优势、形成学科特色。

（二）外部挑战

美国对中国的遏制政策使中国的外部安全形势有所恶化。虽然中美博弈的重点在中国的海疆和海洋商贸路线，但战线已经被延伸到中国的内陆边疆。

第一，中美博弈正使中南亚枢纽地带再次成为“大博弈”的战场，加剧中亚和南亚的地缘政治摩擦，这将严重影响喀什的安全和发展。作为东西南北通衢的中亚历史上就是各大帝国扩张中的兵家必争之地。19 世纪英俄两帝国为争夺中亚的主导权和势力范围进行了近百年的“大博弈”。20 世纪下半叶美苏在伊朗、阿富汗和巴基斯坦一线又开展了长期对抗，甚至发生热战。当前，美国的反华力量为达到围堵、牵制和消耗中国的战略目的，又在中南亚枢纽地带蠢蠢欲动。

第二，部分印度政客利用美日的“印太战略”，不断挑动边界问题，企图从中渔利。虽然同为发展中国家的代表，但印度政府和军界一直存在一批继承了英属印度帝国主义“前进政策”的人士。他们一直以保障印度“北部边疆”安全为由将中国视为威胁，经常借克什米尔、阿克赛钦、不丹和藏南争议挑起边界摩擦，并意图染指中国的西藏、新疆乃至台湾。在美国推出“印太战略”后，印度的反华强硬派认为获得了压制中国的战略机遇，频繁挑起边界摩擦，主动配合美国的遏制政策。这给中国喀什地区与和田地区带来了较大程度的传统边防安全威胁。

第三，近年来，巴基斯坦因其内部政治动荡和经济困难正在成为域外势力的角力场。2020年后，巴基斯坦的新冠疫情、大洪水、政府更迭和党派内斗消耗了大量本就有限的资源，撕裂了社会，打乱了国民经济的运作，严重影响了政府的执政能力，削弱了军方打击极端势力的力量。巴基斯坦与国际货币基金组织达成的借款协议则侵蚀了巴基斯坦的主权和独立自主能力。该国严重的政治经济问题不仅影响了中巴经济走廊建设，更增加了滋生“三股势力”极端组织的土壤。这使与巴基斯坦陆路联通的喀什地区面临的源自境外的“非传统安全威胁”有加大之势，影响了两国人员、投资和贸易往来。

第四，俄乌冲突可能使哈萨克斯坦、乌兹别克斯坦、吉尔吉斯斯坦和塔吉克斯坦等中亚国家进一步向北约和日韩等国寻求“第三方”平衡力，以便对冲俄罗斯对中亚的影响。这些曾被沙俄吞并、在苏联解体后才再次获得独立的中亚民族与国家对周边大国的戒心可能相应提高，并尝试借助域外力量来加以平衡，进而使中亚局势更加复杂化，给区域合作带来更大不确定性。

四 结论

作为中国西部和亚洲中枢地区重要的口岸城市，喀什在新形势下抓住机遇和应对挑战的关键是要具备实现安全与开放之间动态平衡的能力。其基本逻辑则应是“以进取寻求安全、以安全保障开放、以开放促进发展、以发展巩固安全”。其中，最重要的是必须拥有“进取型”精神和策略，只有这样才能在纷乱的亚洲中枢地区掌控局势，获得安全保障。这是中国汉唐元清诸朝治理西域积累的历史经验，也是近代帝国主义逐鹿中亚留下的政治教训。开放进取才能掌握主动、缔造和平，封闭保守则只会丧失机遇、被动挨打。

总体而言，目前喀什地区在发展理念方面较我国东部沿海要更为保守。喀什经济开发区非常需要中国改革开放初期建设深圳经济特区的那种进取精神和具有敢闯敢试观念的现代化建设者。在中亚、南亚、西亚地缘政治和地缘经济格局发生变化的时代背景下，在喀什对内地的经济产业、资金、技术、文化和人才依赖大幅加深的历史时期，勇敢突破各种障碍，重新发掘喀什联通东西南北的地缘经济优势，切实做到“外引内联、东联西出、西来东去”，才能使中国内地和中亚、南亚、西亚的资金、产业、技术与人才得以通过市场力量持久输入喀什，才能彻底改变南疆社会封闭落后的小农经济社会面貌，才能使喀什地区成为中国沿边开放的典范经济开发区和中国西部的经济增长点。

参考文献

[1] 居来提·色依提、苏来曼·斯拉木：《构造新疆新经济增长极的思考——基于喀什特殊经济开发区成为增长极的构想》，《开发研究》2013 年第 2 期。

[2] 罗清和、尹华杰、张琼引：《喀什经济开发区定位研究》，《区域经济评论》2013 年第 1 期。

[3] 王慧君：《对喀什经济开发区战略定位的思考和建议》，《新疆社会科学》2015 年第 1 期。

[4] 陶一桃：《从沿海开放到沿边开放——开放拓展战略的意义及喀什经济特区发展应该注意的几个问题》，《深圳大学学报》（人文社会科学版）2013 年第 1 期。

[5] 张祝菁等：《喀什的经济发展对中国西部边境安全的重要意义》，《学理论》2015 年第 1 期。

[6] 再娜甫·依米提：《特殊经济开发区建设以来喀什地区外贸发展》，《边疆经济与文化》2016 年第 1 期。

[7] 韩沁言：《打造高水平对外开放门户枢纽——新疆自贸试验区成立激励喀什各部门单位企业开拓进取》，《新疆日报》2023 年 11 月 9 日。

（文字编辑：李桐）

Opportunities and Challenges of Exploiting Kashgar's Geo-economic Advantages Under the New Situation

William Yun, Niu Feiliang and Nie Haihui

(China Center for Special Economic Zone Research, Shenzhen University, Guangdong, Shenzhen, 518000; School of Economics and Management, Kashi University, Xinjiang, Kashi, 844000)

Abstract: The security, infrastructure and social outlook of the Kashi Economic

Development Zone and its surrounding area have undergone dramatic progress in the ten years of construction. With the favorable policies of Chinese central government and the vigorous Xinjiang Pairing Assistance from Chinese interior provinces and cities, the Kashgaria is ushered into China's industrialization, informatization and socialist modernization in a relatively short period of time. At present, the global politico-economy is going through the structural changes. Kashgar, which is located in the central hub of the Eurasia, once again meets a series of strategic opportunities for development. At the same time, it must face serious internal constraints and the increasingly fierce external challenges. Whether Kashgar can seize the opportunity like the coastal open Shenzhen and become an inland-frontier base for projecting China's economic, trade and industrial power into Central Asia, South Asia and West Asia, it still needs China's politician, academician and entrepreneur to work together in order to effectively promote the land connectivity and the westward expansion of China's industrial chains amid the great geopolitical and geo-economic reconstructions by taking advantage of this Silk Road hub and the pivot of Asia.

Keywords: Kashi EDZ; Inland Opening-up; Xinjiang Pairing Assistance

深圳综合改革试点的实践与探索

深圳市委改革办课题组*

摘　要： 深圳推动实施综合改革试点三年多来，取得显著成效。本文阐释了深圳综合改革试点的时代背景、战略意图和基本内涵，梳理了在要素市场化配置改革、一流营商环境建设、产业科技创新中心建设、构建高水平开放型经济体制、民生幸福标杆城市建设、可持续发展水平及基层治理体系和治理能力现代化水平提升等重点领域和关键环节的改革成效，分析了深圳探索形成的一系列抓改革落实、促任务落地的好方法，探讨了如何实现改革组织方式的深刻变革。最后强调，赓续并弘扬敢闯敢试、敢为人先、埋头苦干的特区精神，以深圳综合改革试点牵引全面深化改革向纵深推进，继续成为新时代的改革“试验田”和“火车头”。

关键词： 综合改革试点　全面深化改革　深圳

支持深圳实施综合改革试点，是习近平总书记亲自谋划、亲自部署、亲自推动的重大国家战略。2020 年，在深圳经济特区建立 40 周年、深圳先行示范区建设 1 周年之际，习近平总书记亲自主持审议通过《深圳建设中国特色社会主义先行示范区综合改革试点实施方案（2020—2025 年）》（以下简称《深圳综改

---

* 课题组成员：卢文鹏、孙华明、王海金、李育明、邓世缘、杨子尧。

实施方案》），亲自在深圳经济特区建立40周年庆祝大会上宣布“支持深圳实施综合改革试点”。三年多来，深圳深入学习贯彻习近平总书记关于全面深化改革的重要论述和对广东、深圳系列重要讲话和重要指示精神，在中央改革办、国家发展改革委等中央和国家相关部委的支持推动和广东省委、省政府的直接领导下，坚定扛起主体责任，推动试点取得显著成效。实践证明，深圳综合改革试点得以先行先试、强力突破，最根本的是党中央以清单式批量部署方式指明了方向、提供了遵循。新征程上，深圳坚定不移全面深化改革，其综合改革试点可以担当新时代的改革“试验田”和“火车头”。

一 深圳综合改革试点是以习近平同志为核心的党中央着眼大局大势做出的重大决策部署

《深圳综改实施方案》明确三个阶段目标和五大工作原则，在完善要素市场化配置体制机制、市场化法治化国际化营商环境、科技创新环境制度、高水平开放型经济体制、民生服务供给体制、生态环境和城市空间治理体制六个领域，做出全面改革部署，推出首批40条授权事项清单。这是党中央首次为一座城市量身定做的改革图谱，是在中央改革顶层设计和部署下，赋予深圳在重点领域和关键环节改革上更多自主权，支持深圳在更高起点、更高层次、更高目标上推进改革开放。

（一）深圳综合改革试点的时代背景

因应形势而来。从国际形势来看，世界百年未有之大变局加速演进，世界进入新的动荡变革期，不稳定、不确定、难预料因素增多。就国内形势而言，中国特色社会主义进入新时代，社会主要矛盾发生变化，经济已由高速增长转向高质量发展；我国进入新发展阶段，正在贯彻新发展理念，推动高质量发展，形成以国内大循环为主体、国内国际双循环相互促进的新发展格局。深圳处于高位过坎的发展阶段和内外循环交汇的重要位置，率先发展起来也率先面临深层次问题、结构性矛盾，需要发挥深圳综合改革试点牵一发而动全身的作用，用改革的方法解决影响贯彻新发展理念、构建新发展格局的突出问题，在各种可以预见和难以预见的惊涛骇浪中增强生存力、竞争力、发展力、持续力。

因应时代而来。1979 年 7 月，党中央、国务院批准广东省、福建省实行“特殊政策、灵活措施、先行一步”，并试办出口特区，最早探索改革开放。1984 年 10 月，党的十二届三中全会通过《中共中央关于经济体制改革的决定》，全面拉开经济体制改革序幕。2005 年 6 月，国家根据实际需要，选择深圳、上海、天津等符合条件的地区开展综合配套改革试点，把解决本地实际问题与攻克面上共性难题结合起来，实现重点突破与整体创新，为全国其他地区综合改革发挥示范作用。2019 年 8 月，《中共中央 国务院关于支持深圳建设中国特色社会主义先行示范区的意见》正式发布，支持深圳高举新时代改革开放旗帜，建设中国特色社会主义先行示范区。2020 年 10 月 11 日，中共中央办公厅、国务院办公厅公开发布《深圳综改实施方案》，在特殊历史节点再次为深圳把脉定向、量身定做全面深化改革的总纲领，不仅明确“过河”的任务，还解决好“桥”和“船”的问题，必将推动习近平总书记、党中央擘画的蓝图变成美好现实。

因应需求而来。党的十九大明确了从 2020 年到 21 世纪中叶分两步走，全面建设社会主义现代化国家的新目标。党的十九届五中全会擘画了“十四五”和 2035 年远景规划，开启了全面建设社会主义现代化国家新征程。党的二十大把“坚持深化改革开放”作为前进道路上必须牢牢把握的五个方面重大原则之一，强调“深入推进改革创新，坚定不移扩大开放，着力破解深层次体制机制障碍，不断彰显中国特色社会主义制度优势，不断增强社会主义现代化建设的动力和活力，把我国制度优势更好转化为国家治理效能”。2023 年 4 月，习近平总书记考察广东时指出，广东是改革开放的排头兵、先行地、实验区，要求广东坚定不移全面深化改革、扩大高水平对外开放，在推进中国式现代化建设中走在前列。① 深圳要奋力在中国式现代化建设中走在前列、勇当尖兵，必须用足用好深圳综合改革试点关键一招，提振改革精气神，将改革开放进行到底。

---

① 《习近平在广东考察时强调：坚定不移全面深化改革扩大高水平对外开放 在推进中国式现代化建设中走在前列》，中国政府网，2023 年 4 月 13 日，https://www.gov.cn/yaowen/2023-04/13/content_5751308.htm? eqid=ef3bce57000107e200000006646af22d。

（二）深圳综合改革试点的战略意图

新时代推动深圳改革开放再出发的又一重大举措。综合改革试点给予深圳充分的改革探索空间，昭示着深圳改革开放的使命更崇高、责任更重大。深圳是改革开放后党和人民一手缔造的崭新城市，是中国特色社会主义在一张白纸上的精彩演绎，进入新时代，在中央顶层设计下实施综合改革试点，一以贯之的是肩负为党和国家事业开路探路的崇高使命。深圳处在改革开放最前沿，必须持续向改革要动力、向开放要活力，切实提高改革的战略性、前瞻性、针对性，继续当好向世界展示我国改革开放成就和国际社会观察我国改革开放的重要窗口。

建设中国特色社会主义先行示范区的关键一招。深圳先行示范区建设是中国特色社会主义进入新时代的全新课题，要求深圳用足用好综合改革试点这一重要法宝率先破题。实现深圳先行示范区“五个率先”目标需要综合改革试点攻坚突破，紧紧围绕高质量发展高地、法治城市示范、城市文明典范、民生幸福标杆和可持续发展先锋的战略定位，系统性破解改革难题，充分释放城市发展潜力活力动力，进一步解放和发展社会生产力、充分释放全社会创造活力，加快成为竞争力、创新力、影响力卓著的全球标杆城市。

创新改革方式方法的全新探索。随着改革进入新的历史关头，推进改革的复杂程度、敏感程度和艰巨程度并不亚于经济特区创办之初。相对于改革开放之初以“摸着石头过河”为显著特点的地方率先探索积极推动型改革创新、改革进入深水区后由中央进行顶层制度设计主导引领型改革创新而言，深圳综合改革试点采用“方案+清单”滚动推进等新模式，没有先例可循，要求深圳勇挑重担、主动作为，以坚持和完善中国特色社会主义制度、推进国家治理体系和治理能力现代化为主轴，在新时代走在前列、在新征程勇当尖兵。

（三）深圳综合改革试点的基本内涵

站位在于国家。综合改革试点着眼于解决高质量发展中遇到的实际问题，着眼于建设更高水平的社会主义市场经济体制需要，多策划战略战役性改革，多推动创造型、引领型改革，在完善要素市场化配置体制机制、市场化法治化国际化营商环境、科技创新环境制度、高水平开放型经济体制、民生服务供给体制、生态环境和城市空间治理体制等重点领域先行先试。

内涵在于综合。综合改革试点强调领域综合，不仅是经济领域改革，而且是“五位一体”的改革方法联动；要求方法综合，坚持改革决策和立法决策相统一、相衔接，主张改革和法治同步推进，增强改革的穿透力；坚持效果集成，更加注重改革系统性、整体性、协同性，提高改革综合效能。

核心在于授权。综合改革试点是党中央一次性给予的最高规格授权，开创“方案+清单”滚动推进综合授权方式。其中，方案是一揽子授权，有别于此前改革试点通常实行的“一事一议、层层审批、逐项审核”的授权方式；清单是批量授权，对列入清单的事项实施备案管理，除明确要报批的事项，其他不再逐项报批；实施方案重在明确重点领域、改革方向和建构机制，授权清单重在具体落实，二者前后呼应、互为支撑。

目标在于示范。综合改革试点很多改革涉及“无人区”“深水区”，不是修修补补的一般性改革，而是创造型、引领型改革，体现了改革的力度和深度；不是全国“齐步走”，而是为全国制度建设做出重要示范；不是要打造政策的洼地，而是要形成可复制可推广的经验，不能仅满足“一马当先”，而要带动“万马奔腾”。

二　重点领域和关键环节改革成效持续显现，一大批改革成果在全国全省复制推广

试点实施以来，深圳围绕六大领域推出了一系列改革创新举措，形成了可复制可推广的经验做法及可提炼可总结的制度性成果，有力支撑了中国特色社会主义先行示范区建设，得到中央和国家有关部委充分肯定。中央改革办先后推广深圳民意速办、数据交易等改革经验做法。2022 年 10 月，国家发展改革委向全国推广深圳综合改革试点首批清单 4 方面 18 条典型经验和创新举措；2023 年 10 月底，国家发展改革委等七部委联合发文，再次向全国推广深圳综合改革试点 22 条创新举措和典型经验，累计推广 40 条。省委深改委 2021 年、2023 年分别复制推广第二批、第三批基层改革创新经验，深圳入选数量保持全省第一。

（一）要素市场化配置改革不断深化，要素协同配置效率全面提高

一是提高土地要素配置效率。推进二三产业混合用地，打造腾讯“互联网+”未来科技城等产城融合新标杆。探索“工业上楼”模式，将连续5年每年推出不少于2000万平方米高品质、低成本、定制化产业空间。二是促进劳动力要素畅通有序流动。率先建立快递行业职业技能等级认定制度，建立灵活用工纠纷争议快速调处机制，新就业形态劳动者保障更加充分。按照“人员统一使用、编制分类管理”原则，赋予街道更加灵活的用人自主权，加快从身份管理向岗位管理转变。三是推动资本要素服务实体经济。推进创业板改革并率先试点注册制，新三板转板上市机制顺利实施，深市主板时隔21年恢复发行上市功能，深圳证券交易所成交金额位居亚洲第一、全球第三。创新私募基金“照前会商”等机制，创投市场环境持续优化。四是加快技术要素向现实生产力转化。成立全国首家科技成果与知识产权交易中心，促进资本市场与技术市场进一步联通。创新知识产权证券化模式，相关产品累计发行规模在全国率先破百亿元。五是探索数据要素流通规则。率先开展数据要素统计核算试点，在报表制度、核算方法等方面创新突破。成立深圳数据交易所，开展国内首批场内跨境数据交易，交易规模全国第一。

（二）市场化法治化国际化一流营商环境建设深入推进，市场活力和社会创造力不断迸发

一是健全市场主体保护机制。实施放宽市场准入24条特别措施。率先实施知识产权侵权惩罚性赔偿、技术调查官等制度，审结“中国AI作品第一案”，知识产权关键指标居大中城市首位。率先实施个人破产制度。二是优化提升市场环境。构建服务企业新机制，深入开展“我帮企业找市场”、“我帮企业找资金”、“我帮企业降成本”和“万名干部助企行”等行动。建立健全产业转移应对机制，围绕“如何不转或少转”“面向未来打造什么产业”等六个方面，形成全方位应对机制，制造业当家的实体经济基础持续巩固。三是持续优化政务服务。实现电子营业执照和电子印章跨行业应用、跨地区互认，90%以上企业和群众常用证照可“免证办”。“秒批秒报”事项持续新增，高频政策补贴精准

推送，实现全国重点城市一体化政务服务能力评估“四连冠”。

（三）科技创新环境制度加快完善，产业科技创新中心建设纵深推进

一是强化企业科技创新主体地位。支持龙头企业牵头组建创新联合体，推动大中小创新型企业集聚发展，培育国家高新技术企业超2.3万家，全社会研发投入占GDP的5.49%，其中企业研发投入占比约94%。二是完善科技创新平台建设管理机制。高标准打造河套深港科技创新合作区、光明科学城、西丽湖国际科教城等重大创新平台，鹏城实验室通过国家实验室“入轨”考评，深圳湾实验室进入高质量运行阶段，鹏城云脑等大科学装置全球领先。三是强化关键核心技术攻关。创新“揭榜挂帅”“赛马制”“项目经理人制”等项目遴选和组织方式，支持创新主体承担国家和省重大科技项目。加快实现国产替代，首台国产ECMO（体外膜肺氧合系统）、4K荧光硬镜等高端新品陆续获批。四是推动创新链产业链资金链人才链深度融合。建立“产业链出题、创新链答题”机制，加快迈向价值链高端。搭建创新项目与创投资本对接平台，市引导基金已与81家知名投资机构建立合作机制。在37家单位试点赋予科研人员职务科技成果所有权或长期使用权，完成分割确权370余件。五是实施更加积极、更加开放、更加有效的人才政策。深圳零一学院、深圳科创学院、深圳医学科学院等揭牌成立，以全新机制为顶尖人才打造成长路径。开展外籍人才工作居留一站式服务。建立国际职业资格证书认可清单制度，率先制定外籍高精尖缺人才认定标准，引进沈向洋、薛其坤、颜宁等战略科学家，全球英才加快集聚深圳。

（四）对内辐射对外开放持续深化，构建高水平开放型经济体制取得新进展

一是健全辐射带动合作共赢新机制。全面落实乡村振兴战略和省委“百县千镇万村高质量发展工程”部署，建立健全省内驻镇帮镇扶村等机制和东西部协作、援疆援藏、革命老区建设、东北地区对口合作等长效机制，累计投入资金1300余亿元，涉及9省19市106县（市、区）。完善飞地管理体制机制，创新“总部+基地”“研发+生产”等飞地经济发展模式，深汕特别合作区进入发展快车道，2023年上半年GDP增长32.3%。扎实推进广深“双城联动”、深

圳都市圈规划建设、珠江口东西两岸融合互动，大湾区核心引擎功能持续增强。二是稳步扩大规则、规制、管理、标准等制度型开放。率先构建体系化的域外法查明与适用制度，前海法院适用香港法律审理的案件数量位居全国法院第一；创新“境外调解+境内仲裁”争议解决模式，深圳国际仲裁院化解商事矛盾纠纷所涉金额位居全球第二；世界无线局域网应用发展联盟（WAA）等落户深圳，提升了我国相关领域国际标准制定话语权。扩大金融领域开放，连续两年在香港发行各50亿元离岸人民币地方政府债券；开展华南首单国际航行船舶保税液化天然气（LNG）加注试点，深圳港成为全球第四个具备LNG加注服务能力的枢纽港；开展跨境公司本外币一体化资金池试点，全市已有15家跨国集团参与试点，数量占全国的30%。加快构建新型交易平台体系，前海联合交易中心首次实现跨境大宗商品交易以人民币计价结算，大豆离岸现货交易平台、国际珠宝玉石综合贸易平台等上线运行。三是加快建设重大开放合作平台。全面深化前海深港现代服务业合作区改革开放，累计形成制度创新成果755项，全国复制推广75项，高水平对外开放门户枢纽功能不断增强。高标准规划建设河套深港科技创新合作区，探索自由便捷的科研人员、物资、先进装备等要素进出查验监管模式。联动香港规划建设沙头角深港国际消费合作区，大力提升出入便利程度和跨境消费能级。

（五）民生服务供给体制不断优化，民生幸福标杆城市建设步伐加快

一是创新基础教育优质均衡发展模式。打造国家基础教育综合改革实验区，形成教育经费保障、监测评价督导等4个支撑体系。校外培训规范治理、课后服务等“双减”经验做法在全国推广。二是创新医疗高质量发展模式。率先以立法形式建立生前预嘱制度，率先赋予护士一定的处方权。“港澳药械通”试点目录扩大到36款，37位港籍医生在深获得正高级职称。编制实施全国首个获国际医疗质量协会外部评审会（IEEA）权威认证的医院评审标准。三是创新公共文化服务供给模式。全市约1600个体育场馆、600所学校实现“一网统管、开放共享、一键预约”，文体设施资源利用效率和普惠效益显著提升，深圳公共文化服务评价蝉联全省第一。四是创新重点群体社会保障模式。深化“一老一小”改革，推动街道长者服务中心与辖区内社区服务站、小区服务点形成联动，

构建“一刻钟养老服务圈”。创新托育机构多元化建设模式，实现普惠性托育机构街道全覆盖。五是创新住房供应保障模式。拓展保障性住房建设筹集渠道，推进城中村保障性住房规模化品质化改造提升，推出首批可售型人才房，多主体供给、多渠道保障、租购并举的住房制度更加健全。

（六）生态环境和城市空间治理体制不断完善，可持续发展水平迈上新台阶

一是加快发展方式绿色转型。构建全国首个生态系统生产总值（GEP）核算制度完整体系，在全国率先开展城市GEP核算，将无价的生态系统功能“有价化”。二是深入推进环境污染防治。建立入海口排污分类管理制度，在全国率先制定入河（海）排放口管理办法，实现入海排放口全生命周期管理。在全国率先开展区域空间生态环境评价改革，全市90%以上的建设项目可免办环评审批手续，建设项目办理手续从6个环节精简到2个。三是构建生态系统保护修复机制。全球首个国际红树林中心落户深圳，国际湿地城市建设深入推进。完善陆海统筹海洋生态环境保护修复机制，形成入海污染总量控制、入海排放口长效管理、海洋垃圾清理、海洋环境监测、联合执法等五大制度体系，获生态环境部充分肯定。四是积极稳妥推进碳达峰碳中和。实施气候投融资改革，高标准建设深圳气候投融资项目库。深圳碳交易所率先面向个人投资者开放和引进境外投资者，推出国内首只“碳中和”专业投资基金。

（七）党建引领基层治理体制机制不断完善，基层治理体系和治理能力现代化水平明显提升

一是创新实施民生诉求综合服务改革。打造“@深圳—民意速办”一体化平台，构建党建引领下的民生诉求“多口归一”收集、“智慧精细”速办、“全程可视”反馈、“源头化解”分析等新机制。二是创新以改革促进问题整改的新机制。深入开展学习贯彻习近平新时代中国特色社会主义思想主题教育，创新增设市委主题教育办改革推进组，从涉稳民生问题、民意速办平台高频投诉问题、市委巡察发现问题等中梳理出改革事项，实现问题症结找得准、整改责任落得细、解决路径摸得清。三是坚持大抓基层的鲜明导向。明确抓社区党建

促基层治理、抓机关党建促作风转变、抓国企党建促企业做大做强做优、抓学校党建促立德树人、抓科研机构党建促科技自立自强等“九抓九促”重点，基层党组织政治功能、组织功能全面提升。四是加强城市社区党建工作。建立社区党委领导下的小区党组织、业委会、物业服务企业运行机制，全市 6000 多个居民小区和城中村全部成立党组织。党群服务中心覆盖全市，“幸福生活节”等服务项目获群众普遍好评。五是实施两新组织党建覆盖“源头工程”。抓好世界 500 强在深企业党建，统筹推进非公企业、社会组织党建，对头部互联网企业在深党组织实行提级管理，加强和改进流动党员联系教育管理。所有新注册企业和新注册非营利组织在注册第一时间将党员相关信息转所在地或行业党组织。

三　探索形成一系列抓改革落实、促任务落地的好方法，实现了改革组织方式的深刻变革

试点实施以来，深圳全面贯彻党中央关于改革的顶层设计，积极发挥基层首创精神，确保改革举措精准有效实施，确保中央的改革部署落地见效，在力促任务落地的方式方法方面积累了不少鲜活的第一手经验，对党中央集中统一领导下有效开展基层改革探索具有示范意义。

（一）坚持党建引领、协同推进，建立保障有力、激励有效的改革任务落实机制

将深圳综合改革试点作为重大政治任务和“一把手”工程，构建系统性的抓落实机制予以保障。一是强化“五个机制”抓落实。即协同联动、改革攻坚、正向激励、法治保障和风险评估五个机制，形成上下联动、协调配合的改革任务推进格局。二是提出“四个一”落地标准。每一条改革任务对应一个方案、一套操作规范、一批应用场景和一套评估体系，保障改革任务落实质量。三是开展“三个全”改革督查。全覆盖督任务、全过程督进度、全方位督成效，实现任务、进度和成效一体督查。四是健全激励容错制度。开展“百名干部破百题”行动，鼓励广大干部“揭榜挂帅”解改革难题，设立“深圳综合改革试点突出贡献奖”，发布容错纠错正面清单。一系列的机制安排和制度保障，

极大激发了党员干部促改革、抓落实、见实效的积极性。

（二）坚持建章立制、规范先行，以制度建设驱动改革任务落地见效

深圳综合改革试点不是无章法地试、无头绪地闯，而是将制度建设贯穿始终，坚持在制度建设上做文章、当示范。一是在落实过程中坚持先行制定规则指引。综合改革试点以来，深圳先后制定了工业用地使用权转让工作规则、科技成果与知识产权交易规则、金融机构环境信息披露指引、商业秘密刑事保护体系合规建设指引等系列工作规则和操作指引，有力保障了改革举措顺利落地。二是在改革成果上注重形成标准规范。坚持边试点、边总结，注重形成可复制可推广的制度性成果。如在开展职务科技成果转化改革中，探索形成包括赋权流程、收益分配、尽职免责等在内的一整套规范。深化行政复议体制改革，出台《行政复议服务保障规范》。在新领域新业态知识产权保护过程中，率先出台数字经济知识产权保护意见。三是以标准规范适用扩大改革成效。深圳数据交易所制定的 9 项技术标准和规范、12 项业务规则，通过参与交易的 26 个省市 740 家数据经营主体拓展辐射。深圳市南山区从构建服务体系、组建人才队伍、形成制度标准等方面进行探索，形成的商业秘密保护地方标准在 15 个行业的 48 家企业试用。

（三）坚持放管结合、防范风险，确保下放权限“接得住”“用得了”“管得好”

不是一放了之、只放不管，而是放管结合、两手并重。一是审批权限和监管责任同步下放。承接地质灾害甲乙级资质审批权后，同步推动监管下沉，强化属地监管，变年度抽查为年度全覆盖检查，有效抑制了人员挂靠、业绩造假等不良现象。二是放宽准入和强化监管协同推进。放宽国际新药准入时，同步明确采购、配送、验收、储存及不良反应监测等监管要求。在优化创业投资准入环境过程中，构建“优化准入、推动备案、后期清理”闭环机制，营造“扶优限劣”发展环境。三是培育发展和规范管理“两手抓”。放开部分微轻型无人机试飞空域，同步建设无人机综合监管平台，确保“飞得起来、飞得安全”。优化国际性产业与标准组织管理制度，在加大培育力度的同时，也加强日常监督、法人自律、收费、金融、出入境等方面管理。

（四）坚持集成联动、协同优化，牵引带动治理能力系统性提升

不是单兵单点突进，而是立足全局，强化全流程全链条联动，放大改革乘数效应。一是强调配套改革联动。以基础设施领域不动产投资信托基金（REITs）试点为牵引，配套开展土地分层确权、资产认定、免进场交易等制度创新。承接永久基本农田以外的农用地转为建设用地审批权限后，同步开展流程再造、路径优化、并联审批等工作，整体审批效率提升50%以上。二是注重改革成效集成。依托改革任务推动外国人就业居留事务“一网”“一窗”办理、科技成果转移转化“一站式”服务、固定污染源排污许可“一证式”监管等，实现改革成效集成。三是突出场景式落地。创新无人机管理制度，丰富无人机末端智能配送、跨海跨城物流运输服务等应用场景，推动无人机载货及综合应用。建设普惠金融、电力、汽车等数据专区，丰富交易场景创新及应用，培育繁荣数据要素市场。

（五）坚持技术赋能、专业治理，探索新兴技术条件下的改革新招

不是单纯的制度创新、单打独斗，而是集技术、管理、制度于一体的全方位、集成式创新。一是灵活运用区块链、大数据等信息技术。如建设区块链证据核验平台、区块链破产事务办理平台，利用区块链技术完成权属关系登记存证等，有效降低了治理成本。二是坚持政策和技术双轮驱动。在理顺职能、优化流程中注重运用技术手段改善服务体验。如深圳先后搭建民生诉求综合服务管理平台、外国人综合服务管理平台、国有企业“阳光采购”智慧监督平台，通过“i深圳”App推出“掌上复议”功能，显著增强人民群众对综合改革试点的获得感。三是借助专业力量提升治理水平。在知识产权司法保护中实行技术调查官全流程、嵌入式办案模式，聘任一批技术调查官对案件技术事实提出专业意见，平均结案周期缩短43.8%。

（六）坚持破立并举、立法保障，运用法治思维和法治方法推进改革

坚持重大改革于法有据，推动改革和法治紧密衔接、同步推进，增强改革的穿透力。一是推动法律法规调整适用。在严格论证基础上，报请国务院暂时

调整实施《海关事务担保条例》《船舶登记条例》等4部行政法规的有关规定，确保综合改革试点在法律法规授权框架内推进。二是制定出台地方性法规。将深化改革创新与经济特区立法紧密结合，先后制定17部地方性法规，修改10部法规，深圳经济特区《个人破产条例》《数据条例》《绿色金融条例》等多项法规填补了立法空白。三是为国家层面立法提供鲜活实践。深圳综合改革试点创新提出的商事主体歇业制度被《市场主体登记管理条例》吸收采纳，知识产权惩罚性赔偿有关做法被《最高人民法院关于审理侵害知识产权民事案件适用惩罚性赔偿的解释》吸收采纳，为国家相关领域立法提供了第一手经验。

四　赓续并弘扬敢闯敢试、敢为人先、埋头苦干的特区精神，以深圳综合改革试点牵引全面深化改革向纵深推进

2023年是全面贯彻党的二十大精神的开局之年，也是改革开放45周年和党的十八届三中全会召开10周年。站在新的历史起点上，深圳将坚持以习近平新时代中国特色社会主义思想为指导，全面系统深入贯彻党的二十大精神，深入贯彻落实习近平总书记视察广东重要讲话、重要指示精神，坚持“两个确立”、做到“两个维护”，坚定扛起习近平总书记、党中央赋予深圳的新时代历史使命，全面落实省委十三届三次全会精神和“1310”具体部署，弘扬敢闯敢试、敢为人先、埋头苦干的特区精神，以大担当大魄力推动深圳综合改革试点任务落实落细落具体，在新一轮全面深化改革中展现更大作为，在重要领域和关键环节取得更多标志性成果，为全省全国改革发展大局做出新的更大贡献。

（一）强化原创性、引领性、系统性改革突破，努力形成高质量发展的强大动力动能

聚焦改革、开放、创新“三大动力”，全力推动深圳综合改革试点第二批清单出台，实施一批“集成式”改革，进一步深化深层次改革。统筹推进前

海、河套等重大平台体制机制创新，建立健全货物贸易优化升级机制、服务贸易促进体系、数字贸易发展机制，携手香港强化极点带动作用，稳步扩大制度型开放。从制度建设着眼，对技术创新决策、研发投入、科研组织、成果转化全链条系统布局，深化科技和人才发展体制机制改革，推进创新链产业链资金链人才链深度融合，助力高水平科技自立自强。注重综合治理、系统治理、源头治理，探索实现碳达峰碳中和目标的体制机制，完善陆海统筹的污染防治机制，深化城市空间全生命全周期管理制度改革，努力走出一条符合超大城市特点和规律的治理新路子。

（二）强化以“小切口”撬动“大变革”，努力让企业和群众看得见、摸得着、可感知

聚焦发展所需、基层所盼、民心所向，建立健全产权保护、维护公平竞争体制机制，健全市场主体准入和退出、以信用为基础的新型监管机制，深化为企业找市场、找资金、降成本服务机制改革，以“小切口”推动营商环境“大变革”。深化民生诉求综合服务改革，推出更多惠民生、暖民心、顺民意的“微改革”，以点带面推动改革向纵深推进，不断深化基础教育综合改革、医疗卫生体制改革，建立全覆盖可持续的社会保障体系，完善公共文化服务供给机制，让人民群众获得感成色更足、幸福感更持久、安全感更有保障。

（三）强化以实绩论英雄，努力通过改革解决问题、推动工作

紧密结合第二批主题教育，加强改革调查研究，深入基层、走进群众，体察实情、解剖麻雀，既深入研究具体问题，又善于综合各方面情况，多动脑筋、多下功夫，形成切实可行的建议，扩大改革政策储备。坚持目标导向、问题导向、结果导向，拓宽改革立项渠道，把民生诉求、信访维稳等渠道收集的问题清单转化为改革清单，从体制机制上推动问题有效解决。健全“以改革论英雄”的正向激励机制，鼓励基层开展差异化改革探索，营造创优争先的良好改革氛围。加强对新出台改革方案的宣传引导，以干部宣讲、媒体发布、专家解读等有效形式，让改革方案深入基层、深入人心，形成推进改革的最大公约数。

（四）强化可复制可推广，努力发挥经济特区和深圳先行示范区的辐射带动作用

面向前沿实践和领域大胆探索、敢为人先，紧紧围绕重要改革试点、重大改革平台、重点改革项目，创造更多好经验好机制好做法，及时总结提炼基层探索的创新举措，以“制度＋案例”等形式，向中央改革办、国家发展改革委、省委省政府滚动上报，不断把试点变成亮点、把先行变成先成、把试验变成示范，形成新经验、深入新认识、贡献新方案，为全省全国改革做出探索。加强改革典型经验交流，向全社会做好宣传推介，讲好深圳改革故事，在深圳充分展现出中国式现代化建设的新进展新气象。

Practice and Exploration of Shenzhen's Comprehensive Reform Pilot

Reform Office Research Group of Shenzhen Municipal Party Committee

Abstract: Shenzhen has promoted the implementation of comprehensive reform pilot for more than three years and achieved remarkable results. This article explains the historical backgrounds, strategic intentions, and basic content of Shenzhen's comprehensive reform pilot. It sorts out the results of reform in key areas and key links, such as the reform of market-oriented allocation of factors of production, the construction of an international first-class business environment, the construction of an industrial science and technology innovation center, the construction of a new high-level open economic system, the construction of a benchmark city for people's livelihood and well-being, the level of sustainable development and the improvement of grassroots governance system and governance capabilities. This article further analyzes Shenzhen on how to explore and form a series of good methods to implement reforms and promote the implementation of tasks, and explores how to achieve profound changes in reform organizational methods. Finally, this article emphasizes that Shenzhen should continue and carry forward the special economic zone spirits of daring to venture, daring to try, daring to be the first, and working hard, and take the Shenzhen Comprehensive Reform Pilot to drive the comprehensive deepening of reform in depth, thus to continue to become the "test field" and "locomotive" of reform in the new era.

Keywords: Comprehensive Reform Pilot; Comprehensive Deepen Reform; Shenzhen

深圳高质量发展低空经济的先发优势与实现路径

深圳市委财经办课题组[*]

摘　要： 低空经济以海拔3000米以下空域为依托，以各类低空飞行活动为牵引，是能够带动新一代信息技术、人工智能、新能源、新材料、高端装备、绿色环保等领域融合发展的综合经济形态。深圳市坚持以习近平新时代中国特色社会主义思想为指导，深入学习贯彻党的二十大精神，学习贯彻习近平总书记对广东、深圳一系列重要讲话和重要指示精神，锚定高质量发展这个首要任务，加快建设具有深圳特点的现代化产业体系，突出战略性新兴产业、高技术产业、现代服务业、未来产业，围绕低空经济领域进行前瞻性思考、全局性谋划、整体性推进，把低空经济作为培育新质生产力的重要抓手，着力打造发展新动能。

关键词： 低空经济　先发优势　高质量发展

一　低空经济的突出特征与发展前景

2021年《国家综合立体交通网规划纲要》提出“发展低空经济”以来，全

---

* 课题组成员：卢文鹏、李萌、吴劲军、王雅楠、陆嘉伟。

国多地积极布局本地区低空经济发展框架，呈现多点开花的良好态势。深圳将低空经济定位为以无人机为主，以载人、载货及其他作业等低空飞行活动为牵引，辐射带动相关领域融合发展的综合经济形态，把低空经济作为面向大众的、能够赋能千行百业、具有广阔空间的未来产业来谋划和打造。低空经济不仅是一种依托低空空域发展的经济形态，还能面向长远未来，以航空器为新一代智能终端，打造工作生活新范式新起点，在促进经济发展、加强社会保障、服务国防事业等方面发挥重要作用。

（一）低空经济蕴含的突出特征

低空经济具有异构、高密度、高频次、高复杂性特征。异构是指飞行器种类、功能与性能的异构，以及低空飞行服务的异构和高复杂性；高密度是指低空飞行器飞行密度呈指数量级跃增；高频次是指低空飞行器每日起降次数呈指数量级跃增；高复杂性是指极为复杂的飞行、地面和信息环境。以电动垂直起降飞行器（eVTOL）为例，其在技术路径、市场定位和飞行指标方面差异较大，仅在动力推进模式上，就可以分为矢量推力、“升力+巡航”、多旋翼等类型。以深圳为例，未来10年内同时在空的飞行器将超过10万架，在高密度飞行区域，单位平方公里同时在空飞行器会超过百架；每天将有和地面汽车相当量级的低空飞行器起降架次；深圳仅150米以上的高楼就接近300座，对低空飞行防撞击、导航信号遮挡、突发气流变化等问题应对提出更高技术要求。

低空经济具有无人化、智能化、融合化特征。低空经济的功能承载实体以无人驾驶飞行器为主，在无人工干预的情况下，自主决策、自主分解调整任务、自主执行。依赖人工智能技术，通过数据、知识、模型，理解环境、场景和任务，围绕目标实时计算、推理和跟踪，自适应地实现系统既定目标。低空经济是通信、飞行器、仿真、计算、监控等多领域的技术集合，也是各项先进技术难得的试验场和应用场景。

低空经济具有全局性、战略性、外溢性特征。低空经济作为战略性新兴产业发展的一条新赛道，是全球主要经济体竞相角逐的新领域，被美国喻为“不能输掉的一场比赛”。低空经济上下游链条长、服务领域广、带动作用强，将撬动低空制造、低空飞行、低空保障和综合服务领域高速增长。以低空制造为例，就涵盖了芯片、复合材料、连接器、传感器、电调、遥控器、接收器、云台和相机等核心零部件及相关原材料，以及载人和非载人无人机的整机研制等。主要市场主体包括机身原材料供应商、机身结构件成型加工商、动力系统（电池、电机、发动机等）提供商、飞控系统提供商、关键技术提供商，以及无人机整机生产商和经销商。

（二）低空经济发展的前景价值

从传统的二维地面活动扩展到三维的低空空间，低空空域具有比地面交通更高维度、更丰富多样的产业和应用前景。随着技术创新的推动，低空空域的商业价值与社会价值不断被挖掘释放，低空经济作为新兴的产业形态，正成为经济高质量发展的又一重要引擎，展现出巨大的发展潜力和应用价值。

从产业角度看，低空经济是一条具有高度延展性的全新产业链。相较于地面交通，低空经济从平面路网交通延伸到立体空间交通，数字低空航路取代了固定地面道路，低空空域智能管理和管控取代了地面路网交通规则和管理，其发展将依赖于数字技术、智能技术、数字孪生技术、移动技术、5G通信技术、传感器技术、定位技术、导航技术、雷达技术、现代飞行技术、电池技术、节能减排技术、短时区域气象预测技术等高新技术在低空空域的完美结合。低空经济具有天生的数字经济基因，可以充分享受信息化、网络化、数字化、智能化技术发展带来的红利，将实体经济与数字经济完美融合在一起，进而触及社会生产、生活更广更深的层面，全面带动国民经济发展，更好地满足社会经济活动的需要。

从需求角度看，低空经济能够以新的消费需求创设助推消费升级。据统计，我国通用航空飞行小时中，飞行培训占比近70%，低空消费类市场占比不到3%，低空消费类占比偏低，潜在消费市场尚未被有效激活。近年来，无人机催生了一系列新的消费场景，包括利用城市物流无人机解决“最后一公里”的配送难点问题，采用“支线级”物流无人机提升运输效率，引入“空中汽车”打造城市交通新方式，景区“空中游览”带来旅行新体验，无人机与安防融合发展助力智慧城市建设等，低空消费活力、投资价值逐步得到进一步释放。比如，以无人机配送为代表的新型物流可带来配送效率和消费体验的提升，近年来外卖、快递、医疗物资、景区物资等配送场景需求量持续增长。低空经济所特有的点对点、地域限制小、经济成本低、运行效率高等优势，必将带来更多新场景、新应用、新服务和新业态，通过创设新的消费需求，不断助推消费升级。据罗兰贝格研究预测，到2040年和2050年，全球城市空中交通市场规模将分别达到7万亿美元和9万亿美元，中国市场需求大，将分别占据全球30%、亚太55%的市场份额。

从投资角度看，低空基础设施建设将带动有效投资。当前，伴随着投资拉动经济增长的边际效用递减，传统基建投资面临增长瓶颈，加快新型基础设施建设正成为扩大有效投资的重要选项。低空经济作为面向未来发展的全新领域，拥有广阔的应用前景，蕴含着巨大的投资价值，投资项目的回报率较高。就其产业本身而言，启动阶段包含低空通信、导航、定位、气象、地图等众多领域的重大基础设施建设，将持续有效拉动投资，并产生乘数效应，低空空域新基建投资也能为国内其他城市提供借鉴。随着低空基础设施的逐步完善和相关技术的逐渐成熟，产业链条下游将迅速拓展出多领域创新性应用场景，不断激发民间投资活力，形成较为成熟的商业运营模式，创造出巨大的经济和社会效益。以城市空中交通、无人机配送与物流、城市无人机应用、消费级无人机应用等行业为主体的低空经济蓬勃发展，有望赶上甚至超过传统交通行业规模的各种创新应用，更好发挥投资对经济增长的拉动作用。据专家预测，到“十四五”末，我国低空经济对国民经济的综合贡献值将达到3万亿元至5万亿元。

从标准角度看，发展低空经济有利于我国率先在低空经济领域创设新的标准和规则。当今世界，标准作为国际规则的重要组成部分，作为竞争的重要手段，日益成为各国博弈的焦点。近年来，欧美发达国家加快了低空领域规则和标准的出台。美国先后发布了《先进空中交通（AAM）协调及领导法案》《先进空中交通基础设施现代化（AAIM）法案》等十几项法案政策，欧盟发布了《2022年管理计划：机动性与运输战略》《无人机战略2.0》等十几项战略指南。欧美20多个城市积极布局AAM，推动低空创新和区域合作，针对各类低空无人机和飞行器的适航认证、生产标准、飞行管理等，推出一系列政策指南，以更好地适应各类新形态飞行器的运行和使用。我国与低空领域相关的法规体系相对零散，对通用航空的覆盖尚且处在发展和优化的阶段，针对低空经济涉及的无人机运行和新产业模式更加缺少完善的法规体系。面对国际上低空领域“竞标争先”的态势，大力发展低空经济，加速制定与低空经济相关的产品、人员、运行、责任、权利、登记、环境、安保、保险等方面的规则及标准，有利于掌握行业发展主动权，为我国在全球的科技角力中赢得先机。

从要素角度看，探索创设空域使用权能够促进低空空域从自然资源向经济资源转变。低空空域作为一个远没被完全开发利用的自然资源，是一片尚未被探索的无人区，蕴藏着甚至超过土地资源的巨大的经济价值。如果以数字化的手段创建可计算的空域，推动低空空域转化为可量化、可定标、可分层、可利用、可权益化、可资本化的经济资源，就能够像当年创设土地使用权一样，创设一个“空域使用权”的新型生产要素，将低空空域从“自然资源”转变为“经济资源”，就如1987年深圳敲响土地拍卖“第一槌”后产生巨大变革，新创设的“空域使用权”对低空空域进行深度确权、开发、流转和利用，将产生巨大的经济价值和社会价值，源源不断为新经济的发展注入强劲动力。

从安全角度看，发展低空经济有助于低空空域的有效管控。相较于高空飞行成熟的空域管理和商业运营，低空飞行才刚刚起步。从我国目前低空空域的飞行状况来看，小型直升机、通用航空、私人航空以及多种飞行器都在该区域内完成飞行活动，警用、农业、工业、旅游观光等行业都会完成低空飞行，低空空域飞行活动的复杂性与日俱增，低空空域的航空管制压力随之增大，难以保障飞行活动的安全性。如何对低空空域进行有效管控，防止其给人们的生产生活及社会公共安全带来危害，成为当前必须妥善解决的一个重要问题。发展低空经济，有利于在安全可控的前提下，实现低空经济规模化、可持续、高质量发展。只有不断提升低空空域的管制水平，强化安全保障，才能进一步促进低空空域资源的充分利用，以低空空域的有序开放，促使我国航空发展朝更加安全、更加科学合理的方向前进。

二 深圳高质量发展低空经济的先发优势

低空经济的开发拓展蕴含着广阔的需求和前景，成为全球主要城市竞相推动发展布局的新领域。深圳之所以率先谋划并加快推动低空经济发展，得益于中央给予深圳先行先试政策、拥有较完备的低空经济产业链和市场化的经济生态等一系列优势。

（一）政策优势

在低空空域管理体制改革和开发应用方面，中央给予深圳一系列先行示范的重要政策，希望深圳能探索新的路径。从深圳综合改革试点看，《中共中央办公厅、国务院办公厅印发〈深圳建设中国特色社会主义先行示范区综合改革试点实施方案（2020—2025）〉》首批清单40项授权事项中第21项，明确“支持深圳在无人机管理等领域先行先试，并制定相应配套措施”。从鼓励市场准入看，国家发改委、商务部联合发布的《关于深圳建设中国特色社会主义先行示范区放宽市场准入若干特别措施的意见》第17条指出，“进一步深化拓展深圳地区无人驾驶航空器飞行管理试点，提升无人驾驶航空器飞行便利性和监管有效性，优化飞行活动申请审批流程，缩短申请办理时限”，“支持深圳在智能网联无人系统（智能网联汽车、无人机、无人船等）领域先行先试……开展多场景运行试点”。从鼓励研发创新看，《无人驾驶航空器飞行管理暂行条例》明确指出，国家鼓励无人驾驶航空器科研创新及其成果的推广应用，促进无人驾驶航空器与大数据、人工智能等新技术融合创新，并要求地方提供支持。深圳是电子信息产业重镇，大数据和人工智能产业基础良好，具备推进和落实低空领域自主创新的基础和能力。

（二）市场优势

深圳市场主体对低空空域使用的潜在需求巨大。2022年深圳人口密度达到0.88万人/公里^2，位居全球大中城市前列，欧美人口高密度城市低空使用的市场需求均十分旺盛。以民用直升机为例，纽约、洛杉矶等城市直升机保有量均超过500架，日均航班300~400班次，深圳直升机保有量不足100架、日均航班不足20班次，主要原因是有效供给不足，成本过高、配套不完善抑制了大量的潜在需求，随着深圳低空经济加速发展，安全、高效、低成本的低空城市通勤市场规模将显著扩大。

（三）产业链优势

深圳作为世界无人机之都，无人机领域具备产业链条完备、技术水平领先、配套设施完善等优势。据统计，深圳已集聚上千家低空经济产业链企业，拥有一批在低空经济制造、服务领域的龙头企业，如大疆创新、丰翼科技、美团、中信海直、东部通航。目前大疆创新在农业植保、遥感测绘、电力巡检等领域无人机产量占全国市场较大比例。应用场景方面，覆盖物流配送、城市治理、应急救援等场景，如美团开展社区即时配送，丰翼科技构建无人机物流配送网络；东部通航拓展市内民航联程接驳、市内通勤、区城际飞行、深圳与香港跨境飞行等航线，推出“空中 120”救援、“空中见证奇迹”游览服务等。

（四）智力优势

深圳构建多个推进低空经济发展的服务平台，包括组建低空经济专家委员会，成立低空经济产业协会，聚集一批科研机构和头部企业。许多科技型龙头企业也纷纷涌入低空经济新赛道，为低空经济建设和发展提供强大动力，如腾讯、华为等积极投入低空经济赛道。深圳市各区响应迅速、推进有力，形成竞相发展格局。比如，宝安区制定多项政策，打造低空经济产业综合承载区；南山区开通国内首条景区常态化无人机配送航线，不断丰富低空运营场景；等等。

三　深圳高质量发展低空经济的实现路径

低空空域的开发应用是全球创新“无人区”，有很多影响深远的科学技术、体制创新、基建布局等重大问题需要研究。回顾历史，美国早在 20 世纪 80 年代就开始推进低空开发和使用，主要立足通航和军事方向，面向社会大众所需的大规模应用并没有发展起来，所构建的管理系统和规则标准也是基于通航和军事用途。当今，探索低空经济发展路径没有现成案例可以借鉴。率先破解难题，既能体现深圳贯彻落实中央赋予的先行示范使命，又能充分发挥深圳基础条件较好的优势，契合深圳作为国际创新型城市的特质。对于未来实施路径，深圳市将以建设低空智能融合基础设施为重点，按照“试验点—试验区—全域”推进场景应用，聚焦产业链强链补链延链，为全国发展低空经济探索新路径、新模式。

（一）搭建以低空智能融合基础设施为核心的低空经济“大脑”

面对未来异构、高密度、高频次、高复杂性的低空飞行应用场景，需要推进低空智能融合基础设施这一低空经济“大脑”的建设和运营。深圳所规划建设的低空智能融合基础设施，既能汇集低空运营所有数据，又是具有强大计算能力的中台，是基于海量数据的数字化系统，能实现基于人工智能推动低空经济运管的无人化、智能化，将大幅提高效率、降低成本、加强信息共享。

智能融合基础设施共分为应用层、服务层、计算层、数据层、物联层、硬件层，软件系统包括上百个子模块，硬件设施包括上百个配套设施，具有开放性、兼容性和可拓展性。未来深圳将重点加快推进低空智能融合基础设施系统建设和运营。硬件层，建设物理基础设施（起降、备降、保障、接驳、处置等）和CNS信息基础设施（通信、导航、监视等），构建各类硬件设施的抽象接口及其标准，形成开放架构，可最大限度接入当前及正在研制的设备。物联层，开发网络软件栈、端边云结合中间件、传感器网络，加强感知低空空域与飞行器各种属性信息（地理、自然、气象、人文、电磁、空中交通等）采集。数据层，建立低空空域与飞行器和基础设施的数字孪生系统（映射地理、自然、气象、人文、电磁、空中交通状况等），以及飞行规则库与知识库。数据层由分布式数据库、智能向量数据库、三维和四维数字孪生系统等组成。计算层，推动建立跨系统低空能力共享的通用计算与智能平台，包括空域划设、航路航线划设、运行动态察觉、飞行轨迹预测、冲突解除、飞行评估等模块开发。服务层，构建低空操作系统提供的通用能力，为各监管方、交通管理方、应用方等主体定制所需的服务系统，包括飞行活动审批（分为申请方系统与审批方系统）、告警系统（分为管理方告警与应用方告警）、飞行信息服务系统（分管理方信息服务与应用方信息服务）等。应用层，为各参与主体快速创建新场景新应用提供系统性支持，提供自动化和智能化工具适配动态演变的各种需求。

（二）建立适应低空异构大容量运行的体系化规则和标准

深圳将以大量低空应用为牵引，面向真实场景，建设一系列统一的低空运行规则与标准，通过统一行业规范，降低市场进入门槛，促进低空经济的创新高效发展。目前，深圳已经在全国率先启动低空领域的立法工作。深圳的立法和规则标准制定都是基于审慎包容、服务发展原则，尤其是标准的制定将基于低空智能融合基础设施产生的大量真实数据，通过与行业标准组织、行业协会和研究机构共同合作探索形成行业标准。

加快出台“深圳经济特区低空经济产业促进条例”，从基础设施、服务机构、产业应用、产业支持、技术创新、运营安全等方面制定稳妥推进深圳低空经济发展的地方法律规范。建立健全低空经济标准体系，服务标准主要包括物理基础设施标准、信息基础设施标准、空中基础设施标准、低空飞行环境服务标准、空中交通服务标准、安全评估标准等覆盖多种服务类别与设施的标准，用以规范低空服务中的供应商和运营商，明确低空服务应达到的能力标准，确保整个低空经济领域的运行更加安全、高效和可靠；用户标准针对低空用户的规范，从飞行器标准、运营能力标准、驾驶员标准等方面予以规范，作为低空的用户准入标准，对低空的运行人提出能力上的标准要求，以确保整个低空生态系统的稳定和安全；运行标准聚焦业务监管信息交互标准、空域构型和航路规划设计标准、低空飞行规则（空中冲突解除规则、空域优先使用规则、间隔规则与标准、空中避让规则、航线使用规则、自主飞行规则等）等，制定一套全面细致的行为规范，适用于各个管理部门、管服系统和运行用户。这些标准将作为低空业务运行的基础，确保所有参与方能在一个统一和安全的框架下进行操作。

（三）按照“试验点—试验区—全域”有序推进场景落地

低空经济发展是一项复杂的系统性工程，宜采取由点到面的推进方式，依据安全运行保障技术的逐步成熟、低空飞行需求的纵深发展以及基础设施的逐步落地落实，先进行局部试点探索，待取得经验和形成共识后，再把试点的做法推广，按照“试验点—试验区—全域”有序推进低空经济场景落地。

试验点专注解决核心技术与场景问题。建立若干试验点，聚焦一系列低空经济发展中已经识别的关键问题，包括飞行规则融合、低空监控体系、特定场景、载人飞行试验、飞行器安全性及运营管理等。试验区围绕低空需求集中区域部署。建立3～4个主要实验区，实际验证异构、大容量的融合低空飞行在城市中安全运行的可行性。同时，在运行中产生的数据、经验将进一步支撑相关部门设定相关运行标准和规章制度。全域覆盖推广全面推动产业的快速扩张。将异构、大容量的运行模式推广到深圳市全域，考验运行规则的正确性、合理性和完整性，监管的自动化水平，以及与当前社会交通体系和城市管理体系的融合性。全域覆盖推广的过程也将拉动产业链上下游加速发展，促进更多低空创新企业进入市场，刺激更加丰富的产品和服务。

（四）推动低空经济产业链强链补链延链，形成产业集聚

巩固和拓展深圳低空经济集群发展的领先优势，需要全面梳理低空经济产业链，深入推进强链补链延链。从强链看，加大对领军企业研发和制造的支持力度。从产业空间、资金补贴、人才政策等多方面，继续为领军企业高端化、智能化研发制造提供支撑。全面贯彻落实全国交通业“十四五”规划，深化深圳民用无人驾驶航空试验区建设，加强产业示范园区规划，创新体制机制，提升园区产业承载综合配套能力，加快建成国家级无人机产业基地。从补链看，继续聚焦企业的招引、培育，推动相关工作落地落实落细，继续做好新落户企业服务，推动企业早日投产运营。加快出台支持政策，在引进培育低空经济企业、扩大产业示范应用、鼓励公共服务平台和载体落地等方面加大招引力度，助推企业、研究机构和创新平台快速集聚，进一步巩固先发产业优势，加快低空经济产业链向创新链升级。从延链看，既要加强对低空经济制造环节上游的装备制造、芯片和电池供应等领域统筹规划，还要对低空经济综合服务环节金融、保险等产品设计、市场准入等开展政策储备研究。

Shenzhen's First-Mover Advantage and Implementation Path for High-Quality Development of Low-Altitude Economy

Finance and Economics Office Research Group of Shenzhen Municipal Party Committee

Abstract: The low-altitude economy relies on the airspace below 3, 000 meters above sea level and is driven by various low-altitude flight activities. It is a comprehensive economic form that can drive the integrated development of a new generation of information technology, artificial intelligence, new energy, new materials, high-end equipment, green environmental protection, and other fields. Shenzhen should adhere to the guidance of Xi Jinping Thought on Socialism with Chinese Characteristics for a New Era, deeply study and implement the spirit of the 20th National Congress of the Communist Party of China, study and implement the spirit of General Secretary Xi Jinping's series of important speeches and important instructions to Guangdong and Shenzhen, and anchor the primary task of high-quality development, accelerate the construction of a modern industrial system with Shenzhen characteristics, highlight strategic emerging industries, high-tech industries, modern service industries, and future industries, carry out forward-looking thinking, overall planning, and overall advancement around the low-altitude economic field, thus to cultivate the low-altitude economy as an important starting point for new quality productivity and make efforts to create new momentum for development.

Keywords: Low-Altitude Economy; First-Mover Advantage; High-Quality Development

图书在版编目(CIP)数据

中国经济特区研究. 2023 年. 第 1 辑 ：总第 16 辑 / 陶一桃主编 ；章平执行主编 ；周轶昆副主编. -- 北京：社会科学文献出版社，2024.2

ISBN 978-7-5228-3320-0

Ⅰ. ①中… Ⅱ. ①陶… ②章… ③周… Ⅲ. ①经济特区-研究-中国 Ⅳ. ①F127.9

中国国家版本馆 CIP 数据核字(2024)第 035203 号

中国经济特区研究（2023 年第 1 辑　总第 16 辑）

主　　编 / 陶一桃
执行主编 / 章　平
副 主 编 / 周轶昆

出 版 人 / 冀祥德
组稿编辑 / 周　丽
责任编辑 / 王玉山
文稿编辑 / 王　娇
责任印制 / 王京美

出　　版 / 社会科学文献出版社 · 城市和绿色发展分社（010）59367143
地址：北京市北三环中路甲 29 号院华龙大厦　邮编：100029
网址：www.ssap.com.cn
发　　行 / 社会科学文献出版社（010）59367028
印　　装 / 三河市东方印刷有限公司

规　　格 / 开　本：787mm × 1092mm　1/16
印　张：15　字　数：244 千字
版　　次 / 2024 年 2 月第 1 版　2024 年 2 月第 1 次印刷
书　　号 / ISBN 978-7-5228-3320-0
定　　价 / 128.00 元

读者服务电话：4008918866